Instagram pour les nuls

Jenn Herman
Eric Butow
Corey Walker

Instagram pour les nuls

FIRST
INTERACTIVE

Instagram pour les Nuls, 2e édition

Titre de l'édition américaine : *Instagram for Business for Dummies*

ISBN 978-2-412-05803-9
Dépôt légal : juin 2020
Imprimé en Espagne

Éditions First
92 avenue de France
75013 Paris – France
E-mail : firstinfo@efirst.com
Site internet : www.pourlesnuls.fr

Traduction : Philip Escartin
Mise en page : Catherine Kédémos

Sommaire

Partie 2 Raconter votre histoire

Partie 3 Cultiver votre jardin

Partie 4 Passer à la vitesse supérieure

Partie 5 Résoudre les problèmes

Partie 6 Les dix commandements

Introduction

Êtes-vous prêt à vraiment vous amuser et peut-être à faire des affaires ? Nous espérons bien que oui car, en mettant les pieds dans Instagram, vous allez découvrir une source de divertissement et de création de contenu très intéressant. Comme vous avez acheté ce livre, nous supposons que vous êtes prêt à créer un compte Instagram qui vous aidera à développer votre activité commerciale tout en prenant beaucoup de plaisir.

Avec de plus en plus d'utilisateurs qui rejoignent Instagram chaque jour, ce réseau social se développe à une vitesse vertigineuse. Malgré cet engouement, peu de personnes tirent la quintessence des possibilités offertes par Instagram. Après la lecture de ce livre, vous disposerez des outils et des stratégies nécessaires à la création d'un profil Instagram efficace.

À propos de ce livre

L'objectif d'*Instagram pour les Nuls* est de vous aider à gagner en efficacité. Le nombre de pages qui composent ce livre vous laisse à penser que ce résultat n'est pas facile à obtenir. En effet, la plupart des utilisateurs pensent qu'Instagram se limite au téléchargement de photos, et à quelques commentaires plus ou moins heureux.

Certes, la procédure de téléchargement sur Instagram est très simple. En revanche, dès qu'il s'agit de l'utiliser à des fins commerciales, vous devrez déployer des stratégies que nous étudierons dans ce livre. Nous vous ferons également découvrir les nouvelles fonctionnalités d'Instagram, comme la sélection multiple ou les *stories* qui vous seront très utiles sur ce réseau.

Nous vous guiderons dans les étapes de création et de téléchargement de contenu, dans l'écriture de légendes attractives qui captiveront votre auditoire, et dans la création de hashtags qui vous permettront d'être encore plus exposé. Vous verrez comment fidéliser un auditoire et utiliser toutes les fonctionnalités amusantes d'Instagram.

Nos présomptions

Pour écrire ce livre, nous avons présumé les choses suivantes :

- » Vous avez une activité commerciale ou êtes en passe d'en avoir une.
- » Vous disposez d'un site Web pour votre activité.
- » Vous connaissez les clients que vous ciblez et savez qu'ils utilisent Instagram.
- » Vous souhaitez utiliser efficacement Instagram pour générer des résultats commerciaux.
- » Vous ne souhaitez pas être pris pour un amateur, même si vous débutez sur Instagram.
- » Vous êtes prêt à passer du temps et à dépenser de l'énergie pour établir votre présence sur Instagram.

Instagram est une plateforme interactive basée sur la notion de communauté. *De facto*, nous pensons que vous souhaiterez développer cette communauté autour de votre marque.

Si ces suppositions vous correspondent, ce livre est fait pour vous ! Nous restons persuadés que les stratégies et les informations communiquées dans ce livre vous aideront à atteindre vos objectifs.

Les icônes utilisées dans ce livre

Pour faciliter votre lecture et nous assurer que vous ne passerez pas à côté de détails importants, nous plaçons les icônes suivantes devant différents paragraphes du livre :

Cette icône est un conseil d'expert qui vous fera gagner du temps et améliorera rapidement votre expérience d'Instagram.

Comme nous communiquons beaucoup d'informations, cette icône insiste sur celles qu'il est impératif de mémoriser.

Qui déteste le jargon technique uniquement compris des geeks ? OK, presque tout le monde en effet. C'est pourquoi nous identifions les paragraphes techniques avec cette icône dont vous n'êtes pas obligé de lire le contenu.

Eh oui, ce livre comporte quelques avertissements. Lorsque vous croisez cette icône, prenez un peu de temps pour comprendre les effets qui y sont mentionnés.

Mais pas d'inquiétude ! Il n'y a aucun risque que votre compte Instagram explose ou que vous exécutiez une action irréversible. Nous cherchons simplement à vous épargner des migraines.

Et maintenant ?

Les premiers chapitres expliquent comment créer un compte Instagram. Inutile de le lire si vous en possédez déjà un. En revanche, consultez le Chapitre 2 qui contient des informations sur la manière de paramétrer un profil efficace. Ne vous inquiétez pas. Vous pourrez modifier et mettre à jour les données actuelles de votre compte.

Ensuite, vous découvrirez une tonne d'infos sur la création d'un contenu plus efficace, et sur le déploiement d'une stratégie Instagram. Si vous recherchez des détails sur un sujet particulier, consultez la table des matières.

Si vous rencontrez des problèmes, reportez-vous aux Chapitres 15 et 16 qui traitent des dysfonctionnements d'Instagram. Et si vous êtes en manque d'inspiration, lisez les Chapitres 17 et 18.

Le moment est venu de passer aux choses, non pas sérieuses, mais amusantes d'Instagram. Nous vous souhaitons une agréable lecture.

Partie 1

Créer votre profil

Dans cette partie…

- » Installer Instagram sur votre smartphone, tablette ou ordinateur Windows.
- » Paramétrer votre profil pour une utilisation commerciale d'Instagram dans le but de fidéliser une clientèle.
- » Définir les objectifs commerciaux de votre profil Instagram afin d'atteindre le plus de clients potentiels.

Chapitre 1

Installer Instagram

DANS CE CHAPITRE

Trouver des applis Instagram pour votre périphérique ou votre ordinateur

Installer les applis Instagram sur des ordinateurs Windows et Mac

Installer les applis Instagram sur des appareils mobiles

Utiliser Instagram sur le Web

Exécuter Instagram sur votre ordinateur ou votre appareil mobile

Les personnes bien intentionnées de la division Instagram de Facebook ayant compris que les utilisateurs d'Instagram possédaient plusieurs matériels connectés pour publier leurs photos et communiquer entre eux, l'application dont tout le monde parle est aujourd'hui disponible sur tous les appareils connectés (ou presque). Et en poussant plus loin leurs réflexions et analyses, ces mêmes personnes ont compris que les entrepreneurs trouvaient désormais dans Instagram un média idéal pour communiquer rapidement et gratuitement sur des smartphones, des tablettes, des ordinateurs, et même *via* le site Web de ce média social.

Ce chapitre est fait pour tous ceux qui n'ont pas encore de compte Instagram. Nous vous expliquons comment trouver Instagram sur le Web, puis comment installer son application sur des ordinateurs, des smartphones, et des tablettes.

Ensuite, nous verrons comment utiliser Instagram sur le Web si votre société n'autorise, sur les téléphones de vos collaborateurs, que des applications propriétaires. Enfin, vous lancerez l'appli Instagram sur votre ordinateur ou votre périphérique connecté pour accéder enfin à ce monde dont tout le monde parle, et dont vous pensiez être exclu, celui des Instagrammeurs.

Installer Instagram partout où vous en aurez besoin

Facebook a eu l'heureuse idée de donner accès au site Web Instagram vous évitant ainsi de posséder un compte Facebook pour profiter des opportunités de ce média social. Dès que possible, ouvrez votre navigateur Web, tapez l'adresse www.instragram.com, et appuyez sur la touche Entrée de votre clavier. Le site Web d'Instagram analyse votre ordinateur afin de vous proposer la bonne version de l'application à installer.

Astuce

Si le site Web rencontre des difficultés pour analyser votre système, veillez à activer l'acceptation des cookies dans les paramètres de votre navigateur Web. Ensuite, rafraîchissez la page Instagram pour qu'elle analyse votre système.

La Figure 1.1 montre la page de création d'un compte Instagram.

Figure 1.1 Créez votre compte Instagram.

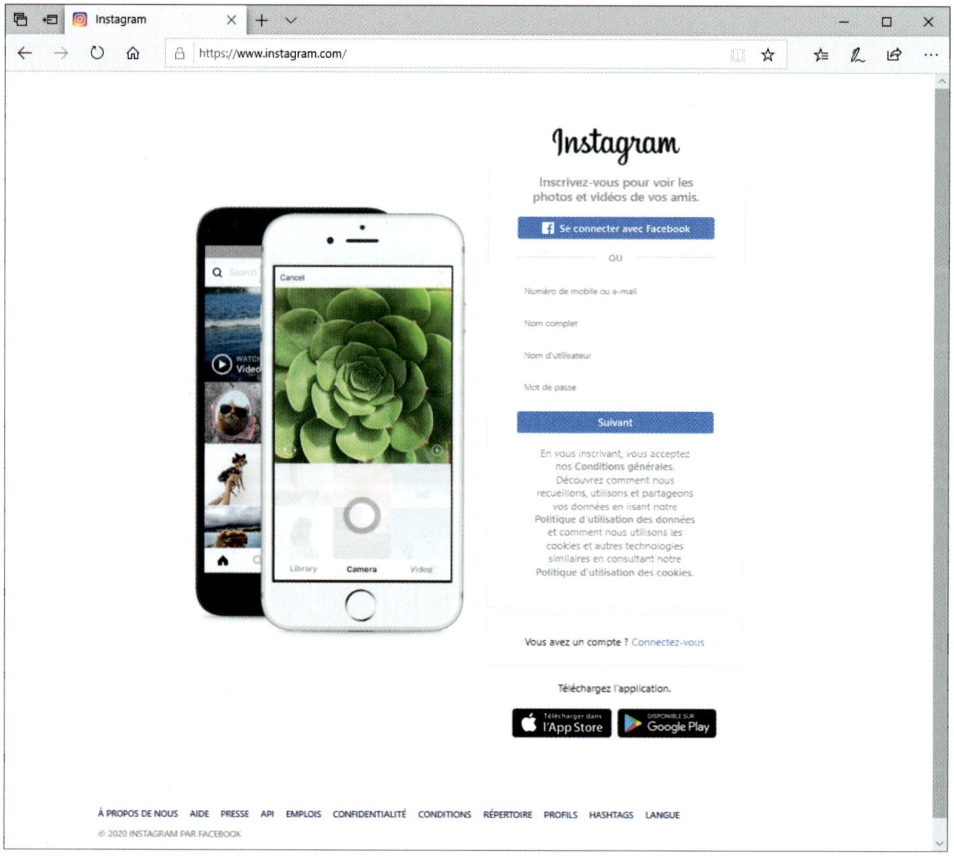

Que se passe-t-il si Instagram détecte la présence de son application sur votre ordinateur ? Si vous utilisez Windows ou macOS, l'écran de l'appli s'ouvre dans une nouvelle fenêtre ou un nouvel onglet. Sur votre smartphone ou votre tablette, l'application s'ouvre tout simplement.

Vous pouvez télécharger l'application pour votre périphérique mobile en cliquant sur le bouton App Store (pour iOS) ou Google Play (pour Android) situé en bas à droite de la page Web.

À retenir

Si votre entreprise applique une politique BYOD (j'utilise mon matériel), prêtez ce livre à vos collaborateurs pour qu'ils installent Instagram sur leur ordinateur ou tout autre matériel connecté.

Installation sur un ordinateur

Instagram a été initialement conçu pour les smartphones. Toutefois, dans une activité commerciale, il semble plus confortable de pouvoir utiliser ce réseau en travaillant avec un ordinateur de bureau. Sinon, vous seriez obligé de passer sans cesse du téléphone au PC ou au Mac.

Heureusement, l'appli Instagram est disponible pour Windows et Mac. Ainsi, vous pourrez consulter, aimer, et commenter les photos et les vidéos des autres utilisateurs de ce réseau. Toutefois, vous ne pourrez pas utiliser la webcam de votre ordinateur pour prendre des photos ou tourner de vidéos que vous souhaiteriez publier immédiatement sur Instagram.

Astuce

Passez à la section « Pas d'appli ? Pas de problème : Instagram est sur le Web » pour apprendre à utiliser le site Web d'Instagram. Ensuite, poursuivez la lecture du reste de ce chapitre pour savoir comment vous connecter au réseau.

Installation sous Windows

La version Windows d'Instagram est une appli Windows 10. Comme chacun sait, Microsoft souhaite proposer à ses utilisateurs les meilleures applications capables de tourner sous les systèmes d'exploitation Windows 10 et sur Windows mobile. Les possesseurs d'un PC Windows peuvent installer l'appli Instagram depuis le Windows Store ou depuis le site Web d'Instagram. Voici comment procéder depuis le Windows Store :

1. **Dans la barre des tâches des Windows, cliquez sur l'icône Windows Store.**

   Astuce

   Si cette icône est absente de la barre des tâches, ouvrez le menu Démarrer, et cliquez sur la vignette Windows Store du groupe Coup d'œil sur les activités.

2. **Dans le champ Rechercher, tapez** Instagram**.**
3. **Dans la liste des propositions, cliquez sur Instagram Application.**
4. **Cliquez sur le bouton Obtenir puis sur Installer comme sur la Figure 1.2.**

   Le téléchargement commence suivi de l'installation de l'appli. Le bouton installer du Windows Store se transforme en bouton Lancer

Figure 1.2 Cliquez sur le bouton Installer.

5. **Cliquez sur le bouton Lancer pour démarrer l'application.**

Si vous préférez installer l'application Windows depuis le site Web Instagram, suivez ces étapes :

1. **Naviguez jusqu'au site Web Instagram.**
2. **Cliquez sur le bouton Télécharger en haut à droite.**

   Cette action ouvre le Windows Store dans votre navigateur Web.

3. **Une fois l'installation terminée, cliquez sur Lancer.**

   Maintenant, passez à la section « Démarrer maintenant » pour procéder à votre première publication.

Installation sous Mac

Vous n'avez pas la possibilité de trouver et de télécharger l'appli Instagram depuis l'App Store. *De facto*, la seule manière de vous la procurer consiste à visiter le site Web Instagram. Pour cela, utilisez exclusivement le navigateur Safari. En effet, avec un autre navigateur, vous risqueriez de ne pouvoir afficher que des photos et des vidéos, les liker, et les commenter. Heureusement, vous pouvez leurrer ce site Web en lui faisant croire que vous y accédez *via* un iPhone, et ainsi y télécharger des photos.

À retenir

Vous ne pourrez télécharger des photos depuis votre Mac que si vous leurrez le site Instagram. En revanche, vous ne pourrez pas prendre de photos, filmer des vidéos, ou même en télécharger.

Voyons comment procéder avec Safari :

1. **Ouvrez Safari.**

2. **Cliquez sur Safari > Préférences, ou appuyez sur Cmd + ,.**

3. **Cliquez sur l'onglet Avancées, et cochez la case Afficher le menu Développement dans la barre des menus, comme le montre la Figure 1.3.**

Figure 1.3 Affichez le menu Développement en cochant la case située tout en bas.

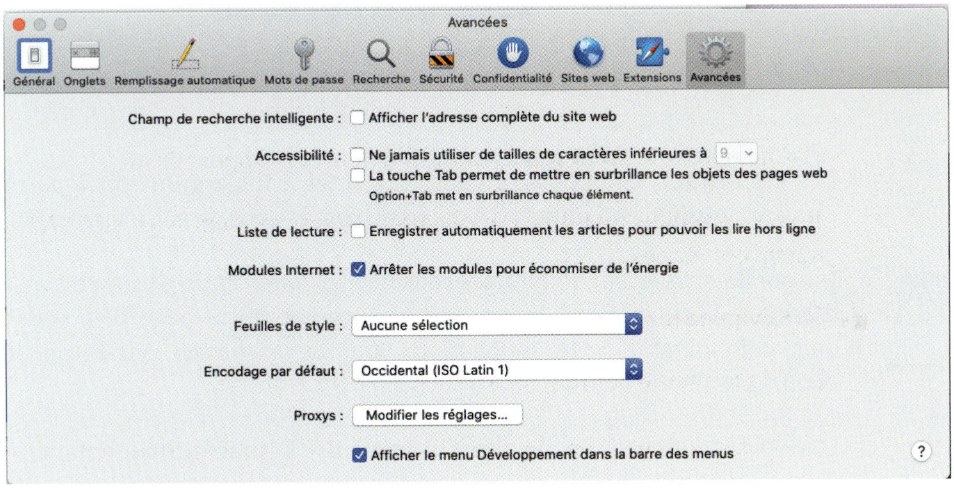

4. **Fermez les préférences.**

   Le menu Développement est présent dans la barre des menus de Safari.

5. **Cliquez sur Développement, et placez le pointeur de la souris sur Agent d'utilisateur. Ensuite, cliquez sur Safari – iOS 12.1.3 – iPhone.**

6. **Ouvrez le site Web Instagram et connectez-vous.**

   L'écran d'accueil s'affiche comme sur la Figure 1.4.

Figure 1.4 Page de connexion à Instagram affichée sur Safari.

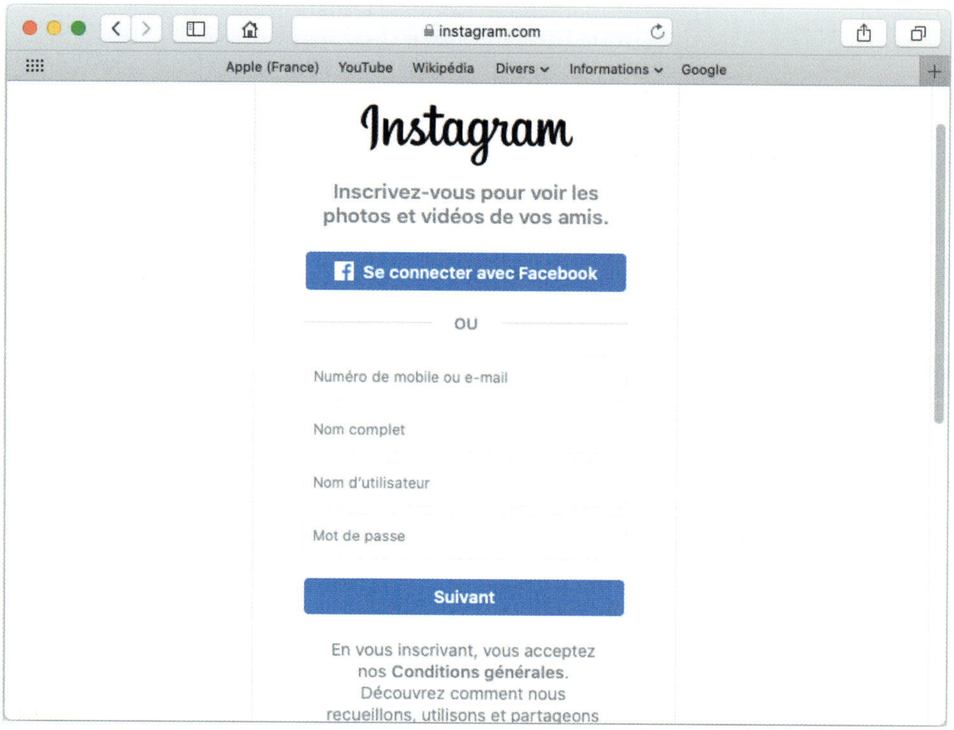

Dès cet instant, vous pouvez vous connecter à Instagram soit à partir de votre numéro de mobile ou d'une adresse mail, soit à partir de vos identifiants Facebook.

Attention

Inutile de cliquer sur le bouton Télécharger dans l'App Store en bas de la page d'accueil. Vous serez en effet renvoyé vers une autre page Web vous indiquant que, pour obtenir cette application, vous devez passer par l'App Store, mais depuis un iPhone ou un iPad.

Une fois le compte créé, passez à la section « Démarrer maintenant », plus loin dans ce chapitre.

Installer Instagram sur une plateforme native

La première version d'Instagram disponible le 6 octobre 2010 était réservée aux possesseurs d'un iPhone. Cette décision sembla tout à fait judicieuse lorsque l'on constata que plus d'un million d'utilisateurs étaient présents sur Instagram fin 2010. Vous pouvez installer l'application sur iPhone, mais aussi sur iPad si vous préférez l'usage de la tablette.

Installation sur iPhone

Télécharger Instagram sur un iPhone est à la portée de tous :

1. **Touchez l'icône App Store.**
2. **Touchez l'icône de la loupe en bas de l'écran.**
3. **Touchez le champ Rechercher qui s'affiche en haut de l'écran.**
4. **Tapez le mot** Instagram**.**

   Après avoir tapé quelques lettres, Instagram s'affiche en haut de la liste des résultats.

5. **Touchez Instagram.**

   Des informations sur l'application apparaissent.

6. **Touchez Obtenir, comme sur la Figure 1.5.**

   Si vous devez vous connecter à l'App Store, tapez votre mot de passe. Si vous utilisez une identification par empreinte digital, placez le doigt approprié sur le bouton Home.

Figure 1.5
L'appli Instagram pour iPhone.

7. **Touchez Ouvrir.**

Vous trouverez désormais l'icône de l'application Instagram sur l'écran d'accueil de votre iPhone.

Maintenant, Instagram est prêt à rendre les services que vous attendez de lui. Par conséquent, consultez la section « Démarrer maintenant », plus loin dans ce chapitre.

Installation sur iPad

Sur votre iPad, vous utiliserez la même appli Instagram que sur votre iPhone.

Voici comment installer Instagram sur un iPad :

1. **Touchez l'icône App Store.**
2. **Touchez l'icône Rechercher dans le coin inférieur droit de l'écran.**
3. **Touchez le champ Rechercher en haut de l'écran, et tapez le mot** `Instagram`**.**

   Après la saisie des deux ou trois premières lettres, Instagram apparaît en haut de la liste des résultats.

4. **Touchez Instagram dans la liste des résultats.**
5. **Dans le coin supérieur gauche de l'écran, touchez Juste l'iPad, comme sur la Figure 1.6.**
6. **Dans le menu local, choisissez Juste l'iPhone.**
7. **Ensuite touchez Obtenir.**

   Si vous avez besoin de vous connecter à l'App Store, indiquez votre mot de passe. Si vous avez opté pour l'identification par empreinte digitale, placez le doigt approprié sur le bouton Accueil.

Figure 1.6 Oui, choisissez Juste l'iPad.

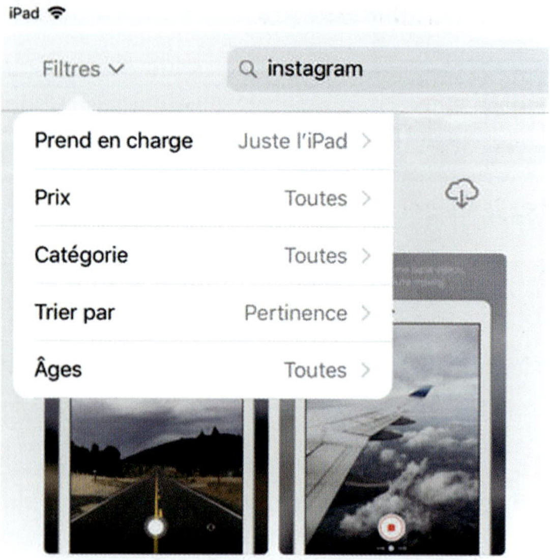

8. **Touchez Ouvrir.**

   Maintenant que vous avez installé Instagram sur votre iPad, passez directement à la section « Démarrer maintenant », plus loin dans ce chapitre.

Instagram sur Android

Dans sa frénésie de conquérir le monde connecté, Instagram n'a pas tardé à développer son application pour les systèmes Android. Le premier jour de sa sortie en avril 2012, plus d'un million d'utilisateurs l'ont téléchargé.

Voici comment installer Instagram depuis le Play Store de Google :

1. **Touchez l'icône Play Store de l'écran d'accueil de votre smartphone.**

   Si cette icône est absente de votre écran d'accueil, faites glisser rapidement le haut de votre écran. Dans le champ Rechercher qui apparaît, tapez `Play Store`.

   Conseil

   Si vous utilisez une ancienne version d'Android, touchez l'icône Applications de votre écran d'accueil, puis Play Store.

2. **Dans le champ Google Play du Play Store, tapez** `Instagram`**.**

   Au bout de trois lettres saisies, Instagram apparaît dans la liste des résultats.

3. **Touchez Instagram dans la liste des résultats.**

   L'écran d'informations de l'application apparaît.

4. **Touchez le bouton Installer visible sur la Figure 1.7.**

   Le téléchargement sera suivi de l'installation. Patientez.

5. **Quand il apparaît, touchez le bouton Ouvrir.**

Le moment est venu de lancer Instagram pour « instagrammer » ! Passez à la section « Démarrer maintenant » plus loin dans ce chapitre.

Figure 1.7 Installer Instagram sous Android.

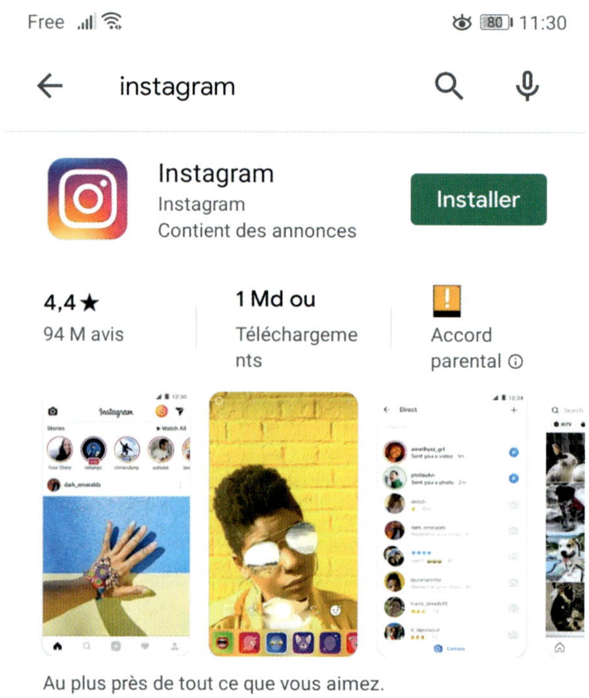

Pas d'appli ? Pas de problème : Instagram est sur le Web

Si votre entreprise ne permet pas l'installation d'applications non autorisées sur les smartphones qu'elle confie à ses collaborateurs, ou si vous disposez d'un smartphone au système d'exploitation propriétaire, accédez à Instagram *via* son site Web depuis votre téléphone ou votre ordinateur. Sachez alors que les fonctionnalités de ce réseau seront plus limitées.

Ouvrez le site Web d'Instagram en tapant www.instagram.com dans la barre d'adresses de votre navigateur. Vous pouvez vous connecter à Instagram sur le Web de deux manières :

» **Nom d'utilisateur et mot de passe Instagram :** Cliquez sur Connectez-vous en bas de la page, comme le montre la Figure 1.8. Tapez votre nom d'utilisateur ou votre numéro de téléphone dans le champ portant ces mentions. Ensuite, saisissez votre mot de passe dans le champ du même nom, et cliquez sur Connexion.

Figure 1.8 Il faut de bons yeux pour se connecter depuis la page Web.

- **Compte Facebook :** Si vous préférez utiliser votre compte Facebook, cliquez ou touchez le bouton Se connecter avec Facebook. (Si votre navigateur Web n'a pas stocké vos données Facebook dans des cookies, une fenêtre s'affichera. Tapez-y votre nom d'utilisateur et votre mot de passe Facebook.) Ensuite, cliquez sur le bouton de connexion.

À retenir

Si vous n'avez pas encore créé de compte Instagram, mettez une marque sur cette page et consultez le Chapitre 2 pour apprendre à créer un profil d'une grande efficacité.

Une fois connecté, vous voyez une page d'accueil laconique qui affiche les dernières photos et vidéos des utilisateurs que vous suivez. La partie supérieure de l'écran, illustré sur la Figure 1.9, affiche le logo Instagram. Sachez qu'il disparaîtra lorsque vous ferez défiler le contenu de la page. Au centre, vous disposez d'un champ Rechercher, et de trois icônes placées immédiatement à sa droite :

- **Boussole :** Ouvre la page Découvrez des contacts. Elle permet de voir d'autres utilisateurs d'Instagram qui pourraient vous intéresser. Pour suivre l'un d'eux, cliquez sur son bouton S'abonner.
- **Cœur :** Affiche des notifications comme les personnes qui viennent de s'abonner à votre profil ou qui ont commenté une photo ou une vidéo.
- **Avatar :** Donne accès à la page de votre profil.

Figure 1.9 Le champ Rechercher se situe en haut de la page.

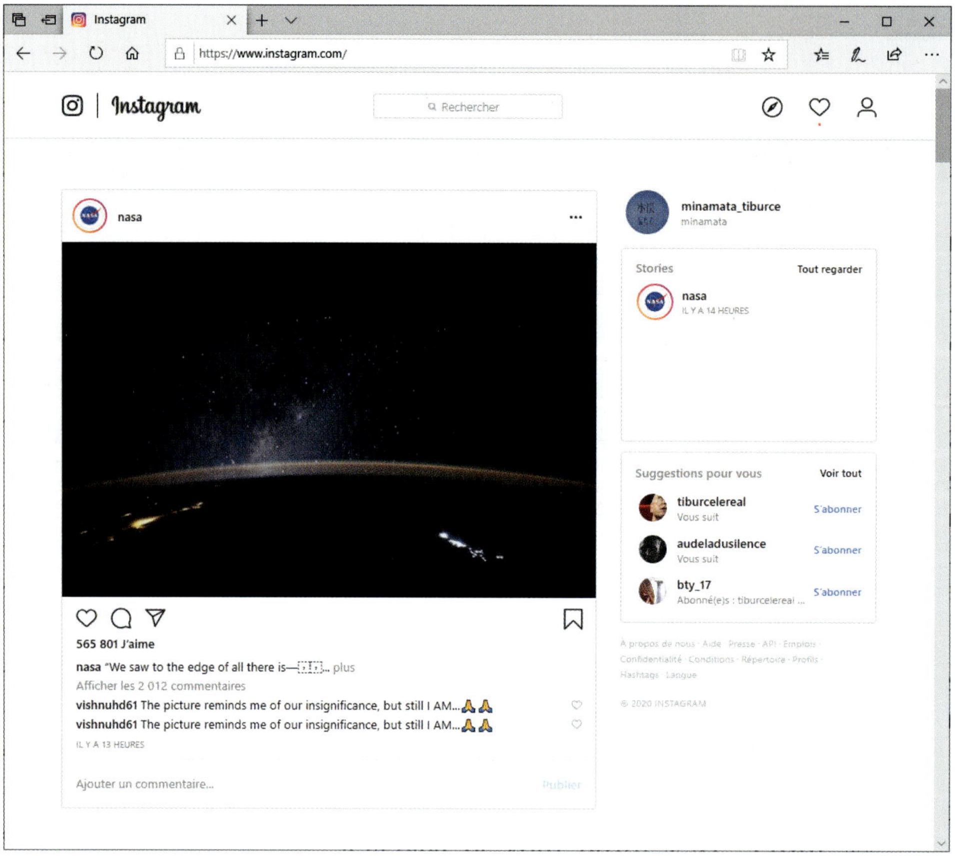

Si vous consultez les pages Découvrez des contacts ou des pages de profil, vous retournerez à la page d'accueil en cliquant sur l'icône Instagram ou sur celle de l'appareil photo.

Faites défiler le contenu de l'écran pour voir les photos et les vidéos d'autres utilisateurs d'Instagram auxquels vous vous êtes abonné. Sous chaque photo, cliquez sur l'icône du cœur pour dire que vous l'appréciez (vous savez le fameux « like » ou « J'aime »). Pour commenter une photo ou une vidéo, cliquez dans le champ Ajouter un commentaire (Figure 1.10). Tapez votre texte et validez-le en appuyant sur la touche Entrée de votre clavier.

En haut et à droite de chaque publication, vous constatez la présence de trois petits points. Cliquez dessus pour afficher un menu local qui propose sept options : Signaler comme inapproprié, Se désabonner, Accéder à la publication, Partager, Copier le lien, Intégrer, et Annuler, comme sur la Figure 1.11.

Figure 1.10 Les commentaires des utilisateurs apparaissent sous les photos.

Figure 1.11 Menu local des options de chaque publication.

Démarrer maintenant

Vous venez d'installer Instagram sur votre PC ou votre smartphone, et peut-être même sur les deux. Dans ce cas, utilisez cette appli plutôt que de vous connecter au site de ce réseau. Pourquoi ? parce que vous profiterez de fonctionnalités supplémentaires. Si vous avez le choix entre utiliser un PC ou un smartphone, n'oubliez pas que les versions d'Instagram pour iPhone et Android proposent toutes les fonctionnalités du réseau.

À retenir

Vous pouvez également utiliser la version smartphone d'Instagram sur votre iPad ou votre tablette

Démarrer Instagram sur un ordinateur

Pour ouvrir Instagram sous Windows 10, cliquez sur le bouton Démarrer de la barre des tâches. Ensuite, dans la liste Récemment ajoutés, cliquez sur la vignette Instagram, comme sur la Figure 1.12. Si l'icône Instagram n'est pas présente, cliquez dans le champ Taper ici pour rechercher, et saisissez Instagram. Ensuite, cliquez sur l'icône de cette application dans la liste des résultats.

Après avoir lancé l'application pour la première fois, le programme vous demandera probablement d'accéder à vos contacts. Pourquoi ? Simplement pour identifier parmi eux ceux qui possèdent ou non un compte Instagram. À vous de donner ou non cette autorisation. Ensuite, vous devez créer un compte soit à partir de votre compte Facebook, soit en indiquant un numéro de téléphone mobile ou une adresse mail. À partir de là, suivez l'assistant de création de votre profil.

Astuce

Vous souhaitez démarrer Instagram depuis votre barre des tâches ? Faites un clic-droit sur l'icône de l'appli affichée sur la barre des tâches. Dans le menu contextuel qui s'affiche, exécutez la commande Épingler à la barre des tâches.

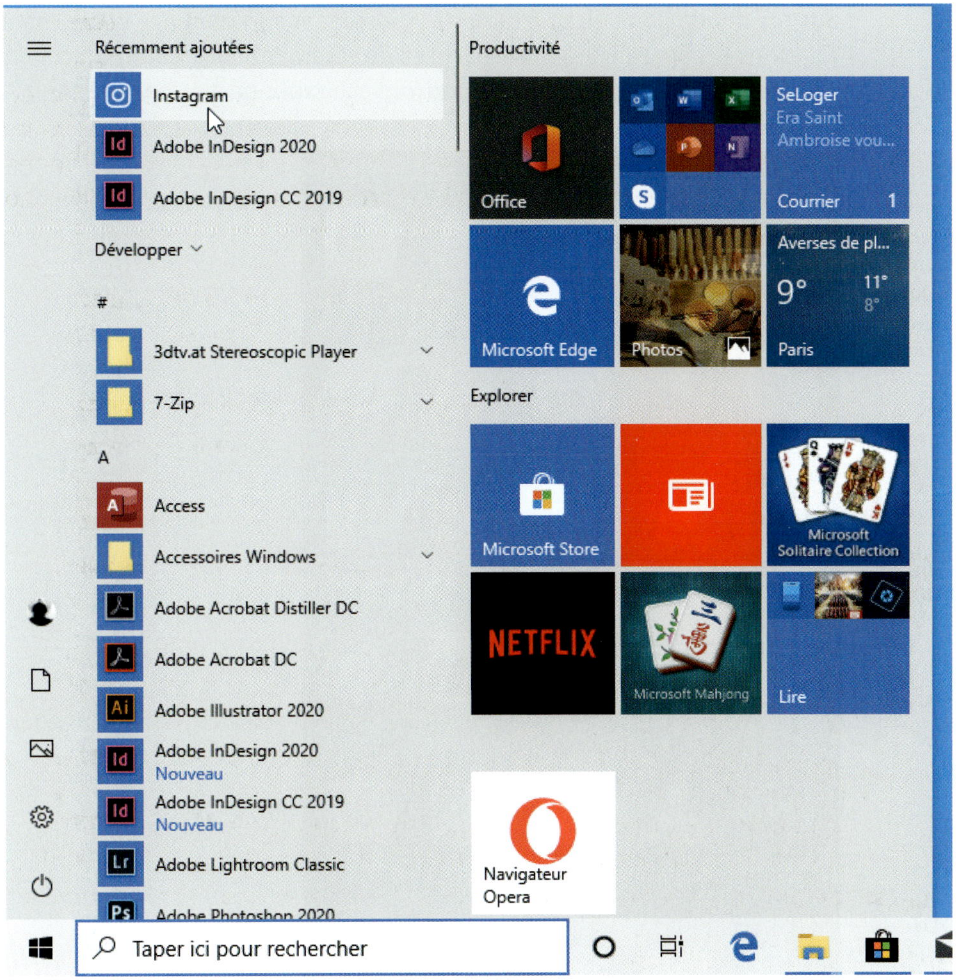

Figure 1.12 Vous trouverez Instagram dans la liste des applications.

Démarrer Instagram sur un périphérique mobile

Si vous utilisez Instagram sur un téléphone Android (Figure 1.13), un iPhone ou un iPad, touchez simplement son icône.

Sur iPhone ou iPad, l'appli vous demandera la permission d'activer les notifications Instagram. Si vous refusez, vous ne saurez pas, par exemple, si vos *followers* (abonnés) aiment les photos que vous publiez. Pour activer les notifications, tapotez OK. Ensuite, il vous sera demandé d'accepter ou de refuser qu'Instagram vous envoie des notifications avec des sons et des avertissements. À vous de décider si vous souhaitez ou non être tranquille.

Sur un smartphone ou une tablette Android, aucun message concernant les notifications n'apparaîtra. Vous arriverez directement sur l'écran d'accueil. Le paramétrage des notifications sous Android est expliqué au Chapitre 15.

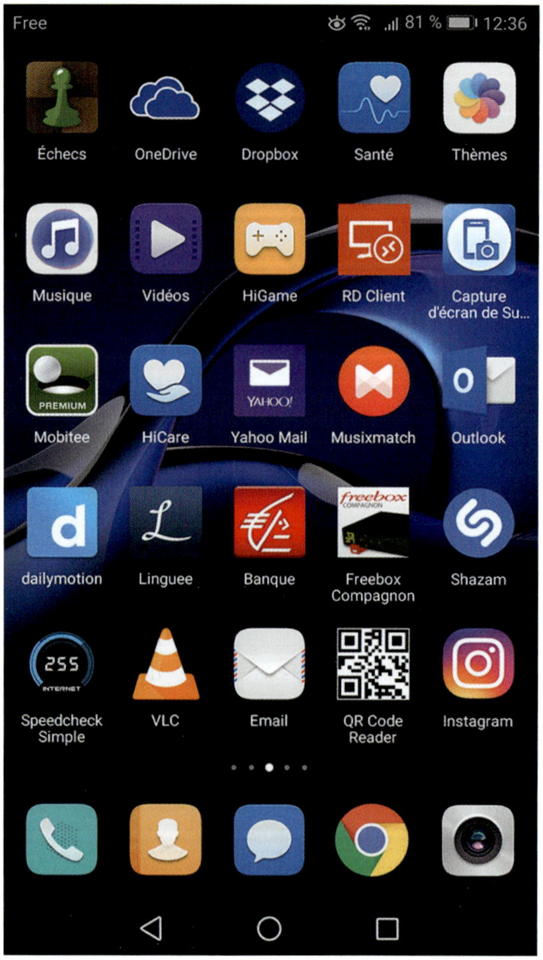

Figure 1.13 L'icône Instagram se place en dernier sur un smartphone Android.

DANS CE CHAPITRE...

Définir les informations à communiquer dans votre profil

Créer une bio séduisante

Mettre à jour vers un profil commercial

Chapitre 2

Configurer votre profil

Une fois Instagram installé sur votre périphérique mobile, configurez votre profil, et mettez tout en œuvre pour attirer l'attention de votre cible commerciale.

Dans ce chapitre, nous vous expliquons comment paramétrer les différentes rubriques de votre profil. L'une des décisions les plus importantes à prendre concerne le choix du nom d'utilisateur. Ce choix doit être fait une bonne fois pour toutes afin d'éviter de le modifier lorsque votre activité commerciale prendra de l'ampleur. Donc, si vous définissez un profil Instagram en adéquation avec votre entreprise, vous pourrez facilement modifier certaines de ses données au fur et à mesure du développement de votre activité et ainsi mieux gérer les résultats commerciaux issus de votre compte Instagram.

Règles appliquées à un profil professionnel

Votre *profil Instagram* est la première impression que vous donnez de vous-même et de votre activité à vos clients potentiels et à vos nouveaux visiteurs. Il communiquera également un message commercial à votre auditoire, et mettra en valeur votre activité. Jetez un œil sur la Figure 2.1.

Un profil Instagram comprend six composants : nom d'utilisateur, photo de profil, nom, bio, URL d'un site Web, et adresse commerciale (facultative). Les profils qui évoluent vers un compte professionnel disposent de boutons de contact. Vous en saurez davantage dans la prochaine section.

Figure 2.1 Les éléments d'un profil Instagram.

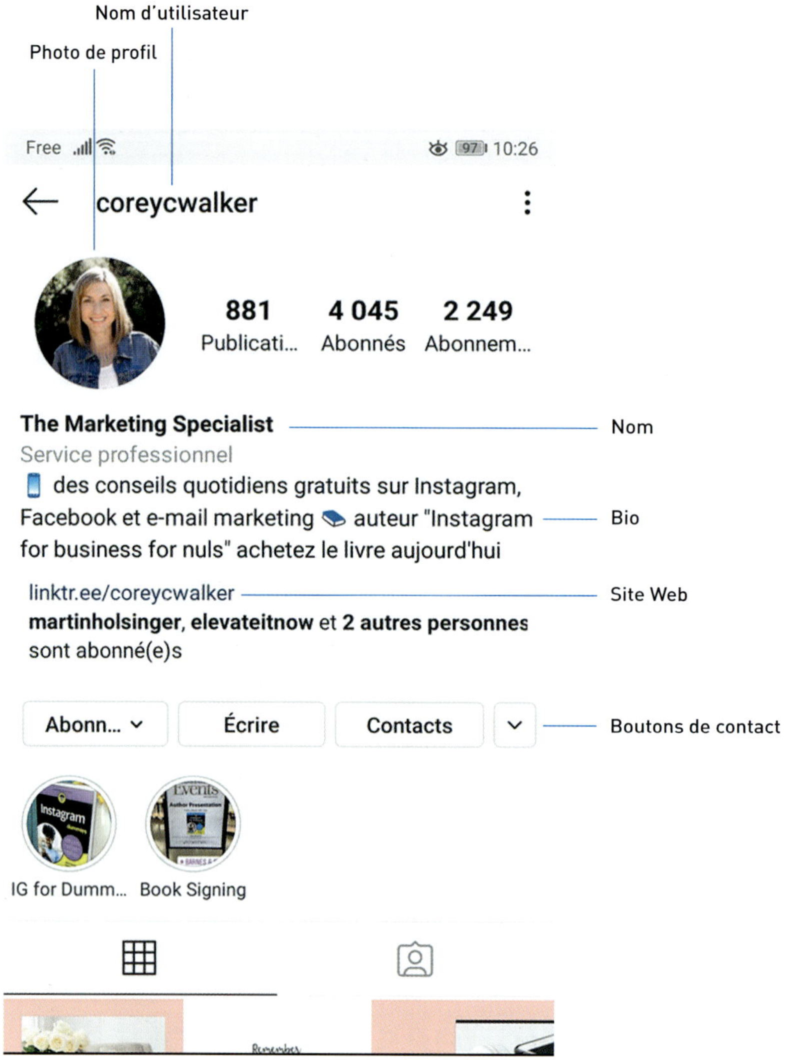

Votre profil Instagram doit être cohérent avec votre support de communication, et notamment votre présence en ligne sur des plateformes commerciales. En revanche, vous devrez respecter le style et la mise en forme connue et reconnue par les utilisateurs d'Instagram. De plus, vous serez contraint de mettre en forme votre profil selon les restrictions imposées par ce réseau. Nous en discuterons un peu plus loin dans ce chapitre.

Choisir un nom et nom d'utilisateur pour votre activité

Le nom et le nom d'utilisateur sont les deux données les plus importantes de votre profil Instagram. Pourquoi ? Car ils représentent les deux seuls critères de recherche permettant de tomber sur votre profil. Lorsque des utilisateurs tapent des mots-clés ou des noms dans le champ de recherche d'Instagram, l'application n'analyse que les champs Nom et Nom d'utilisateur.

À retenir

Le nom d'utilisateur apparaît en haut de votre profil. Votre nom quant à lui s'affiche sous votre photo. Si vous souhaitez que votre activité soit découverte via la recherche par mots-clés, veillez à l'insérer soit dans votre nom, soit dans votre nom d'utilisateur.

Choisir le meilleur nom d'utilisateur possible

Lorsque vous créez un compte Instagram, vous devez choisir un nom d'utilisateur. C'est grâce à lui que vous serez identifié sur ce réseau. Ainsi, tout ce que vous y publiez est lié à ce nom d'utilisateur. Il est affiché dans la partie supérieure gauche de votre profil, comme le montre la Figure 2.2.

Votre nom d'utilisateur fait partie de l'adresse URL de votre compte Instagram qui a la forme suivante :

http://instagram.com/nomutilisateur

Lorsque vous agissez sur Instagram, le nom d'utilisateur apparaît sous la forme *votrenomutilisateur*. Il se limitera à 30 caractères qui ne peuvent être que des lettres, des chiffres, des points, et des signes de soulignement. Les symboles et les autres signes de ponctuation sont interdits.

Optez pour un nom d'utilisateur qui représente votre entreprise et, si possible, qui permet d'en déduire l'activité. Votre nom d'utilisateur doit être votre nom commercial ou une version adaptée, comme @louboutinworld au lieu de Christian Louboutin. Vous pouvez également ajouter un mot ou deux pour décrire votre activité ou pour mieux vous définir, comme @impressionistart.

Astuce

Choisir un nom d'utilisateur différent du nom de votre entreprise peut créer de la confusion dans l'esprit des utilisateurs d'Instagram qui risquent de douter qu'il s'agisse là du compte officiel de votre société.

Figure 2.2 Le nom d'utilisateur est affiché en haut du profil.

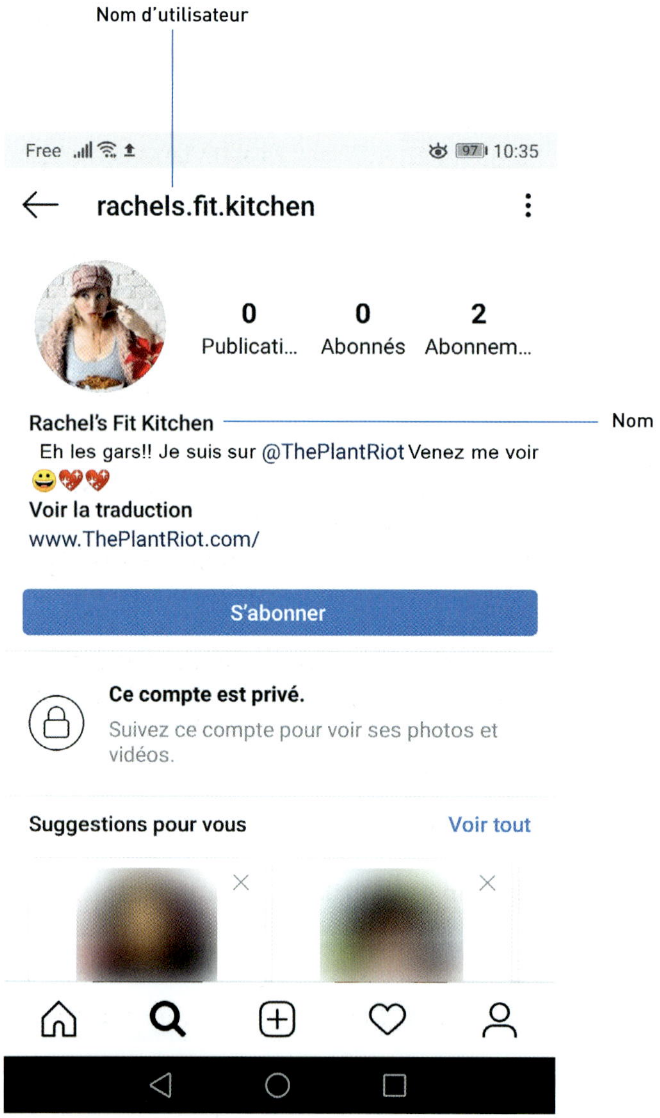

Durant l'enregistrement de votre compte Instagram, vous êtes invité à choisir un nom d'utilisateur. S'il est disponible, une coche apparaît. Si quelqu'un l'utilise déjà, un X s'affiche sur le bord droit du champ nom d'utilisateur. Changez de nom jusqu'à ce qu'Instagram l'accepte.

Les noms d'utilisateur proposés sont assez basiques. Si vous créez un compte depuis la version Web du réseau, Instagram complétera le nom d'utilisateur choisi pour pouvoir l'accepter. En général il y ajoute des chiffres. Effacez cette proposition et tapez un nom qui identifie mieux votre entreprise.

Si le nom d'utilisateur que vous convoitez n'est pas disponible, ajoutez-lui des points ou des signes de soulignement, utilisez des abréviations, ou bien ajoutez-y un autre mot.

Si un autre compte utilise votre marque déposée comme nom d'utilisateur, visitez https://help.instagram.com/101826856646059. Vous apprendrez à agir contre cette violation.

Astuce

Prenez du recul pour mieux apprécier et autocritiquer votre nom d'utilisateur avant de le valider. En effet, ce qui vous paraît clair ne le sera peut-être pas pour les autres surtout lorsque votre nom d'utilisateur ne contient ni espace, ni point, ni signe de soulignement. Par exemple, vérifiez bien que ce nom ne puisse pas être lu différemment et ainsi entraîner une confusion dans sa compréhension. Dans ce cas, séparez les différents termes avec des points ou des signes de soulignements (underscore).

Une fois le nom d'utilisateur choisi, tout le contenu lié à votre profil lui sera associé. *De facto*, si vous modifiez ce nom d'utilisateur, votre URL Instagram le sera également. Il faut faudra alors mettre à jour tous vos liens. Voilà pourquoi il est conseillé de choisir immédiatement un nom d'utilisateur définitif.

Toutefois, voici comment le modifier :

1. **Affichez votre profil Instagram sur mobile ou sur ordinateur.**
2. **Touchez/cliquez l'icône de votre avatar en bas à droite.**
3. **Dans la nouvelle page qui s'affiche, touchez/cliquez le bouton Modifier le profil.**
4. **Dans le champ Nom d'utilisateur, tapez un nouveau nom, et validez par un clic sur Terminé, ou en touchant la coche en haut à droite.**

Attention

Sur l'appli Instagram de l'ordinateur, le champ nom d'utilisateur est identifié par l'icône de votre avatar.

Choisir le meilleur nom possible

Votre *nom Instagram* n'est visible que si l'on tombe directement sur votre profil. Il s'affiche en gras sous votre photo, comme le montre la Figure 2.2.

Votre profil sortira plus efficacement des recherches et paraîtra plus professionnel si le nom et le nom d'utilisateur sont différents. En effet, lorsque ces deux noms diffèrent, vous doublez vos chances d'être identifié par des mots-clés ou d'autres critères de recherche dans l'appli Instagram. Les utilisateurs avertis d'Instagram prennent du temps pour définir leur nom et leur nom d'utilisateur.

Contrairement au nom d'utilisateur qui ne peut se composer que d'un seul mot, votre nom peut être une véritable petite phrase contenant des lettres en majuscules et des espaces. Comme votre nom d'utilisateur, il se limitera à 30 caractères, espaces comprises.

Vous pouvez utiliser votre nom personnel ou celui de votre entreprise. Bien entendu, rien ne vous empêche d'opter pour une abréviation ou pour une description de votre activité commerciale. Par exemple, si vous tenez une pizzéria appelée À La Pizza Fraîche, votre nom d'utilisateur peut parfaitement être a.la.pizza.fraiche ou pourquoi pas Meilleure Pizzéria de Paris.

Astuce

Vous serez plus facilement trouvé sur Instagram si vous incluez un mot-clé ou une phrase dans votre nom, votre nom d'utilisateur, ou les deux. Ces mots-clés peuvent également être ajoutés à votre nom.

Comme votre nom n'est pas lié à votre URL ou à d'autres aspects d'Instagram, vous pouvez le changer à tout moment. Envisagez alors d'y ajouter ou de changer des mots-clés pour attirer davantage de clients sur Instagram.

Voici comment procéder :

1. **Affichez votre profil Instagram, et touchez/cliquez l'icône de l'avatar en bas à droite.**
2. **Touchez/cliquez le bouton Modifier le profil.**
3. **Dans le champ Nom (le premier), tapez votre nouveau nom, et enregistrez vos modifications.**

   Pour cela touchez/cliquez sur Terminé ou sur l'icône de la coche.

Choisir une photo de profil pour attirer des clients

La *photo de profil* de votre compte, ainsi que votre nom d'utilisateur, est associée à vos activités. Lorsque vous publiez sur Instagram ou que vous interagissez avec d'autres utilisateurs, votre photo de profil est visible.

Votre photo de profil doit représenter votre entreprise et être identifiable par les potentiels clients. Si votre activité est présente sur d'autres plateformes, son profil Instagram doit être identique à celui que vous utilisez sur différents médias. Vous devez impérativement garder cette cohérence pour éviter toute confusion dans l'esprit des utilisateurs.

Astuce

Les photos de profil sur Instagram sont affichées dans un cercle. Donc, il est conseillé de préparer votre image en intégrant le fait qu'elle sera recadrée par ce cercle. Ne coupez pas les éléments essentiels à l'identification de votre entreprise.

La photo affichée sur la page de votre profil est d'une dimension supérieure à toutes ses occurrences qui seront visibles sur Instagram. Ainsi, lorsque vous interagissez avec d'autres, la photo de profil se limite à une vignette. Par conséquent, évitez toute image trop surchargée de détails ou encombrée de texte. Elle sera indéchiffrable.

Les meilleures photos de profil sont en haute résolution, comportent un arrière-plan simple, et ne sont pas pixellisées. (Une photo est *pixellisée* lorsqu'elle est en basse résolution et qu'elle a été trop agrandie. Les pixels apparaissent alors sous forme de carrés qui rendent l'image floue.)

Écrire une bio qui séduit les abonnés

Votre *biographie Instagram* est une courte présentation de votre activité commerciale. Considérez-la comme un discours de motivation, une sorte de publicité qui doit convaincre les nouveaux visiteurs de suivre votre activité.

La plupart liront votre bio lors de leur premier passage sur votre profil. Par conséquent, elle doit faire bonne impression, et inciter les visiteurs à s'abonner à votre compte. Il est important que votre message soit juste et motivant.

Décider des informations à communiquer

Avant de commencer l'écriture de votre bio, choisissez deux ou trois mots-clés qui mettront votre activité en évidence. Il peut s'agir de caractéristiques qui connecteront émotionnellement votre auditoire cible, comme les quelques exemples de la Figure 2.3.

Vous devez également déterminer le ton et le style de cette bio. Si votre activité est connue pour son humour et sa spiritualité, écrivez une bio qui traduit cet esprit avec des mots bien choisis et éventuellement des émojis. En revanche, si votre activité est raffinée et sérieuse, vous éviterez les touches d'humour indélicates.

Figure 2.3 Une bio séduisante attire les visiteurs.

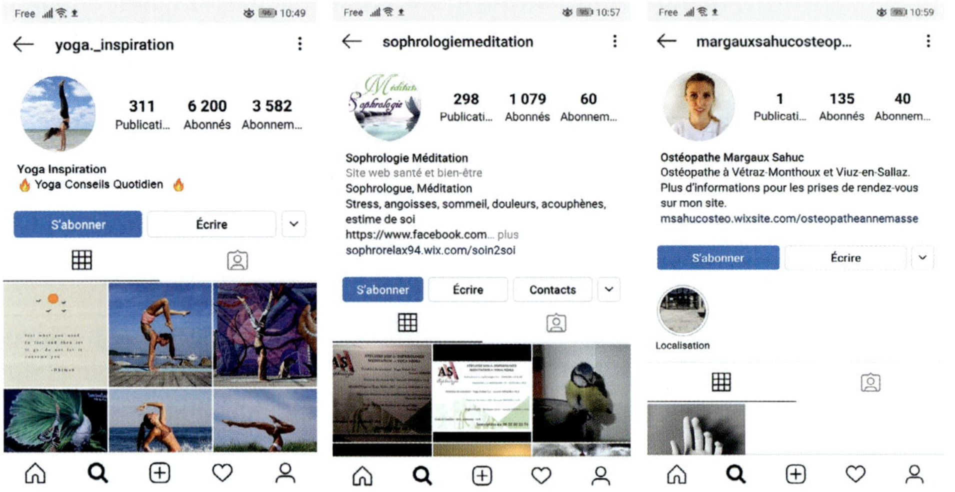

Pour faire des affaires sur Instagram, vous devez bien connaître votre cible et la manière dont elle utilise ce média. Il est impératif que votre bio soit écrite avec des mots compréhensibles par cet auditoire spécifique. Commencez par déterminer les caractéristiques qui devront attirer ce public, puis écrivez une bio adéquate. Par exemple, la Figure 2.4 cible des prospects qui ont besoin de se former à la création vidéo sur Internet. La bio, succincte mais directe et précise, semble bien répondre au besoin de cette cible.

Une bio Instagram doit se limiter à 150 caractères, espaces comprises. La bio est destinée à tenir sur un seul paragraphe. Toutefois, vous pouvez la mettre en forme avec des espaces et des sauts de lignes.

Astuce

Comme Instagram a été initialement conçu pour des téléphones mobiles, il est conseillé d'écrire cette bio depuis un smartphone de telle sorte que l'alignement et le formatage s'ajustent parfaitement bien à une lecture en mode portrait. Vous constaterez que lorsque vous afficherez cette bio dans le navigateur Web d'un ordinateur ou sur son application Instagram, elle s'étendra sur toute la largeur de la fenêtre sans tenir compte de l'alignement vertical que vous avez respecté lors de sa rédaction sur téléphone.

Insérez des émojis et des symboles pour dynamiser votre bio et ainsi attirer davantage le regard de vos visiteurs. Pour ajouter des émojis, utilisez les fonctionnalités en la matière de votre périphérique mobile. Sous iOS, il suffit de toucher l'icône du smiley située en bas du clavier. Sous Android, touchez le smiley situé à gauche de la barre d'espace. Instagram est une plateforme visuelle. De ce fait, les icônes insérées dans une bio permettent de sortir du lot. Vous avez le choix entre de nombreuses émoticônes. Si le visage souriant traditionnel ne traduit pas le style de votre entreprise, utilisez des symboles plus primitifs comme des carrés, des losanges, des triangles, ou des flèches qui apporteront de la couleur et des graphismes sans dénaturer votre style professionnel.

Figure 2.4
La bio Instagram de @owen.video est destinée à attirer les personnes intéressées par le marketing vidéo.

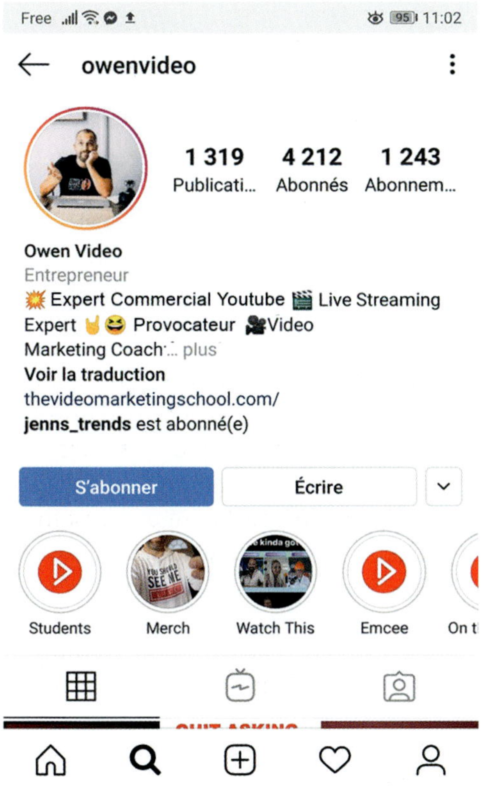

Sur Instagram, les hashtags ne sont pas cliquables depuis des périphériques mobiles. Par conséquent, il semble inutile d'en ajouter à votre bio sauf si vous disposez d'un hashtag commercial que les clients peuvent associer à votre activité. Par exemple, @santiego photos encourage les followers à utiliser le hashtag #MySDPhoto pour publier leurs photos sur ce profil (Figure 2.5). Ce hashtag ne sert qu'à des fins commerciales puisqu'il n'est pas cliquable. L'utilisation des hashtags sur Instagram est traitée au Chapitre 8.

Figure 2.5 Un hashtag dans une bio Instagram présente un intérêt commercial mais reste non cliquable.

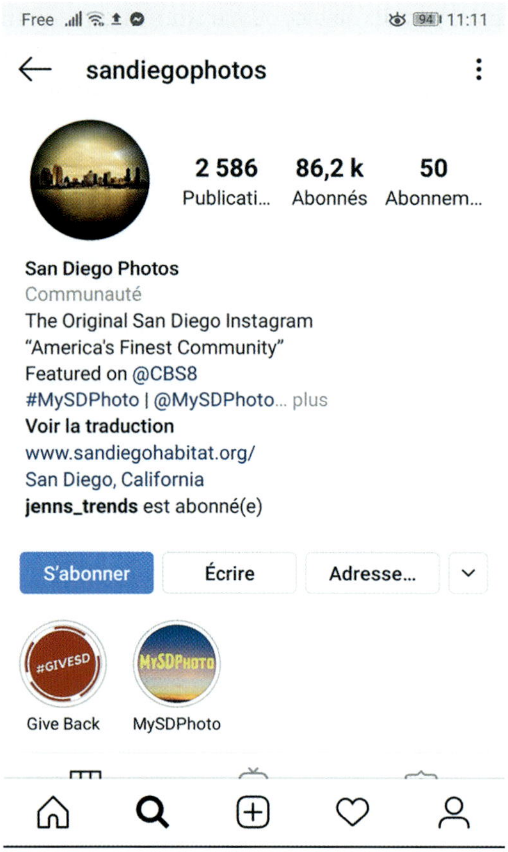

Mettre en forme votre bio

Vous pouvez modifier ou créer votre bio en touchant le bouton Modifier le profil présent sur la page de votre profil. Sur la Figure 2.6, il suffit de toucher le champ Bio pour y insérer du texte.

Les utilisateurs d'un smartphone Android peuvent mettre en forme une bio sans quitter Instagram. Ainsi, ils inséreront des sauts de ligne et des espaces en tapotant la touche Entrée ou Retour de leur clavier virtuel. Vérifiez qu'il n'y a pas d'espace après le dernier caractère de la ligne, et que ce caractère n'est pas un émoji. Dans le cas contraire, les sauts insérés par pression sur la touche Retour ou Entrée ne seront pas pris en compte.

Les utilisateurs iOS peuvent mettre en forme une bio dans Instagram, mais sans saut de ligne. La meilleure solution consiste alors à ouvrir une application de prise de note sur leur périphérique pour y taper leur bio avec les options de mises en forme de leur choix. Ensuite, ils copieront la bio, ouvriront de nouveau Instagram, et colleront ce texte dans le champ Bio. Comme pour les utilisateurs d'Android, il est impératif de ne pas laisser d'espace après le dernier caractère de la ligne qui, de surcroît, ne doit pas être un émoji.

Figure 2.6 Ajoutez votre bio dans l'écran Modifier le profil.

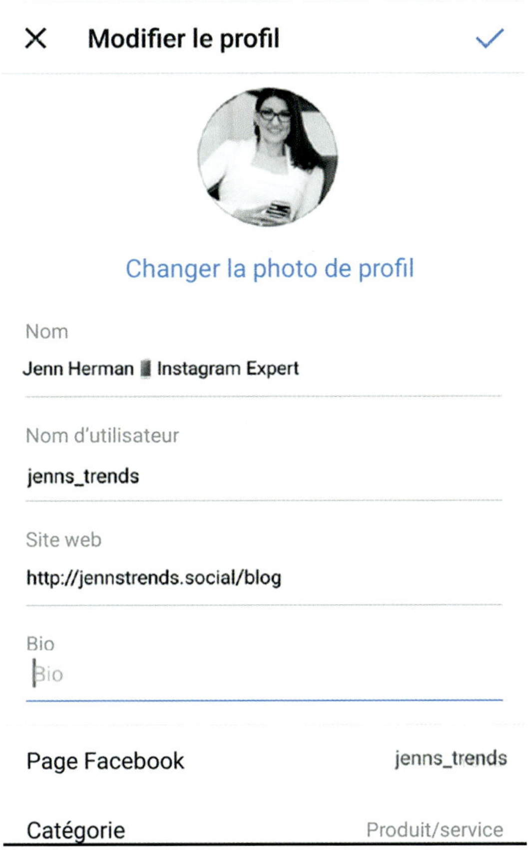

Astuce

Votre bio peut être modifiée ou réécrite aussi souvent que vous le souhaitez. Il est judicieux de reconsidérer cette bio tous les six mois et de vérifier que ses informations restent assez précises et pertinentes. Apportez vos modifications en suivant la procédure de rédaction de la bio initiale.

Si vous lancez des campagnes commerciales ou avez un contenu saisonnier voire des promotions, vous pouvez actualiser votre bio pour faire connaître ces évènements.

Inciter à visiter votre site Web

La dernière ligne de votre bio pourrait inciter vos visiteurs à consulter votre site Web. Cette « incitation à l'action » (CTA – *Call To Action*) doit être simple et lisible tout en restant spécifique à l'action que vous demandez à vos visiteurs d'exécuter.

N'écrivez pas simplement *Visitez notre site Web* ou *Cliquez ci-dessous*. Utilisez une formule telle que *Gagnez votre ebook ici*, ou bien *Découvrez nos nouveautés maintenant*. Ajoutez, à la fin de ce slogan, l'émoji d'une flèche pointant vers le bas.

Comme pour le reste de votre bio, le CTA peut être modifié autant que vous le souhaitez. Testez-le avec différentes formulations pour déterminer celui qui incite le plus vos visiteurs à cliquer pour se rendre sur votre site Web.

Choisir un lien vers un site Web qui incite à cliquer

Pour générer du trafic vers votre site Web à partir d'Instagram, insérez un lien dans votre bio.

Vous optimiserez le trafic sur votre site Web en veillant à ce que le lien sur lequel cliquent vos visiteurs les renvoie à la page Web que vous souhaitez promouvoir. Par exemple, si vous souhaitez inciter vos prospects à souscrire à une newsletter, le lien devra afficher la page contenant les modalités de souscription, et non pas renvoyer à la page d'accueil du site qui ne contient aucun bouton pour effectuer cette opération. Dans ce cas, vous perdriez de potentiels abonnés.

Votre URL peut être modifiée aussi fréquemment que vous le souhaitez. Ainsi, vous pouvez disposer d'une page Web par défaut pour votre profil à laquelle vous apporterez des modifications pour faire état d'une promotion ou d'une campagne publicitaire. Une fois l'opération terminée, réinsérez le lien par défaut.

Conseil

Pour suivre précisément votre trafic Instagram, vous devrez mettre en œuvre d'autres éléments que le simple lien direct vers une page Web. Si des personnes cliquent, depuis leur ordinateur de bureau, sur le lien inséré dans votre bio, Google Analytics l'enregistrera en tant que trafic généré depuis Instagram. Lorsque quelqu'un tapote ce même lien sur un périphérique mobile, un navigateur Web s'ouvre. Dans ce cas, Google Analytics n'enregistrera pas le trafic à votre place. Il le considérera comme un trafic inhérent au navigateur lui-même et non provenant d'un média social.

Bien que Google Analytics surveille ce trafic pour vous, il le considère comme un trafic direct de votre site, et non pas comme un clic provenant d'Instagram. *De facto*, difficile de distinguer les clics provenant d'Instagram des clics issus d'autres liens.

Pour corriger cela, utilisez un service de réduction d'URL (ou raccourcisseur d'URL) tel que Bitly, goo.gl, ou Rebrandly. Chacun fournit une analyse de données sur chaque lien, permettant ainsi de savoir comment les clics ont été générés.

Voici comment utiliser un raccourcisseur d'URL :

1. **Copiez l'URL de votre site Web.**
2. **Ouvrez le service de réduction d'URL de votre choix.**
3. **Collez l'URL sur le site Web de ce service.**

   Le raccourcisseur génère alors un lien plus court.
4. **Personnalisez l'URL raccourcie pour qu'elle corresponde à votre activité ou à votre page.**
5. **Copiez l'URL raccourcie et collez-la dans votre bio Instagram.**

Astuce

La plupart des raccourcisseurs génèrent un lien composé de lettres et de chiffres aléatoires, comme http://bit.ly/2X4y6. Avouons que ce n'est ni parlant, ni professionnel. Les visiteurs risquent de se poser la question de la validité du lien. Par exemple, pour personnaliser l'URL standard http://jennstrends.com/blog en lien raccourci, vous pouvez opter pour http://bit.ly/JTBlog ou http://bit.ly/JennsTrendsBlog.

Tirer profit d'un profil commercial

Fin 2016, Instagram a introduit la notion de profil professionnel (ou commercial). Avant cette initiative, tous les profils Instagram se ressemblaient. Aujourd'hui, les entreprises ont la possibilité de se démarquer et de profiter d'un certain nombre de fonctionnalités réservées aux profils pros.

En évoluant vers un profil de ce type, vous aurez accès aux avantages suivants :

» Facilité d'accès à des boutons de prise de contact permettant à vos clients de vous envoyer des mails, de vous téléphoner, ou de vous géolocaliser.

- Apparaître dans une liste qui informe les visiteurs de votre activité.
- Un système d'analyse pour mieux identifier ce qui ne fonctionne pas dans votre stratégie.
- La possibilité de dynamiser vos publications sur Instagram et de diffuser des annonces publicitaires.
- La possibilité de gérer vos commentaires Instagram et vos actions *via* une page Facebook.

Astuce

Comme indiqué, vous ne pouvez insérer qu'un seul lien cliquable dans votre bio. Le bouton de prise de contact signifie que les visiteurs peuvent vous téléphoner ou vous envoyer un mail. Cela ajoute des moyens supplémentaires de connexion avec votre clientèle, et permet ainsi de réaliser encore plus de ventes.

Pour évoluer vers un profil professionnel, vous devez disposer d'une page commerciale Facebook. Les publicités Instagram seront en effet gérées *via* Facebook Business Manager. Même si vous n'envisagez pas de faire de publicité, Instagram exige que vous soyez connecté à une page commerciale Facebook.

Attention

Vous ne pouvez connecter qu'une seule page Facebook à votre profil Instagram. Si vous possédez plusieurs comptes Instagram et que vous désiriez les faire évoluer vers une version commerciale, chacun devra disposer de sa page Facebook.

Maintenant que vous possédez un compte Instagram, vous le ferez évoluer très facilement vers un profil professionnel en suivant les quelques étapes qui suivent.

Connexion à une page Facebook

Un profil commercial Instagram repose sur l'existence d'une page Facebook. Il est ensuite très facile de connecter ledit compte à la page en question, puis de paramétrer des informations de prises de contact.

Voici comment procéder :

1. **Connectez-vous à votre compte Instagram depuis un périphérique mobile, et touchez le bouton Modifier le profil.**
2. **Touchez l'option Passer à un compte professionnel, comme le montre la Figure 2.7.**

   L'option peut porter un nom différent selon l'appareil avec lequel vous procédez à cette migration.

Figure 2.7

L'écran Modifier le profil permet d'évoluer vers un compte professionnel.

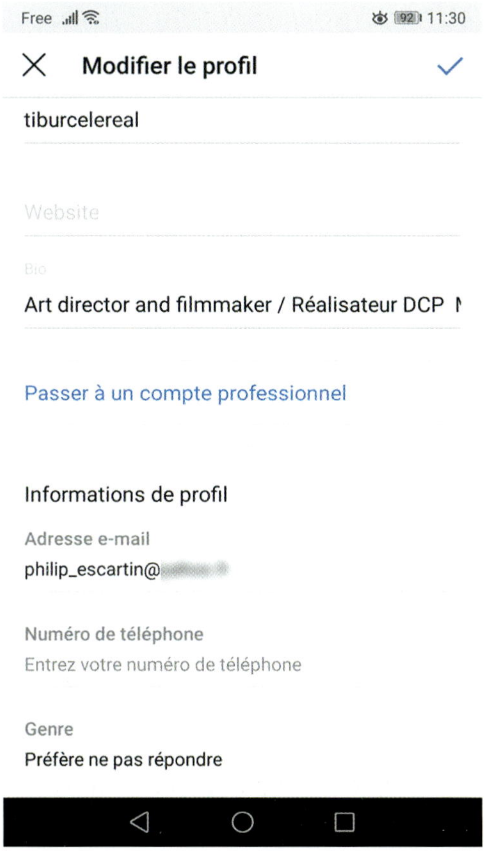

3. **Choisissez ensuite votre type de profil, c'est-à-dire Créateur ou Professionnel (Figure 2.8), en cliquant sur la mention Suivant affichée sous l'option qui vous caractérise le mieux.**

   Créateur convient davantage aux personnalités publiques, aux producteurs de contenu, aux artistes et aux influenceurs.

   Professionnel est destiné aux distributeurs, aux entreprises locales, aux marques, aux organisations et aux prestataires de services.

4. **Suivez les instructions qui diffèrent selon que vous avez choisi Créateur ou Professionnel, comme le montrent les deux illustrations de la Figure 2.9.**

Astuce

Si vous optez pour un compte Créateur, il sera facile de basculer en compte professionnel.

Figure 2.8 Êtes-vous Créateur ou Professionnel ?

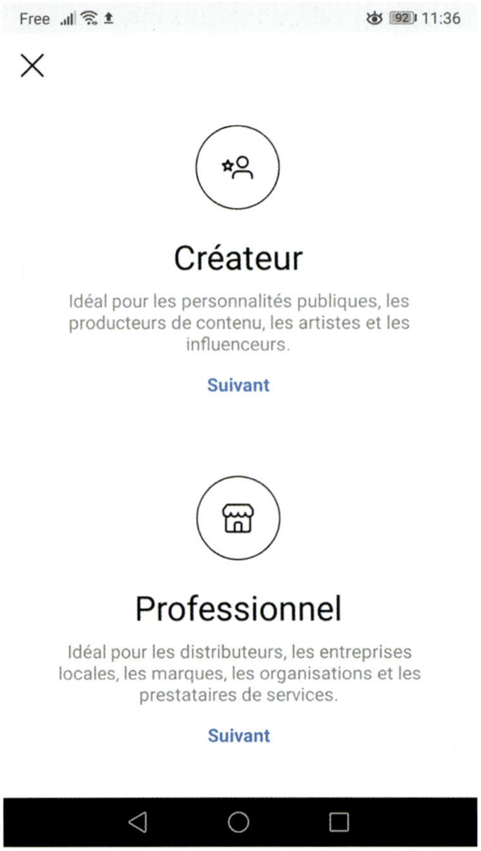

5. **Pour un compte Professionnel ou Créateur, vous choisirez une catégorie d'activités puis votre page Facebook.**

   Si vous ne gérez qu'une seule page Facebook, celle-ci sera automatiquement sélectionnée. En revanche, si vous en gérez plusieurs, elles apparaîtront dans une liste. Choisissez alors celle à utiliser.

   Les informations de votre page Facebook, y compris l'adresse mail, le numéro de téléphone, et l'adresse sont importées.

   Les informations de contact chargées sur l'écran d'accueil Instagram déterminent quels boutons de contact (e-mail, téléphonie, itinéraire) apparaîtront sur votre profil. Par exemple, si vous n'incluez pas de numéro de téléphone, le bouton Appel sera absent.

6. **Vérifiez vos coordonnées. Actualisez ou ajoutez des informations.**

Si vous n'avez pas renseigné le champ Téléphone mais que vous souhaitiez inclure un bouton Appel, ajoutez votre numéro de téléphone dans le champ Téléphone des Options de communication.

Vous pouvez modifier ces infos à tout moment.

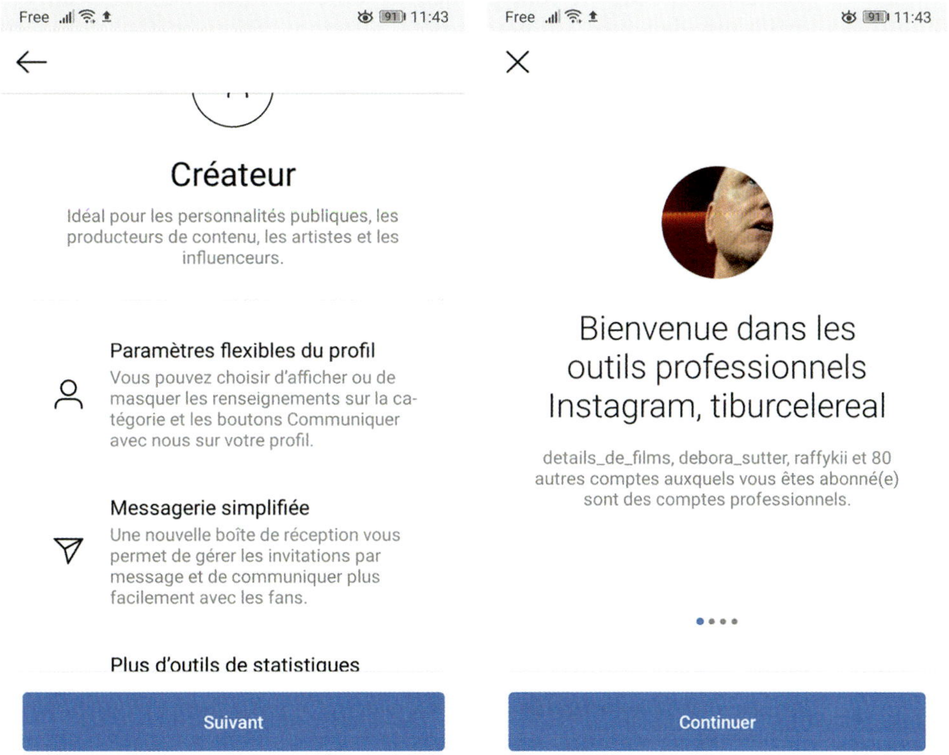

Figure 2.9 Les options Créateur et Professionnel.

7 Enregistrez vos informations et finalisez le compte en touchant Accéder au profil.

Votre compte Instagram est maintenant un profil professionnel !

Parcourir votre profil professionnel

Maintenant que votre profil est à vocation commerciale, vous verrez un certain nombre de nouvelles fonctionnalités comme sur la Figure 2.10.

Les profils professionnels permettent de tirer le maximum de votre compte Instagram en suivant ses statistiques, en promouvant vos posts, et en permettant à votre public de vous contacter :

- » Les barres du graphique affichées en haut à droite donnent accès à la page Statistiques. Lorsque vous publiez du contenu et que vous vous composez un auditoire, de nouvelles informations seront enregistrées dans vos statistiques.
- » Le bouton Promouvoir permet de créer une campagne publicitaire payante basée sur le contenu de votre profil.
- » La nature de votre activité définie sur votre page Facebook apparaît en gris clair sous votre nom.
- » Les boutons de contact que vous avez définis lors de la migration de votre compte apparaissent sur votre profil, facilitant ainsi les échanges avec votre auditoire. Si vous avez indiqué et rendu visible l'adresse mail de votre activité, un bouton Adresse e-mail sera affiché sur votre profil.

Figure 2.10 Les utilisateurs d'Instagram accèdent à votre profil et à ses fonctionnalités supplémentaires.

Après avoir fait évoluer ainsi votre compte, votre nouveau profil professionnel apparaîtra dès que quelqu'un le visitera. Ceux qui vous suivent (abonnés) pourront tapoter le bouton Adresse e-mail pour vous envoyer un message. La Figure 2.10 montre un profil professionnel.

Malgré le passage à un profil commercial, ses caractéristiques initiales restent les mêmes, à savoir votre nom d'utilisateur, votre nom, votre bio et l'URL.

DANS CE CHAPITRE...

Définir vos objectifs commerciaux et les rôles des membres de votre équipe

•

Observer la concurrence pour développer des idées de publication

•

Choisir le meilleur planning et les meilleures plateformes analytiques pour vos besoins commerciaux

Chapitre 3

Atteindre votre cible

De superbes photos et de magnifiques graphiques pour promouvoir votre entreprise sur Instagram ne seront d'aucune utilité si vous ne mettez pas en place un plan de diffusion. N'oubliez pas que vous êtes différent des utilisateurs qui n'ont qu'un profil personnel, et que c'est pour cette raison que vous lisez ce livre.

Dans ce chapitre, vous commencez par déterminer vos objectifs commerciaux et décidez si vous avez besoin d'une équipe pour les atteindre. Ensuite, observez la concurrence pour booster vos idées, déterminer vos types de posts, et placer votre contenu dans une planification bien organisée. Enfin, le chapitre deviendra plus technique afin de bien vous montrer comment planifier et analyser vos posts de façon à gagner du temps et à créer une campagne à succès.

Organiser vos objectifs et votre équipe

Avant d'apprendre à faire la photo Insta du siècle, vous devez définir les objectifs commerciaux de votre compte. Instagram est une merveilleuse plateforme qui ne sert pas à grand-chose si vos intentions commerciales restent vagues. Voici quelques raisons qui doivent vous conduire à investir Instagram pour développer votre activité commerciale :

- **Identification de votre marque :** Faciliter l'identification de votre marque par les prospects.
- **Implication :** Rencontrer les clients potentiels et interagir avec eux.
- **Augmentation du trafic Web :** Inciter à la visite de votre site Web ou de votre blog.
- **Distribution du contenu :** Diffuser des informations utiles sur votre produit.
- **Génération de leads :** Collecter des données pour constituer des listes et faciliter les démarches commerciales.
- **Développement communautaire :** Réunir une communauté de personnes qui aiment votre marque et s'engagent à ses côtés.
- **Support client :** Répondre aux questions, écouter les doléances et accepter les compliments.

Constituer votre équipe Instagram

De multiples raisons peuvent justifier votre recours à Instagram pour développer votre business. C'est d'ailleurs en fonction de ce nombre que vous définirez les rôles et les responsabilités dans la gestion de ce compte. Votre budget jouera également un rôle important dans la constitution ou non d'une équipe de marketing. Cette section identifie les fonctions essentielles, pour ne pas dire indispensables à votre réussite sur Instagram.

Responsable des médias sociaux

Ce travail concerne la planification de votre stratégie et le recrutement d'autres collaborateurs dont nous parlons un peu plus loin dans ce chapitre. Le responsable des médias sociaux a pour fonction de créer le compte, de gérer les mots de passe et de configurer la page du profil. Ces tâches sont d'ailleurs décrites aux Chapitres 1 et 2. Si vous êtes seul dans votre entreprise, vous endosserez ce rôle et tous ceux qui sont décrits dans cette section.

Créateur de contenu

Le *créateur de contenu* crée et organise le contenu partagé sur votre compte. Il est conseillé de choisir une personne qui dispose d'une expérience en photographie et en conception graphique car Instagram est une plateforme où le visuel est déterminant. Le créateur de contenu peut aussi être responsable des publications, de la planification, et du stockage des posts à publier ultérieurement. La création d'un calendrier des publications est étudiée plus loin dans ce chapitre.

Gestionnaire de communauté

Ce poste consiste à prendre en charge le suivi des autres utilisateurs. Le gestionnaire de communauté gère d'autres comptes. Il *like* et commente les publications des autres Instagrammeurs.

Un gestionnaire de communauté se doit d'être réactif. Ainsi, il est à l'écoute permanente de votre auditoire. Il doit anticiper les problèmes et saisir toutes les opportunités qui se présentent pour promouvoir la marque.

Responsable de campagne

Les promotions, les concours, et les cadeaux servent à attirer encore plus d'abonnés. Cette tâche incombe au *responsable de campagne*. Une promotion peut inclure des frais de publicité, mais aussi le fait de travailler avec d'autres comptes pour étendre l'impact de cette pub. Cette personne travaillera avec le créateur de contenu auquel il soumettra des idées.

Responsable d'analyses

Le *responsable d'analyses* prend en charge toutes les données du compte : followers, performance des posts, résultats des campagnes, visibilité des hashtags, *etc.* Une fois ces données collectées, le responsable d'analyses partage ses conclusions avec l'équipe afin de mieux distinguer ce qui fonctionne de ce qui ne fonctionne pas.

Déterminer le discours de votre entreprise

Le discours de l'entreprise est-il cohérent ? Par exemple, si quelqu'un n'a jamais vu votre logo, est-il capable de vous identifier par les mots que vous écrivez ? Il est important d'adopter un discours et un ton cohérents, surtout si vous travaillez avec plusieurs créateurs de contenu. Voici quelques éléments de réflexion :

» **Examinez des exemples de contenu et retenez les éléments que vous souhaitez utiliser pour communiquer autour de votre marque.** Voyez ce que ces éléments ont en commun. Notez également tout ce qui ne correspond pas au message que vous souhaitez véhiculer.

» **Dans ces exemples, choisissez trois mots qui caractérisent le mieux votre marque.** Par exemple, une garderie pourra choisir des mots comme *protection*, *diversité*, et *jovial*. Ensuite, voyez comment ces termes peuvent représenter votre activité. Par exemple :

- Protection : amour, attention, sécurité, câlin, chaleur, gentillesse, patience.
- Diversité : activités multiples, éveil culturel, ouverture.
- Jovial : bonheur, amusement, musical, rires.

» **Si vous avez une équipe, veillez à ce que tout le monde comprenne bien le ton de la marque et les mots associés.** Montrez-leur les contenus qui intègrent ces mots afin que l'équipe entende bien la manière dont vous souhaitez qu'ils soient utilisés.

» **Reconsidérez le discours de votre marque au moins tous les six mois pour vérifier son impact.** Consultez une grande quantité de contenu pour voir comment votre discours a été relayé, et modifiez tout ce qui ne fonctionne pas. Vous pourrez même découvrir des mots que vous souhaiterez incorporer dans votre communication.

Définir votre style

Une fois que le discours de votre marque est bien défini, vous devez travailler sur le style, c'est-à-dire l'apparence graphique de votre marque. Ainsi, à l'inverse d'une croyance populaire, le logo de l'entreprise ne suffit pas à définir son style. Dans le contexte d'Instagram, le contenu est le point central de votre profil. Toutefois, votre logo constituera un élément sur lequel se baseront d'autres données.

Un logo est un symbole distinctif que le public peut aisément identifier comme faisant partie intégrante de votre activité commerciale. Pensez aux marques dont vous voyez régulièrement l'enseigne comme MacDo, Apple, ou encore Starbucks. Ces entreprises sont immédiatement identifiées par leur logo.

Les logos peuvent prendre différentes formes :

» En tant qu'objet qui peut être facilement associé à un produit ou à un service comme la bouteille de la Figure 3.1 (à gauche) qui identifie une société de vente de vin américain.

» En tant que symbole abstrait qui n'est pas objectivement en relation avec le produit ou le service proposé. C'est le cas du symbole Marketing Specialist qui apparaît à gauche du nom de cette société (voir l'image du centre de la Figure 3.1).

» En tant que mot-symbole où le nom de l'entreprise est le logo lui-même qui est défini avec une police et une couleur constante, comme celui de Jenn's Trends (Figure 3.1 à droite).

La palette de couleurs de votre entreprise, son discours, ses valeurs, et bien entendu son nom, devront apparaître dans le logo. Un graphiste professionnel vous aidera à définir la charte graphique de votre société. Il vous suggérera des couleurs, des polices de caractères qui amélioreront la présence de votre marque, et il concevra des illustrations ou sélectionnera des objets visuels pour représenter votre société. De plus, les graphistes connaissent bien les formats de fichier spécifiques à l'impression et/ou à une présence en ligne. Nous vous conseillons donc de recourir aux services d'un professionnel pour créer votre logo.

Figure 3.1 Exemples de logos qui représentent un produit ou un service (à gauche), un symbole abstrait (au centre) et un mot-symbole (à droite).

Une fois cette création effectuée, vous aimerez associer une ou deux couleurs à votre marque. Il est judicieux de développer une palette complète de couleurs complémentaires que vous utiliserez dans votre contenu commercial. Pensez au style de votre entreprise lorsque vous choisissez ces couleurs. La plupart des couleurs déterminent une ambiance. Ainsi, le bleu est apaisant alors que le rouge est plus agressif. Par conséquent, choisissez savamment les couleurs. Pour cela, appuyez-vous sur l'expérience d'un graphiste.

Ensuite, focalisez-vous sur la détermination d'un style visuel. Choisissez vos images en conséquence :

» **Photographies, illustrations, vidéos, ou n'importe quelle combinaison des trois : Sur l'image de gauche de la Figure 3.2, le style Instagram de @kailochic repose exclusivement sur des photos. Au centre de cette figure, @webvideoads utilise un style purement vidéographique.**

» **Incrustations de texte avec ou sans images : L'image de droite sur la Figure 3.2 montre que @mollymarshall incruste du texte sur certaines de ses images, et que quelques-unes ne sont composées que de texte.**

» **Limitation à certaines couleurs : @laurabriedis.design utilise du rose, du bleu, et du violet comme couleurs dominantes sur toutes les images publiées sur Instagram, comme le montre l'image de gauche de la Figure 3.3.**

» **Limité à un sujet particulier : L'image de droite de la Figure 3.3 montre @ bruce_the_office_cat qui fait d'un chat errant dans un bureau le sujet principal de toutes ses images.**

En définissant vos objectifs commerciaux, en composant votre équipe (même si vous y êtes seul), en déterminant le ton de votre marque et son look, vous posez des bases solides. Vous pouvez alors commencer à réfléchir sur vos publications comme l'expliquent les prochaines sections.

Figure 3.2

Style visuel de comptes professionnels avec des photos (à gauche), des vidéos (au centre), ou du texte incrusté sur des images (à droite).

© Kara Whitten (à gauche), Ahryn Scott (au centre), et Molly Marshall Marketing (à droite)

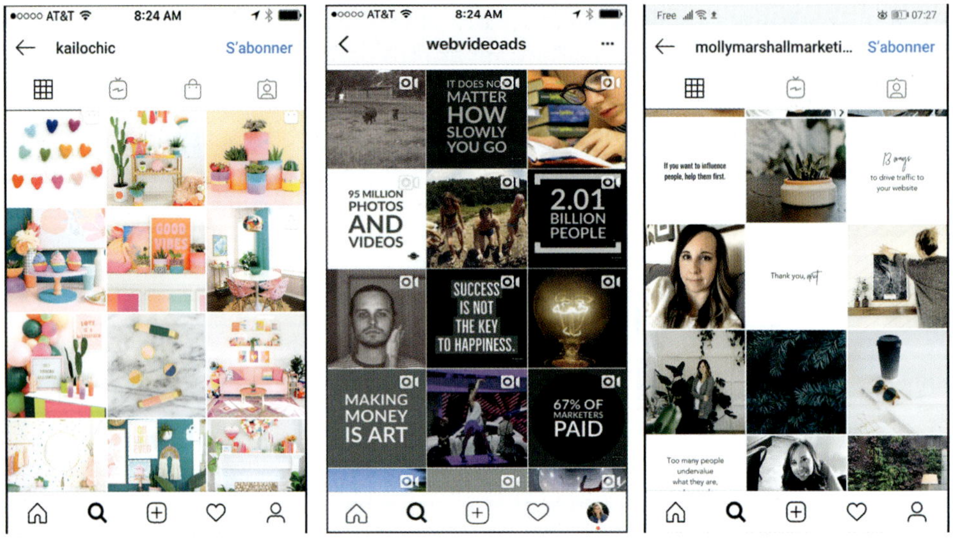

Figure 3.3

Les comptes professionnels respectent une charte graphique (à gauche) ou se limitent à un sujet (à droite).

© Laura Briedis (à gauche), © Graphics and More (à droite) – c'est ici que vit le chat Bruce.

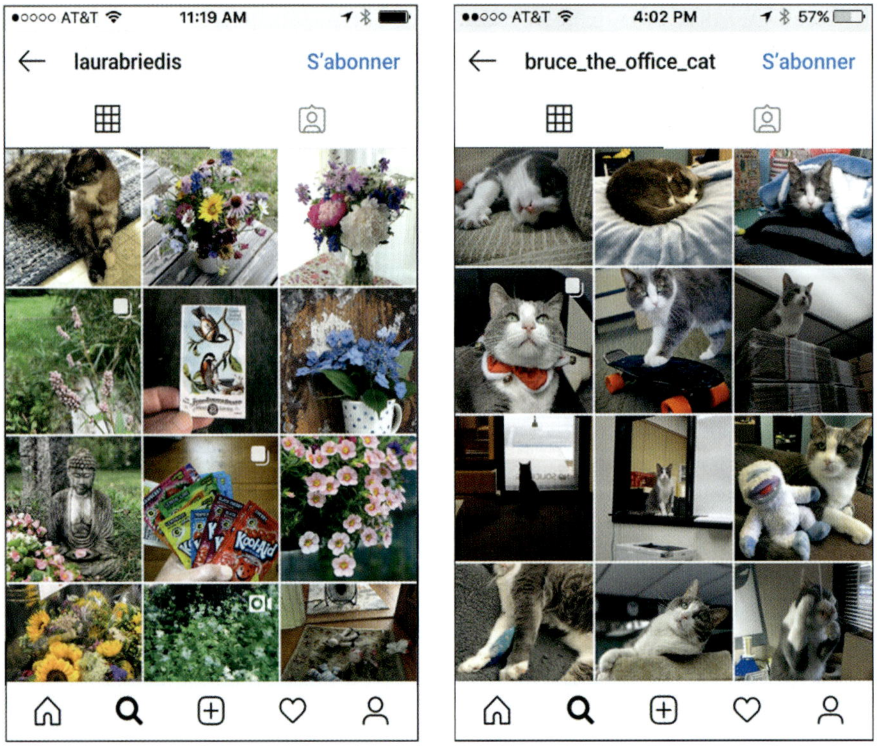

Collecter des idées de publications

Si vous avez suivi les étapes présentées plus haut dans ce chapitre, vous allez pouvoir attaquer la partie la plus plaisante du livre : trouver des idées de publication ! L'analyse de la concurrence, les types de posts, et la création d'un calendrier de publications sont traités dans les prochaines sections. Elles vous guideront sur les voies du succès Instagram !

Identifier la concurrence

Vous connaissez certainement vos concurrents. *De facto*, il serait judicieux de les identifier sur Instagram. Voici comment procéder :

- **Visitez leur site Web et cherchez-y un lien vers Instagram. Cliquez dessus ou sur l'icône de ce média social.**
- **Allez sur Instagram et cliquez sur l'icône de la loupe située en bas de la page. Dans le champ Rechercher, tapez le nom commercial de votre concurrent (voir la Figure 3.4). Touchez son nom s'il apparaît afin d'explorer son compte Instagram.**

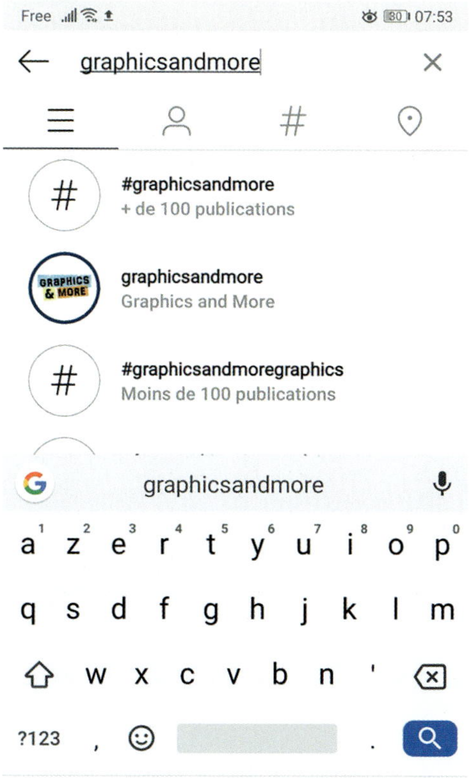

Figure 3.4 Tapez le nom d'un concurrent dans le champ Rechercher, puis consultez son compte Instagram.

© Graphics and More

Astuce

Si vous utilisez la seconde méthode de recherche, vous risquez de tomber sur de nombreux noms similaires. En cas d'échec dans l'identification de votre concurrent, recourez à la première technique proposée.

Une fois le compte Instagram de ce concurrent identifié, regardez attentivement sa page de profil. Certains entrepreneurs prennent plus soin de leur profil que d'autres. Posez-vous les questions suivantes :

- Son nom d'utilisateur est-il facilement identifiable ?
- Ce compte est-il configuré comme un compte pro ? Ce sera le cas si des boutons tels que Appel, E-mail ou Itinéraire sont affichés sur le compte, comme sur la Figure 3.5.
- La présentation de l'activité commerciale est-elle simple et claire ?
- Inclut-elle un lien vers un site Web ou vers une autre ressource ?
- Les photos, les illustrations, et les vidéos sont-elles cohérentes ?
- Affiche-t-il une *story* ?

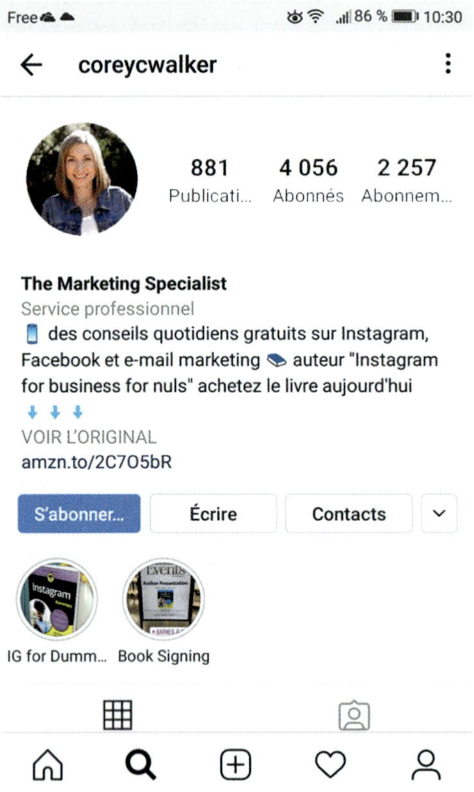

Figure 3.5 Un profil commercial peut afficher les boutons S'abonner, Écrire et Contacts.

Analysez bien la démarche de votre concurrent. Pouvez-vous en tirer des leçons, bonnes ou mauvaises ? Pour plus d'informations sur la création d'un profil de vainqueur, consultez le Chapitre 2.

Ensuite, tapotez la dernière photo publiée par votre concurrent. Regardez bien le contenu et la légende. Est-ce que cette publication :

» contient une illustration, une vidéo, ou une photo intrigante ?
» incruste une citation, une phrase, ou des statistiques ?
» utilise des filtres ? Si oui, un filtre est-il appliqué de manière constante ?
» affiche une légende ? Si oui, incite-t-elle à vouloir en apprendre davantage ?
» utilise des hashtags ? Si oui, combien ?

Posez-vous ces questions en consultant les publications de plusieurs concurrents. Notez ceux qui reçoivent le plus de retours sous forme de likes et de commentaires. Notez également ceux qui ont reçu le moins de retours.

Si vous souhaitez analyser plus techniquement ces données, créez une feuille de calcul Excel. Utilisez les précédentes questions pour définir des titres de colonnes, et notez les analogies qui existent entre les publications à succès et les autres. Répétez cette procédure pour chacun de vos concurrents. Ensuite, utilisez ces observations pour publier des posts qui attireront davantage l'auditoire que vous ciblez.

Astuce

Ne limitez pas vos recherches aux profils de vos concurrents. Observez aussi les comptes professionnels d'autres entrepreneurs et voyez si leurs techniques peuvent être adaptées à votre activité commerciale.

Déterminer le contenu d'une publication

Si vous avez effectué les recherches décrites dans la précédente section, vous aurez une assez bonne idée du contenu qui marche et de celui qui ne marche pas pour vos concurrents et d'autres marques. Maintenant que vous disposez d'informations essentielles et d'un travail graphique réalisé pour votre marque, à vous de jouer !

Vous connaissez les choses suivantes :

» le ton de votre entreprise ;
» votre charte graphique ;

- si vous utiliserez des photos, des illustrations, de la vidéo ou les trois ;
- si vous incrusterez parfois du texte, toujours, ou jamais ;
- si vous appliquerez un filtre, et si oui lequel ;
- le style de vos légendes ;
- le nombre de hashtags que vous utiliserez (vous en saurez davantage à ce sujet au Chapitre 8).

Si vous avez encore des difficultés pour trouver des idées de contenu, la liste ci-dessous devrait vous aider à pallier ce problème :

- présenter les produits de votre industrie (en utilisant un lien dans la bio) ;
- témoignages et anecdotes sur les produits et les services (*via* un lien dans la bio) ;
- études de cas (par un lien dans la bio) ;
- hashtag thématique hebdomadaire, comme #PC (Port Compris), ou #TES (Tout En Solde) ;
- vacances ;
- photos des coulisses de votre travail.

Astuce

Pour encore plus d'idées, consultez le Chapitre 18.

Une fois que vous avez défini le type de contenu de vos posts, établissez un calendrier de publication.

Créer un calendrier de publication

Un *calendrier de publication* ou de *contenu* permet de bien organiser vos actions commerciales. Il oblige à penser stratégiquement, ce qui est bien plus efficace que de publier dans l'instant et de manière instinctive. Le calendrier permet de partager votre planification avec vos collaborateurs. De plus, il vous donnera une vision à long terme de votre stratégie. Ainsi, un calendrier de publication Instagram contiendra :

- une planification de un à six mois ;
- un lien avec vos autres campagnes et activités commerciales ;
- la prise en compte de jours fériés (comme le 14 juillet #Fetenationale) si vous pensez les célébrer ;
- la prise en compte d'évènements majeurs dans votre activité ;

- » les dates de production ou de lancement d'un service ;
- » un espace pour la communication planifiée de conseils, d'articles, et de guides pratiques ;
- » un espace pour le contenu produit par d'autres ;
- » une réserve de dates pour la publication de stories et de vidéos parallèlement à vos posts Instagram réguliers ;
- » une estimation du coût d'éventuelles publicités.

Commencez par créer une feuille de calcul dans Excel ou dans Google Sheets. Consacrez une feuille à chaque mois de l'année, puis entrez chaque jour de la semaine sur la première ligne (un jour par colonne). Sur la gauche, définissez une semaine par ligne comme sur la Figure 3.6. Ajoutez ensuite une cellule sous chaque semaine si vous envisagez de publier régulièrement des stories.

Figure 3.6 Un calendrier de publication créé dans Excel.

Jours/Semaines	Lundi	Mardi	Mercredi	Jeudi	Vendredi	Samedi	Dimanche
2 juillet - 8 juillet 2020 Posts							
Stories							
9 juillet - 15 juillet 2020 Posts							
Stories							
16 juillet - 22 juillet 2020 Posts							
Stories							
23 juillet - 29 juillet 2020 Posts							
Stories							

Après avoir défini cette structure de travail, remplissez les cellules avec vos évènements, promotions, concours, *etc.*, que vous planifiez. Vous serez surpris de la vitesse de remplissage de votre calendrier. Cependant, il restera quelques espaces vides. Vous les mettrez à profit pour planifier la publication d'articles, de conseils, de guides pratiques, d'infographies, et du contenu publiés par d'autres. La Figure 3.7 montre le calendrier d'un revendeur de matériel de camping.

Figure 3.7 Planification des publications d'un vendeur de matériel de camping.

Jours/Semaines	Lundi	Mardi	Mercredi	Jeudi	Vendredi	Samedi	Dimanche
2 juillet - 8 juillet 2020 Posts	Réchaud de camping		Matériel de randonnée	Promo sur les tentes	Photos Mt Blanc	Remise 25% Tente	
Stories	Concours de boomerang		Balade	Test des meilleures tentes		Miracle des soldes	
9 juillet - 15 juillet 2020 Posts	Photos Lac d'Annecy	Photos promenade à vélo			20% sur matériel rando	14-juil	
Stories	Bateau sur Lac Annecy	Coulisses de la promenade à vélo		Photos des chaussures de rando en vente		Feu d'artifice	
16 juillet - 22 juillet 2020 Posts	#GoCamping promo avec photos des utilisateurs de la semaine						
Stories	Envoyez-nous vos photos de camping ! Les campeurs prennent le pouvoir !						
23 juillet - 29 juillet 2020 Posts	Vente de sacs à dos		Articles de camping d'automne	#JourDuMousqueton			Vente de sacs à dos
Stories	Préparation d'un sac à dos par Sarah		Vidéo de la chute des feuilles - se préparer à l'automne		Vidéo plantage des mousquetons		

Si vous avez déjà utilisé un autre réseau social, vous connaissez forcément ce genre de contenu prêt à être remis en forme pour Instagram. En revanche, si vous débutez en la matière, un brainstorming sera nécessaire avant de décider de la création de nouvelles publications.

Maintenant que vous disposez d'une planification, passez à la réalisation du contenu. Les Chapitres 4 et 5 détaillent la prise de photos et la création de vidéos. Si vous envisagez de publier des posts concernant des incrustations de texte ou tout autre type d'images modifiées, des dizaines d'applications vous permettront de réaliser facilement ces modifications. Voici quelques suggestions :

» **Adobe Spark** (www.adobe.com/fr/products/spark.html) : Modèles d'éléments graphiques et vidéo personnalisables pour les médias sociaux incluant les stories Instagram.

» **Canva** (www.canva.com/fr_fr/) : Modèles d'illustrations, photographies, polices, et images gratuites ou à 1 $ pour les médias sociaux.

» **PicLab** (http://museworks.co/piclab/) : Fonctions de création de collages photographiques, et incrustations de stickers et d'artwork.

» **Typic** (www.typicapp.com/) : Filtres, incrustations de texte créatif, et stickers.

» **WordSwag** (http://wordswag.co/) : Arrière-plans et photos gratuites, ainsi que des polices et des citations célèbres (en anglais) à incruster sur des images.

La prochaine section indique où trouver les meilleurs endroits pour stocker et planifier l'utilisation de ce fabuleux contenu.

Évaluer des plateformes tierces de planification et d'analyses

Excel et Google Sheets sont d'excellents outils de planification de vos futures publications et stories. Toutefois, ils ne permettent pas de stocker des images que vous publierez plus tard. Heureusement, plusieurs plateformes proposent de stocker, de planifier et d'analyser vos posts Instagram. La gestion des futures publications Instagram est plus complexe que sur Facebook ou Twitter. En effet, le but d'Instagram est de pousser à des publications instantanées.

Des plateformes permettent de télécharger et de stocker images et légendes avant de les publier. Les étapes suivantes sont identiques quelle que soit la plateforme utilisée :

1. **Lorsque le moment de la publication est venu, la plateforme vous envoie une notification sur votre téléphone, comme sur l'image de gauche de la Figure 3.8.**

❷ **La plateforme affiche l'image et la légende, intègre l'image dans Instagram, et copie le texte de la légende comme sur l'image de droite de la Figure 3.8.**

❸ **Vous pouvez définir un filtre, puis l'écran de partage final s'affiche. Collez-y la légende.**

❹ **Taguez des personnes ou un lieu, ou bien partagez la publication sur vos autres réseaux, puis touchez Partager (ou Share).**

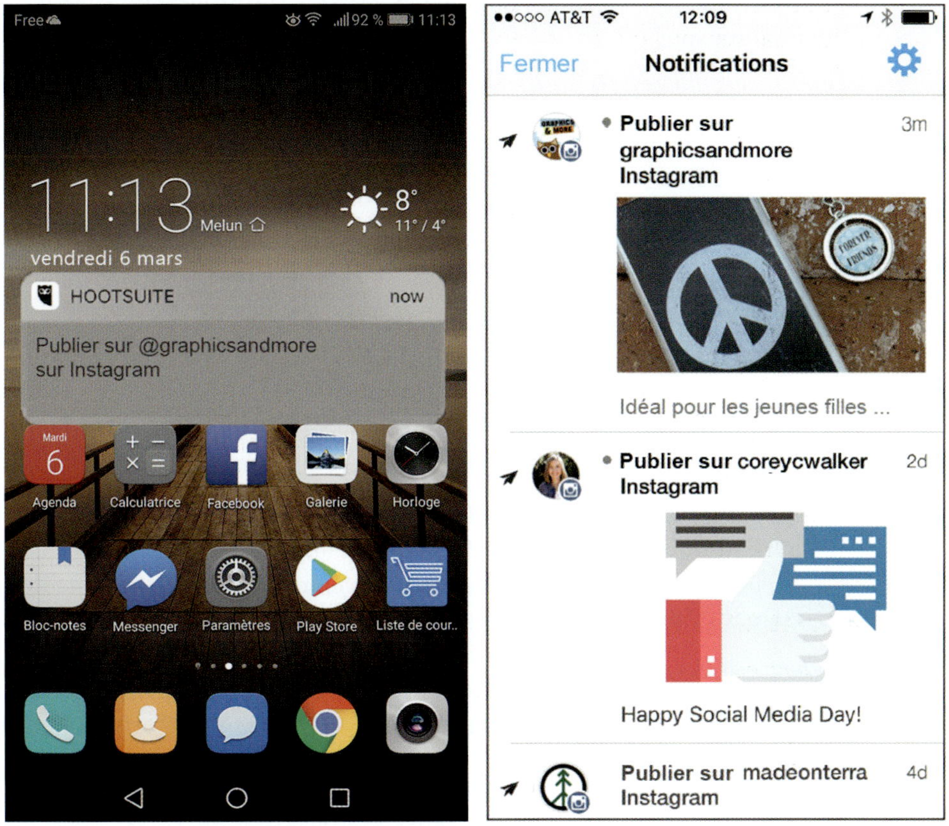

Figure 3.8

Un planificateur tiers comme Hootsuite envoie une notification sur votre téléphone lorsque la date est atteinte (à gauche), puis vous permet de publier l'image et le texte stockés (à droite).

Ces étapes ne sont pas aussi simples que les programmations que vous effectuez sur Facebook ou Twitter, où vous pouvez planifier puis oublier. Cependant, nous n'avons pas d'autres solutions pour le moment sur Instagram.

Les plateformes tierces parties proposent également une fonction d'analyse. Elles permettent d'en savoir davantage sur les préférences de vos clients.

Par exemple, jetez simplement un œil sur les posts qui rencontrent le plus de succès *via* les likes et les commentaires, et vous disposerez des clefs du succès de votre prochaine publication. Vous constaterez que certaines images et couleurs d'arrière-plans sont plus appréciées que d'autres. Les données analysées peuvent aussi indiquer le moment de la journée où les publications sont les plus vues. Elles détermineront aussi les hashtags les plus performants. Pour en savoir plus sur les analyses Instagram, reportez-vous au Chapitre 14.

Les plateformes les plus connues en matière de programmation des posts sur Instagram sont :

» Buffer

» Hootsuite

» Later

» Planoly

» Sprout Social

Les services supplémentaires proposés par la majorité de ces plateformes sont :

» des connexions aux autres réseaux, comme Facebook, Twitter et Linkedin.

» des actions (commentaire, like, suivi) avec d'autres comptes ;

» la possibilité de partager des posts programmés avec d'autres membres de l'équipe et le suivi des approbations ;

» la possibilité de gérer plusieurs comptes en même temps sur un tableau de bord, comme celui de la Figure 3.9.

Cherchez les services disponibles et comparez le prix de chaque plateforme. Vous constaterez d'assez grandes différences. Certaines plateformes sont attractives mais elles proposent plus de fonctionnalités que vous n'en aurez vraiment besoin. Pensez à la manière dont vous utiliserez quotidiennement la plateforme, évaluez votre budget, puis choisissez en toute connaissance de cause.

Astuce

Si vous utilisez différents réseaux sociaux pour votre activité commerciale, choisissez une plateforme qui propose un tableau de bord (dashboard). C'est le cas de Hootsuite ou Sprout Social qui permettent de visualiser très facilement tous vos comptes.

Figure 3.9

De nombreuses plateformes, comme Hootsuite, proposent un tableau de bord pour gérer simultanément plusieurs flux de contenus.

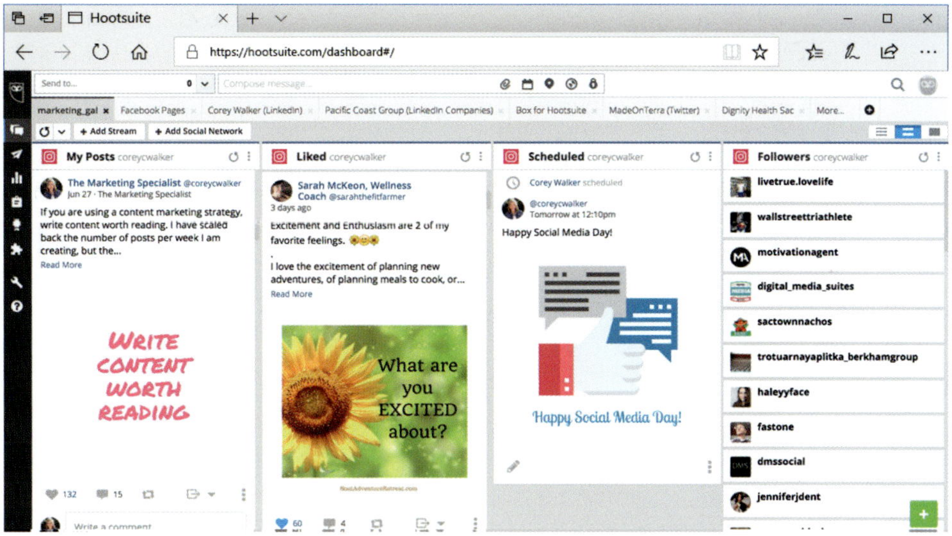

Partie 2

Raconter votre histoire

Dans cette partie...

» Photographier depuis Instagram avec votre smartphone ou votre tablette.

» Partager des photos depuis votre pellicule, votre galerie, ou le disque dur de votre ordinateur.

» Enregistrer des clips vidéo avec l'appli Instagram depuis votre smartphone ou votre tablette.

» Améliorer vos stories avec des descriptions ajoutées aux photos et aux vidéos.

DANS CE CHAPITRE…

Prendre une photo

Utiliser les outils d'édition

Ajouter des descriptions et plus encore

Créer un post avec plusieurs photos

Chapitre 4

Prendre et publier de belles photos

Maintenant que tout est prêt, vous devez passer à l'action, c'est-à-dire prendre des photos. C'est en effet l'essence même d'Instagram.

Dans ce chapitre, vous apprendrez à photographier avec Instagram, à utiliser ses outils d'édition pour améliorer vos images, et à partager les photos stockées sur votre smartphone Android, votre iPhone, ou bien encore votre iPad.

À retenir

Vous ne pourrez télécharger des photos sur Instagram qu'avec votre smartphone ou votre tablette.

Les figures de ce chapitre ont été réalisées sur smartphone Android. Possesseurs d'iPhone ne pestez pas ! Je souligne les différences de procédure qui existent entre ces deux utilisations d'Instagram.

Prendre vos plus belles photos

Pour publier une photo sur Instagram, vous devez indiquer à l'application où elle est stockée. Dans cette section, nous traitons de la prise de vue photographique. Pour en savoir plus sur le téléchargement d'images existantes, consultez la section « Télécharger vos photos depuis la Galerie », plus loin dans ce chapitre.

Lorsque vous ouvrez votre toute première session Instagram, vous accédez à un écran qui permet de poster vos premières images. Touchez simplement le bouton + situé en bas de votre écran. Instagram demande alors l'autorisation d'accéder à la fonction appareil photo de votre téléphone. Ensuite, vous n'aurez qu'à tapoter le mot Photo (comme sur la Figure 4.1).

Une fois cette autorisation donnée, Instagram ne vous la demandera plus. L'écran Photo se compose des éléments suivants :

Figure 4.1
Photographiez !

© Soap & Sprinkles

» La *visionneuse* se situe dans la partie supérieure de l'écran.

» L'icône de *permutation de caméra* (les deux flèches circulaires) permet d'activer la caméra avant ou arrière du téléphone.

» L'icône du *flash* (éclair dans un cercle) en bas à droite permet de modifier le mode flash chaque fois que vous la touchez :

» Désactivé : Mode par défaut. L'icône du cercle est vide.

» Activé : Le cercle est plein (blanc) et l'éclair vide.

» Détection Auto (selon le téléphone) : La lettre *A* s'affiche dans un cercle blanc.

» Le *déclencheur* est identifié par le gros cercle situé dans la moitié inférieure de l'écran.

» Le bouton *Annuler* ou *X* en haut à gauche permet de revenir dans le fil d'actualité d'Instagram.

Dès que vous êtes prêt à photographier, appuyez sur l'icône du déclencheur. Votre téléphone émet le bruit d'un obturateur, comme lorsque vous utilisez l'application Appareil photo.

Améliorer vos plus belles photos

La photo que vous venez de prendre apparaît dans l'écran Filtres, comme sur la Figure 4.2. Il se compose, de haut en bas, des quatre sections suivantes :

» La barre de *menu supérieure* avec une flèche dirigée vers la gauche (Retour), l'icône Lux au centre (voir plus loin dans ce chapitre), et le lien Suivant sur la droite.

» La *visionneuse* qui affiche la photo.

» Les *vignettes des filtres* qui montrent comment ils affecteront votre image. Pour accéder aux autres filtres, faites glisser cette section vers la droite ou la gauche.

» La *barre de menu inférieure* affiche le lien Filtres (activé par défaut) et le lien Modifier.

Astuce

L'édition des photos ne vous intéresse pas ? Touchez l'icône Retour (flèche en haut à gauche) pour enregistrer votre image et en prendre une nouvelle si vous le souhaitez.

Figure 4.2
L'écran Filtres.

© Soap & Sprinkles

Appliquer un filtre

Dans la partie inférieure de l'écran, vous disposez d'une rangée de vignettes qui représentent des filtres, c'est-à-dire des effets que vous pouvez appliquer à vos images.

Pour accéder aux 23 filtres, faites simplement glisser cette rangée vers la gauche. La vignette Normal montre la photo d'origine. Tapotez la vignette d'un filtre pour apprécier son effet sur l'image.

À retenir

Pour revenir à l'original, touchez la vignette Normal. Pour poursuivre la procédure d'édition, tapotez Modifier en bas à droite, ou bien touchez Suivant en haut à droite pour passer en mode de saisie d'une légende et d'autres informations. Vous en saurez plus à ce sujet à la section « Enrichir votre photo » plus loin dans ce chapitre.

Que se passe-t-il lorsque l'effet n'est pas à la hauteur de vos espérances et que vous souhaitez le modifier ? Eh bien, il suffit de tapoter une nouvelle fois la vignette du filtre appliqué (sauf le filtre Normal). Un curseur permet alors de régler l'intensité du filtre de 0 à 100. Une fois la bonne valeur définie, touchez Terminé en bas à droite. Si, malgré cette modification, vous n'êtes pas satisfait, touchez Annuler en bas à gauche.

À retenir

Gardez à l'esprit que les réglages d'intensité du filtre sont réinitialisés sur 100 lorsque vous quittez cet écran après les avoir appliqués bien évidemment.

Astuce

Pour comparer rapidement l'image avec et sans application du filtre, maintenez le doigt appuyé sur la photo. La version originale s'affiche. Relâchez cette pression pour voir de nouveau l'impact de l'effet.

Modifier l'ordre des filtres

Vos filtres préférés sont positionnés trop loin dans cette rangée de filtres ? Pas de souci. Faites glisser cette liste vers la gauche pour atteindre puis toucher l'icône Gérer. L'écran Gérer les filtres apparaît, comme sur la Figure 4.3. Vous allez pouvoir changer leur ordre sur leur ligne, en ajouter, et en désactiver.

Ici, les filtres apparaissent dans le même ordre que sur l'écran Filtres. Voici comment les réorganiser :

1. **Maintenez le doigt appuyé sur le nom d'un filtre.**

   Au bout d'une seconde, un cadre s'affiche autour de ce filtre.

2. **Sans relâcher votre pression sur le filtre, glissez-le vers une autre position de la liste.**

   Les autres filtres se décalent pour laisser un espace à cet effet.

3. **Une fois le filtre à la position désirée, retirez le doigt.**

   Le nom du filtre s'affiche à son nouvel emplacement dans la liste.

C'est tout ! Pour revenir à l'écran Filtres, touchez Terminé en haut à gauche (ou l'icône d'une coche).

Figure 4.3 Réordonnez les effets dans l'écran Gérer les filtres.

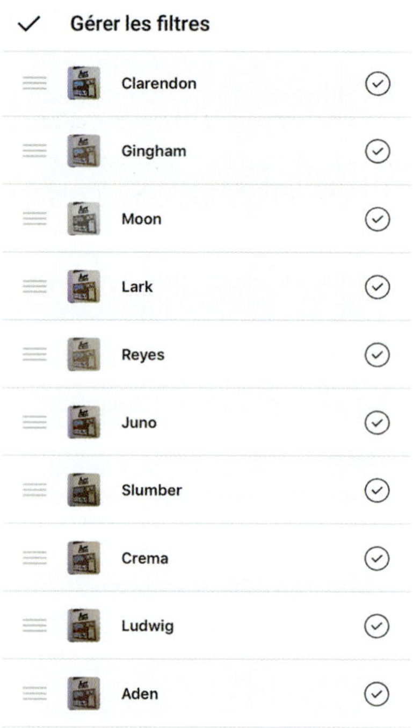

Activer un filtre

En faisant défiler la liste des filtres, vous constatez que certains sont grisés, c'est-à-dire inutilisables.

Pour activer ces filtres, touchez-les ! Leur nom devient noir et une coche apparaît dans le cercle situé sur la droite. Validez cette activation en touchant l'icône de la coche en haut à gauche sous Android, ou la mention Terminé en haut à droite sur iPhone.

Désactiver un filtre

Pour exclure certains filtres de l'écran éponyme, il suffit de les désactiver dans l'écran Gérer les filtres. Pour cela, touchez le nom d'un filtre coché. Il bascule immédiatement en grisé. Pour le réactiver, touchez-le de nouveau. Validez votre choix en tapotant Terminé (sur iPhone) et la coche (sous Android).

Modifier avec les outils de réglage

Lorsque vous avez terminé l'exploration des filtres, basculez vers d'autres réglages en touchant Modifier en bas à droite. Une série de réglages apparaît, comme sur la Figure 4.4.

Faites défiler cette liste vers la gauche pour accéder à un total de 13 outils. Touchez le réglage à utiliser.

Les paramètres qui s'affichent alors dépendent de l'outil sélectionné. Par exemple, l'outil Luminosité ne comporte qu'un curseur qui permet d'augmenter ou de réduire la luminosité de l'image. Le résultat s'apprécie, bien entendu, sur la visionncusc.

Figure 4.4 Le nom de chaque outil apparaît au-dessus de son icône.

Voici ce que vous pouvez obtenir avec chacun de ces outils.

» **Ajuster :** Il faut entendre ici recadrage et rotations diverses. Sous l'image, vous disposez de trois icônes, comme le montre la Figure 4.5, qui autorise les modifications suivantes :

- Modifier la perspective verticale et horizontale en tapotant respectivement l'icône de gauche et de droite. Elle bascule en noir. Agissez sur la règle située en dessous. L'aspect de la photo change de concert. Cette fois, l'icône affiche une valeur qui permet de mesurer, en degrés, l'importance de la modification de la perspective.

- Si l'objet semble incliné, tapotez l'icône du centre. Ensuite, faites glisser la règle vers la gauche ou la droite pour redresser la photo. Cette fois encore, une valeur, en degrés, s'affiche sur l'icône.
- Faites pivoter la photo de 90° dans le sens antihoraire en tapotant l'icône située en haut à droite. Touchez-la de nouveau pour poursuivre la rotation.
- Recadrez l'image en zoomant dessus. Pour cela, il suffit de poser deux doigts sur la photo et de les écarter l'un de l'autre. Repositionnez la partie à conserver en la faisant glisser sur l'écran. Pour renoncer au recadrage, pincez l'image jusqu'à ce qu'elle reprenne sa taille d'origine.

Figure 4.5 Modifiez la perspective de la photo en agissant sur la règle.

© Soap & Sprinkles

» **Luminosité** : Faites glisser le curseur vers la gauche pour réduire la luminosité et vers la droite pour l'augmenter. L'effet sur la photo est instantané.

- **Contraste** : Fonctionne comme la Luminosité, mais rend les zones sombres encore plus sombres, et les zones claires encore plus claires lorsque vous le faites glisser vers la droite.

Astuce

- **Lux** : Cet outil se situe en haut et au centre de l'écran. Son icône représente une sorte de soleil mi-sombre mi-clair. Son curseur agit sur l'exposition et sur la luminosité de votre photo. Cela évite de chercher à équilibrer les valeurs des paramètres Luminosité et Contraste, opération parfois délicate. Dès que le réglage vous convient, touchez Terminé en bas à droite. Pour quitter Lux sans appliquer la modification, touchez Annuler.

  Pour annuler ce réglage après l'avoir appliqué, touchez de nouveau son icône. Repositionnez le curseur sur la valeur 50, et tapotez Terminé.

- **Détails :** Cet outil renforce les détails de l'image en ajoutant, par exemple, de la couleur dans les zones un peu pâles. Faites glisser le curseur vers la droite pour obtenir ce renforcement, et vers la gauche pour estomper sensiblement les détails.
- **Chaleur :** Agit sur la température de la couleur. Faites glisser le curseur vers la droite pour obtenir une image plus chaude, c'est-à-dire plus jaune, et vers la droite pour une photo plus froide, c'est-à-dire plus bleue.
- **Saturation :** Cet outil augmente ou diminue l'intensité globale des couleurs.
- **Couleur :** Permet de modifier la couleur des ombres et des hautes lumières. Cela produit un effet de virage partiel très apprécié des photographes qui ont pratiqué l'argentique. Huit couleurs sont proposées : jaune, orange, rouge, rose, violet, bleu, cyan, ou vert. Commencez par choisir Ombre ou Hautes lumières, puis touchez la couleur à appliquer dans ces tonalités, comme sur la Figure 4.6. Pour définir l'intensité de la couleur appliquée, tapotez deux fois rapidement sa pastille. Vous accédez alors à un curseur qui fonctionne comme celui des autres réglages étudiés ci-dessus.
- **Estomper :** Vous souhaitez donner un côté vintage à vos images, comme si elles sortaient directement d'une boîte à chaussures ? Rien de plus facile. Faites glisser le curseur Estomper vers la droite pour atténuer les couleurs, et vers la gauche pour les restituer.
- **Hautes lumières :** Faites glisser le curseur vers la droite pour intensifier les tons clairs, et vers la gauche pour les atténuer.
- **Ombres :** Fonctionne comme pour les hautes lumières mais en agissant cette fois sur les tons foncés de l'image.
- **Vignette :** Cet outil assombrit les angles de la photo renforçant ainsi son côté vintage.

Figure 4.6
Appliquez une couleur dans les hautes lumières et une autre dans les ombres.

© Soap & Sprinkles

- **Tilt Shift :** Permet de flouter les bords extérieurs de votre photo tout en préservant la netteté du centre vers lequel l'œil du public sera attiré. Tapotez Radial pour flouter les quatre angles de la photo et ainsi focaliser la netteté au centre. Tapotez Linéaire pour rendre flou le haut et le bas de l'image. Pour définir la zone horizontale qui sera floue, maintenez le doigt appuyé sur l'image et faites glisser les deux barres blanches vers le haut ou le bas. Tout ce qu'elles couvrent sera flou. Pour augmenter ou réduire la zone floutée, placez le pouce et l'index sur l'image puis pincez pour augmenter la zone de flou ou écartez les doigts pour la réduire. Pour annuler l'effet et recommencer, touchez Désactiver.
- **Netteté :** Cet outil renforce la netteté de zones texturées comme les murs. Pour renforcer la netteté, faites glisser le curseur vers la droite. Pour l'atténuer, faites-le glisser vers la gauche. Appliquez l'effet *via* Terminé, ou abandonnez-le avec Annuler.

Une fois que vous avez appliqué tous vos réglages, touchez Suivant. Si vous tapotez la flèche située en haut à gauche sur Android, un message vous demande d'enregistrer ou non l'image modifiée comme brouillon. Acceptez pour ne pas perdre le fruit de votre travail. L'image est alors stockée dans les Brouillons auxquels vous accédez par votre Galerie.

Astuce

L'application d'un effet est identifiée par un petit point qui s'affiche sous l'icône du réglage concerné.

Enregistrer ou pas vos modifications

Une fois que vous avez modifié une photo, trois opérations sont alors possibles :

- **Annuler les réglages** et revenir à l'écran Photo en tapant sur la flèche située en haut à gauche. Instagram propose d'enregistrer l'image. Pour annuler les réglages, choisissez Abandonner.
- **Enregistrer et continuer les modifications** en choisissant la flèche en haut à gauche, et en optant pour Enregistrer le brouillon dans le message qui s'affiche.

Astuce

Si vous ne souhaitez ni enregistrer le brouillon ni abandonner vos modifications, en d'autres termes vous changez d'avis pour appliquer d'autres réglages, appuyez sur le bouton Retour en bas de l'écran de votre téléphone (pas d'Instagram). Cela a pour effet de fermer le message.

- **Ajouter une légende** en tapotant Suivant dans le coin supérieur droit. L'écran Nouvelle publication s'affiche. Tapez la légende dans le champ Ajouter une légende. Vous pouvez également identifier des personnes et préciser un lieu. Ensuite, activez la publication sur d'autres réseaux sociaux comme Facebook, Twitter, et Tumblr. Enfin, tapotez Partager en haut à droite.

Enrichir votre photo

Après avoir tapoté Suivant dans l'écran Modifier, vous accédez à Publier sur, illustré à la Figure 4.7. Depuis cet écran, vous pouvez ajouter une légende à votre photo, identifier des personnes, indiquer le lieu de la prise de vue, et partager l'image sur d'autres réseaux sociaux, mais aussi activer ou désactiver les commentaires.

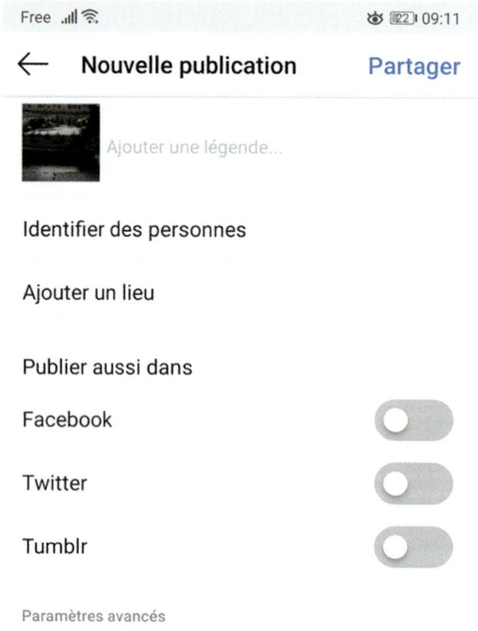

Figure 4.7 Ajoutez des informations à vos photos.

Décrire vos photos

Pour ajouter une description à vos photos, touchez le champ où est écrit Ajouter une légende. Le clavier logiciel s'affiche dans la partie inférieure de l'écran de votre téléphone.

À retenir

Les légendes ne peuvent pas dépasser 2 200 caractères. Vous savez que cette limite est atteinte lorsque vous tapez des caractères et qu'ils n'apparaissent pas.

Astuce

Pour insérer une ligne vide entre des paragraphes, tapotez la touche Retour (Entrée) après le dernier caractère saisi. En effet, si vous insérez un retour chariot après une espace, Instagram ne mettra pas le paragraphe correctement en forme lorsque la photo sera publiée.

Lorsque vous avez fini de rédiger la légende, touchez Suivant ou OK en haut à droite. Le texte de la légende apparaît alors sous la photo à droite de votre nom d'utilisateur.

Pour modifier la légende, touchez les trois points verticaux situés en haut à droite de la photo. Dans le menu local qui apparaît, choisissez Modifier. Un point d'insertion apparaît à droite du dernier mot de votre légende. Remplacez ou complétez cette légende. Validez en touchant la coche (ou OK) en haut à droite.

Les options, c'est tout bon !

Sous le champ de saisie de la légende, vous disposez des possibilités suivantes : Identifier des personnes, Ajouter un lieu, Publier aussi dans (d'autres réseaux sociaux), et Paramètres avancés (qui donne notamment accès à l'activation/désactivation des commentaires).

Identifier des personnes

Lorsque vous *identifiez* des personnes, vous ajoutez ici leur nom d'utilisateur Instagram. Ainsi, elles sont informées du fait que vous venez de publier une photo sur laquelle elles sont censées apparaître. Instagram permet d'identifier jusqu'à 20 personnes par image. Voici comment identifier une personne :

1. **Dans l'écran Nouvelle publication, touchez la mention Identifier des personnes.**

   L'écran du même nom apparaît.

2. **Tapotez la photo pour identifier.**

   Le champ Rechercher un utilisateur s'affiche, et la question « Qui est-ce ? » apparaît sur la photo.

3. **Dans le champ Rechercher un utilisateur, tapez le nom de la personne que vous souhaitez identifier.**

   Dès que vous saisissez un caractère, Instagram liste des personnes que vous êtes censé connaître.

4. **Faites défiler la liste jusqu'à ce que vous trouviez l'utilisateur à identifier, puis touchez son nom.**

   Vous ne pouvez choisir qu'une seule personne de la liste.

5. **Répétez cette opération pour toutes les personnes que vous souhaitez ainsi ajouter à l'identification.**

6. **Une fois les identifications effectuées, tapotez la coche ou Terminé en haut à droite.**

Conseil

Soyez élégant, et n'identifiez que des personnes qui sont réellement sur votre photo. En effet, si vous ajoutez une personne absente de la prise de vue, elle risque de vous signaler à Instagram. La sanction peut aller de la suppression du contenu à la suspension de votre compte. En revanche, lorsque la photo contient un logo ou un produit, rien ne vous empêche d'identifier la marque ou la société qui lui est associée.

Ajouter un lieu

La légende peut contenir le nom du lieu où la prise de vue a été réalisée. Mais vous pouvez aussi ajouter ce lieu en tapotant la mention Ajouter un lieu. Lorsque vous souhaitez identifier un lieu pour la première fois, votre smartphone ou votre tablette demande si Instagram peut utiliser le service de localisation. Touchez Activer les services de localisation, puis touchez OK dans le message de confirmation. Si vous changez d'avis, touchez Non merci.

Une fois la localisation réalisée, faites défiler les propositions de lieux qui s'affichent sous Trouver un lieu. Si vous ne trouvez pas le lieu en question, touchez le champ Trouver un lieu et saisissez le nom de ce lieu. Au fur et à mesure que vous tapez des lettres, la liste des lieux proposés par Instagram s'actualise. Dès que vous voyez le vôtre, tapotez son nom.

Pour retirer le lieu ajouté, tapotez l'icône X située sur sa droite. Une fois ce lieu supprimé, la mention Ajouter un lieu réapparaît.

À retenir

Une fois que vous avez autorisé Instagram à utiliser le service de localisation de votre téléphone, une série de lieux situés aux alentours de l'endroit où vous vous trouvez seront automatiquement proposés. Faites défiler cette liste horizontale, et tapotez celui que vous souhaitez alors ajouter. Bien entendu, vous pouvez toujours entrer un autre nom de lieu en touchant la mention Ajouter un lieu. Saisissez alors ce nom dans le champ Trouver un lieu comme expliqué précédemment.

Attention

Si un lieu a déjà été ajouté et que vous souhaitiez en changer, vous devrez préalablement le supprimer. Pour cela, touchez le bouton X affiché sur sa droite dans l'écran Nouvelle publication, ou directement sur le nom du lieu dans une ancienne publication que vous modifiez. Touchez ensuite une proposition de lieu. Si aucune ne vous convient, touchez directement Ajouter un lieu ou tapez le nom dans le champ Trouver un lieu (dans le cas de la modification d'une ancienne publication).

Facebook

Faites glisser le curseur vers la droite pour activer le partage sur Facebook. Ainsi, la publication se fera simultanément sur Instagram et sur Facebook. Lorsque vous effectuez cette opération pour la première fois, il vous sera demandé d'autoriser Facebook à accéder à votre compte Instagram.

Astuce

Si vous partagez des publications liées à votre compte personnel, seuls vos amis en auront connaissance. Lorsque vous partagez des publications de votre compte pro, toutes les personnes qui suivent votre page professionnelle Facebook en auront connaissance.

Twitter

Pour tweeter votre photo Instagram, faites glisser vers la droite le curseur localisé à droite de la mention Twitter. Après avoir autorisé Instagram à communiquer avec votre compte Twitter, vous y partagerez photos et légendes sous la forme d'un tweet. N'oubliez pas que Twitter tronquera toute légende qui dépassera 280 caractères.

Tumblr

Vous pouvez également publier vos photos sur Tumblr en faisant glisser le curseur de cette fonction sur la droite. Une fenêtre demande alors de vous connecter à votre compte Tumblr. Dès que la connexion est établie, vous revenez dans Instagram. Dès que vous partagerez une photo légendée, elle apparaîtra également dans votre contenu Tumblr.

Conseil

Vous devez activer ces publications Facebook, Twitter, et Tumblr chaque fois que vous souhaitez effectuer un partage de contenu. Par conséquent, pensez-y !

Activer/désactiver les commentaires

Avant de partager une photo, décidez ou non d'autoriser des commentaires d'utilisateurs. En effet, lire et répondre à des commentaires est chronophage. Pour empêcher les commentaires, touchez la mention Paramètres avancés tout en bas de l'écran, comme sur la Figure 4.7. Dans l'écran éponyme, faites glisser vers la droite le curseur du réglage Désactiver les commentaires. Pour revenir à l'écran de publication, touchez la flèche située en haut à gauche.

Partager sur Facebook est naturel

Vous devez faire attention à vos légendes avant de partager photo ou vidéo sur Facebook, Twitter et Tumblr. Ainsi, lorsque vous supprimez des hashtags Instagram et que vous adaptez votre légende à l'auditoire Facebook, vous avez plus de chances de toucher les utilisateurs de ce réseau social. Par exemple, vous souhaitez publier une photo aussi bien sur Instagram que sur Facebook avec #tes (tout en solde). Contentez-vous de retirer les hashtags Instagram, et ajoutez #tes. Ensuite, lorsque vous publierez la photo Instagram sur Facebook, les personnes qui chercheront le hashtag #tes trouveront votre publication.

Lorsque vous partagez votre photo ou vidéo Instagram sur Facebook, elle apparaît dans votre fil d'actualité. La publication contient la légende Instagram ainsi qu'une vignette de l'élément publié. Pour afficher la photo, tapotez-la. Pour lire la vidéo, tapotez l'icône de lecture affichée au centre de l'image de couverture du film.

Si vous affichez la photo avec la version ordinateur de Facebook, vous pourrez cliquer sur la mention Instagram située au-dessus de la légende afin d'afficher, dans un nouvel onglet, la publication d'origine sur le site Web Instagram. Une fois que vous aurez ainsi consulté ce post, fermez l'onglet Instagram, et revenez dans Facebook.

Publier vos photos : suspens !

Vos photos sont maintenant prêtes à être partagées sur Instagram. Depuis l'écran Nouvelle publication, touchez Partager (ou Suivant).

Dès que la publication est effectuée, vous basculez sur votre écran d'accueil, où vous voyez une vignette de la photo avec la mention Finalisation juste au-dessous. Dès que la finalisation est terminée, l'image s'affiche dans votre fil d'actualité comme sur la Figure 4.8. Si vous avez publié plusieurs photos dans un seul post, feuilletez cette publication pour consulter chacune d'elles.

Conseil

Instagram transfère vos photos dans la meilleure résolution possible. Lorsque vous prenez une photo avec un smartphone ou une tablette fonctionnant sous iOS ou Android, la résolution n'est pas un problème. En revanche, si vous téléchargez une image provenant de votre Pellicule (iPhone) ou de votre Galerie (smartphone Android), vérifiez les propriétés de l'image dans une application de retouche comme Taille de l'image (iPhone et iPad) ou Photo & Picture Resizer (sur les machines Android). La taille de votre image doit se situer entre 320 et 1080 pixels avec un rapport L/H situé entre 1.91:1 et 4:5. Par exemple, si la photo fait 1 080 pixels de large, sa hauteur peut se situer entre 566 pixels (rapport 1.91:1) et 1 350 pixels (rapport 4:5). Si la hauteur de votre image est trop faible ou trop grande, Instagram la recadrera afin qu'elle corresponde au rapport hauteur/largeur pris en charge. Conclusion : vérifiez les dimensions de vos images afin de les recadrer vous-même.

Figure 4.8 1/4 en haut à droite indique que ce post contient trois images.

© Soap & Sprinkles

Télécharger vos photos depuis la Galerie

Voici comment partager des photos stockées sur votre smartphone ou votre tablette Android :

1. **Touchez l'icône + située en bas de votre écran.**

   L'écran Photo s'affiche.

2. **Touchez Galerie en bas à gauche.**

   L'écran Galerie apparaît comme sur la Figure 4.9. (Les utilisateurs d'iOS verront l'écran Pellicule.) La dernière photo prise avec votre téléphone apparaît dans la visionneuse.

3. **Faites défiler verticalement le contenu de la Galerie pour accéder aux autres photos stockées sur le smartphone. Tapotez celle à publier sur Instagram.**

   La photo sélectionnée s'affiche dans la visionneuse. Instagram la redimensionne pour qu'elle s'y affiche correctement.

4. **Pour voir la photo dans sa taille d'origine, tapotez l'icône de redimensionnement identifiée sur la Figure 4.9.**

5. **Touchez Suivant.**

6. **Appliquez des filtres et modifiez la photo comme expliqué plus haut dans ce chapitre.**

7. **Touchez Suivant.**

   Vous accédez à l'écran Nouvelle publication.

8. **Écrivez une légende, identifiez des personnes, et ajoutez un lieu. Désactivez ou non les commentaires, et enfin décidez de partager simultanément sur d'autres réseaux sociaux.**

   Pour plus de détail sur ces opérations, reportez-vous à la section « Enrichir votre photo ».

9. **Maintenant que vous êtes prêt, touchez Partager (ou Suivant) en haut à droite.**

À retenir

Sur iPhone, la procédure est exactement la même. Seul le nom des fonctions peut changer selon la version d'Instagram.

Si vous utilisez un ordinateur de bureau ou un portable Mac, utilisez le navigateur Safari. L'astuce pour télécharger des images est expliquée au Chapitre 1.

La Figure 4.9 fait état des icônes de deux applications nommées Boomerang et Layout. Boomerang crée et partage des minividéos. En fait, votre téléphone photographie en rafale, et Boomerang regroupe les images pour en faire un petit film qui est lu indéfiniment en avant et en arrière, c'est-à-dire comme le vol d'un boomerang. (Voir le Chapitre 10 pour plus de détails sur l'utilisation de cette application.)

Vous utiliserez l'appli Layout pour combiner plusieurs photos en une seule composition évitant de devoir feuilleter la publication pour voir chacune des images.

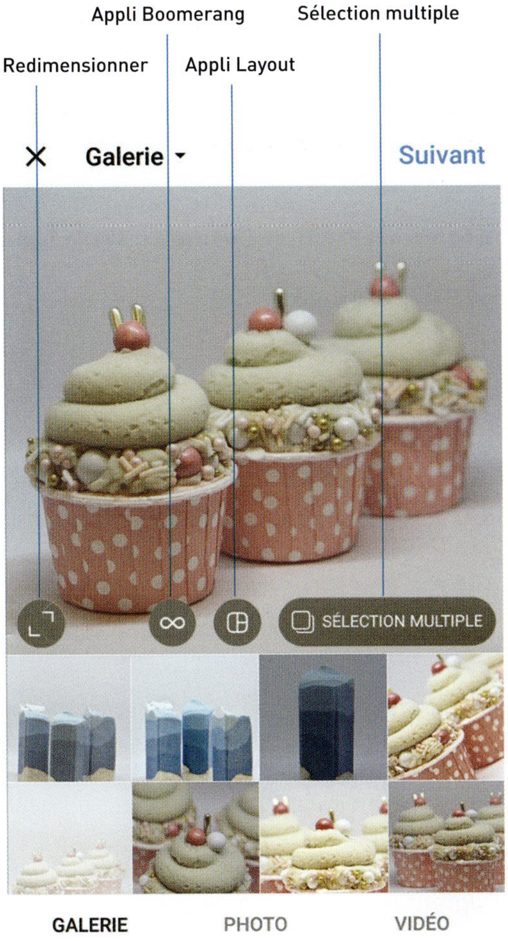

Figure 4.9 La vignette de la photo sélectionnée apparaît en grisé.

© Soap & Sprinkles

Télécharger plusieurs photos dans un seul post

Il n'est pas nécessaire de créer une publication pour chaque photographie. Vous pouvez publier jusqu'à 10 photos dans le même post *via* la Galerie Android ou la Pellicule iOS.

Sélectionner plusieurs photos

Voici comment ajouter plusieurs photos à une même publication :

1. **Dans l'écran d'accueil d'Instagram, touchez l'icône +.**

2. **Tapotez Galerie en bas à gauche.**

   La photo la plus récente s'affiche dans la visionneuse.

3. **Faites défiler le contenu de la Galerie (Pellicule sur iPhone), et touchez la première photo à publier.**

4. **Ensuite, touchez la mention Sélection multiple (identifiée sur la Figure 4.9).**

   La vignette sélectionnée apparaît grisée, avec le chiffre 1 dans un cercle bleu, comme sur la Figure 4.10.

Figure 4.10 Il ne reste plus que l'icône bleue Sélection multiple.

5. **Touchez une autre vignette.**

   Le chiffre 2 apparaît dans un cercle bleu. Cela détermine l'ordre dans lequel vos abonnés verront vos images.

À retenir

Pour exclure une photo sélectionnée, touchez de nouveau sa vignette. Instagram réactualise la numérotation des images. Pour désélectionner toutes les photos, touchez l'icône de la multisélection dans le coin inférieur droit de la visionneuse.

6 **Poursuivez la sélection en tapotant les vignettes des images à publier.**

La Figure 4.11 montre une sélection de trois photos. La numérotation indique l'ordre d'affichage des images dans la publication.

7 **Une fois la sélection effectuée, tapotez Suivant.**

L'écran des modifications apparaît.

Éditez les photos, puis touchez de nouveau Suivant.

Figure 4.11
La dernière photo sélectionnée s'affiche dans la visionneuse.

Astuce

Pour réorganiser les photos, vous devez les désélectionner puis les resélectionner dans l'ordre désiré. Par exemple, si vous avez sélectionné cinq images et que vous souhaitiez que les photos 3 et 4 soient diffusées en 4 et 5, commencez par désélectionner 3 et 4. À cet instant, seules 3 photos sont encore sélectionnées. Touchez la vignette de la photo 3, qui devient alors 4, puis celle de la photo 4 qui devient logiquement 5.

Appliquer des filtres et ajouter des photos

Une fois que vous avez sélectionné plusieurs photos et tapoté Suivant, comme sur la Figure 4.12, la partie supérieure affiche la photo en cours d'édition.

Une rangée de filtres apparaît en dessous. Faites glisser les vignettes vers la gauche pour accéder aux filtres masqués. Touchez la vignette d'un filtre pour l'appliquer à toutes les photos sélectionnées.

Sur la droite, vous avez accès aux autres photos sélectionnées. Pour passer d'une image à l'autre, faites glisser cette zone vers la gauche. Si vous souhaitez ajouter d'autres images, touchez l'icône + située à droite de la dernière photo du groupe. Ensuite, parcourez la Galerie ou la Pellicule pour sélectionner d'autres prises de vue.

Figure 4.12 Les noms des filtres s'affichent au-dessus de leur vignette.

Modifier les photos individuellement

Pour modifier une photo et non pas toutes les images sélectionnées, tapotez-la. Elle s'affiche alors au centre de l'écran. Vous pouvez exécuter les actions suivantes :

» **Appliquer un filtre :** Faites défiler la rangée des filtres de droite à gauche, puis touchez la vignette de l'effet à appliquer. Vous trouverez les détails de cette procédure dans la section « Appliquer un filtre ».

» **Régler simultanément l'exposition et la luminosité :** Touchez l'icône Lux (en haut et au centre de l'écran). Pour plus d'informations sur ce réglage, consultez la section « Modifier avec les outils de réglage ».

» **Exécuter d'autres tâches d'édition :** Touchez Modifier et consultez les instructions de la section « Modifier avec les outils de réglage ».

Tapotez Terminé en haut à droite lorsque vous en avez fini avec vos modifications.

Ajouter des informations et partager vos photos

Lorsque vos images présentent l'aspect désiré, touchez Suivant en haut à droite.

Dans l'écran Nouvelle publication, ajoutez une légende, identifiez des personnes, spécifiez un lieu, partagez sur d'autres réseaux sociaux, et enfin désactivez ou non les commentaires. Toutes ces opérations sont décrites dans la section « Enrichir votre photo ».

Astuce

La légende concerne la totalité des images publiées dans le post. Par conséquent, tapez un texte générique qui pourra fonctionner pour chaque photo du groupe.

Une fois l'édition des photos terminée, tapotez Partager (Suivant) en haut à droite de l'écran Nouvelle publication (ou équivalent selon votre périphérique).

DANS CE CHAPITRE...

Filmer avec votre smartphone ou votre tablette

Télécharger des vidéos

Ajouter des descriptions

Partager votre vidéo sur Instagram

Chapitre 5

Tourner et publier des vidéos

Si vous avez observé vos concurrents sur Instagram et sur d'autres réseaux sociaux, vous avez pu constater qu'ils diffusaient des vidéos de courte durée pour promouvoir leur activité commerciale. Et s'ils ne l'ont pas encore fait, alors vous disposez d'une longueur d'avance. En effet, les études tendent à démontrer que le nombre de publicités vidéo doublera chaque année jusqu'en 2020.

Depuis 2013, Instagram donne à ses utilisateurs la possibilité de publier des vidéos. Mais cette fonction connaît quelques restrictions. En effet, vous ne pourrez pas effectuer cette publication depuis un ordinateur Windows ou macOS.

Dans ce chapitre, vous apprendrez à filmer *via* l'appli Instagram depuis un smartphone ou une tablette. Ensuite, vous découvrirez comment éditer votre vidéo en utilisant les outils intégrés de ce média social, mais aussi comment l'enrichir d'une description.

Enfin, vous apprendrez à partager votre vidéo sur Instagram afin d'intéresser des visiteurs, et pourquoi pas les inciter à acheter votre produit.

Filmer votre journée

Instagram vous donne la possibilité de tourner des vidéos d'une durée allant de 3 secondes à 1 minute. Si une minute vous paraît bien court pour vous exprimer, envisagez les vidéos Instagram comme des *teasers* (oui des bandes-annonces) qui pousseront vos visiteurs à cliquer sur un lien renvoyant vers une version plus longue diffusée sur un site Web comme YouTube.

Avant de tourner un minifilm, vous devez bien connaître votre cible : une étude montre que les personnes dont l'âge est inférieur à 35 ans préfèrent les vidéos de 10 secondes, alors que ceux de plus de 35 ans sont attirés par celles de 30 secondes. Pour en savoir plus sur la manière de cibler un auditoire, reportez-vous au Chapitre 3.

Filmer avec un smartphone ou une tablette

Dès que vous êtes prêt à enregistrer une vidéo avec votre iPhone, iPad, téléphone ou tablette Android, ouvrez l'appli Instagram, et touchez l'icône + située en bas et au centre de l'écran. Dans la partie inférieure de l'écran, tapotez le mot Vidéo.

À retenir

Quel que soit le type de matériel que vous utilisez, l'appli vidéo Instagram fonctionne selon les mêmes principes.

La première fois que vous sollicitez la caméra de votre périphérique mobile pour tourner des vidéos, le message illustré sur la Figure 5.1 apparaît. Son aspect diffère sur iPhone et iPad, mais la raison de son apparition reste la même. Le système vous indique qu'Instagram demande l'autorisation d'accéder à votre téléphone. Que faire ? Oh la réponse n'est pas difficile à donner. Vous voulez filmer et photographier ? Alors touchez le bouton Autoriser (ou OK). Il vous est ensuite demandé si vous voulez autoriser le microphone. Là encore, donnez votre autorisation, sinon vos vidéos seront muettes.

À retenir

Ce message n'apparaîtra plus sauf si vous désactivez cette autorisation dans les préférences d'applications de votre appareil.

Figure 5.1 Autorisez Instagram à utiliser l'appareil photo pour filmer des vidéos.

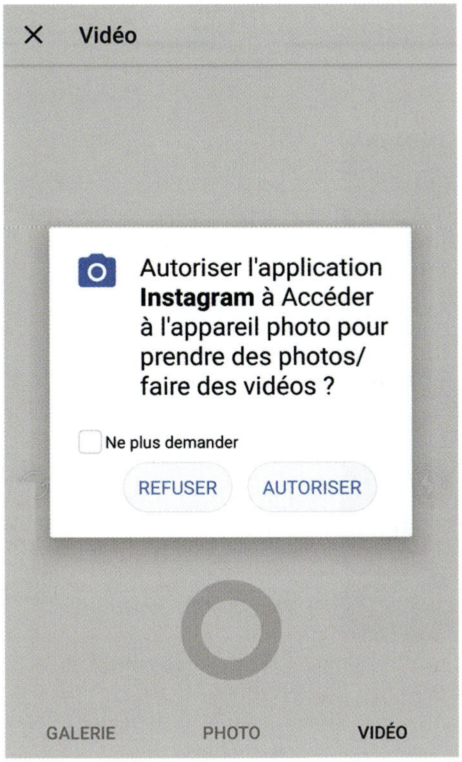

L'écran Vidéo s'affiche avec les icônes légendées sur la Figure 5.2 :

- Le *moniteur* occupe la plus grande partie de l'écran. Il affiche ce que vous filmez.
- L'icône de *permutation des caméras* (dans l'angle inférieur gauche du moniteur) permet de passer de la caméra avant à la caméra arrière.
- La *barre d'enregistrement* située sous le moniteur montre la progression de la durée du tournage. Lorsqu'elle clignote, vous pouvez démarrer l'enregistrement au début ou à la fin d'une vidéo. La prochaine section explique comment enregistrer plusieurs clips.
- La *barre de 3 secondes d'enregistrement* indique quand le clip a dépassé les trois secondes. C'est au-delà de cette durée que vous pourrez sauvegarder votre vidéo.
- Le bouton *Marche/Arrêt* se situe au centre du tiers inférieur de l'écran. Il permet de déclencher et d'arrêter l'enregistrement.

Figure 5.2 Tapotez X pour annuler le tournage.

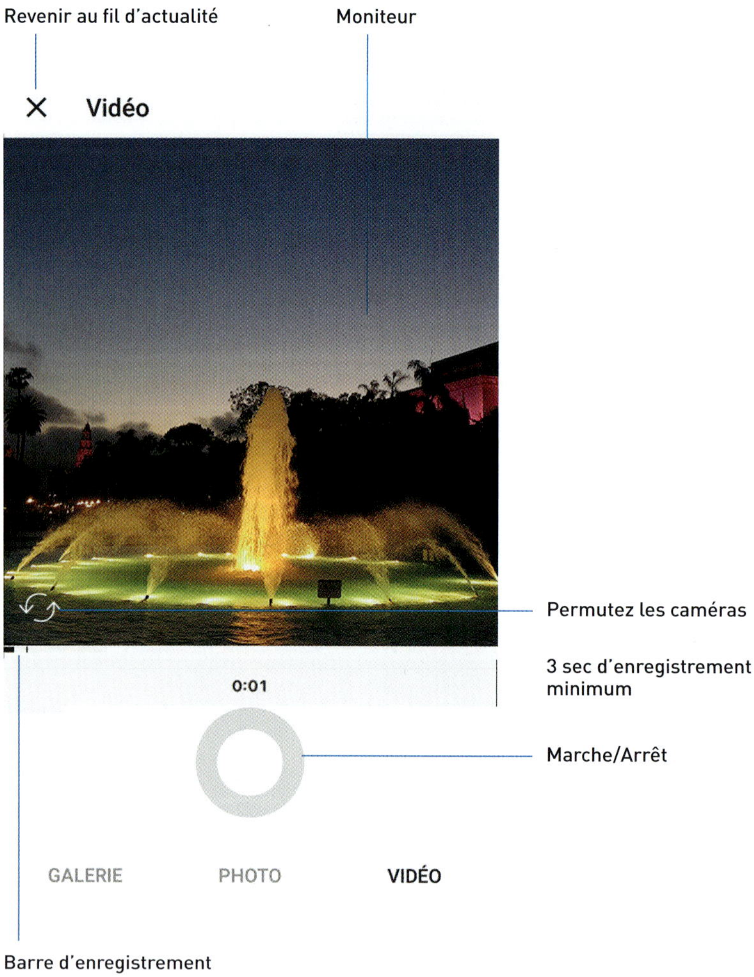

Pour lancer l'enregistrement, appuyez constamment sur le bouton Marche/Arrêt. Tant que votre doigt reste sur ce cercle, vous filmez. Lorsque vous atteignez la limite des 60 secondes, la barre de progression couvre la largeur de l'écran et Instagram interrompt l'enregistrement. Le temps écoulé depuis le début de l'enregistrement s'affiche au-dessus du bouton Marche/Arrêt, comme le montre la Figure 5.3. Pour stopper le tournage, retirez votre doigt de l'écran.

À retenir

Si vous ne filmez qu'une ou deux secondes, la barre d'enregistrement reste fixe sur toute la longueur de cette durée. En revanche, entre cette barre et la barre indiquant la durée minimum d'enregistrement, une sorte de curseur clignote. Il indique que votre enregistrement est trop court pour être accepté par Instagram.

Figure 5.3
La barre d'enregistrement noire apparaît sous le moniteur.

Enregistrer plusieurs clips vidéo

Pour gagner du temps, vous pouvez tourner plusieurs clips en un seul enregistrement. Supposons que vous avez filmé une vidéo à propos de votre nouveau restaurant. Après avoir filmé à l'intérieur, vous souhaiterez ajouter à ce clip des images tournées à l'extérieur.

Eh bien, après avoir enregistré le premier clip, retirez votre doigt du bouton Marche/Arrêt. Dès que vous êtes prêt à tourner les images à l'extérieur du restaurant, appuyez de nouveau votre doigt sur ce bouton. Vous pouvez répéter cette procédure jusqu'à la limite de 60 secondes d'enregistrement total. Le chronomètre situé au-dessus du bouton reprend à la durée atteinte lorsque vous avez basculé en mode pause (c'est-à-dire au moment où vous avez enlevé votre doigt de l'écran).

La barre d'enregistrement insère un petit trait blanc entre chaque prise de vue (en fait chaque plan). Ainsi, en un clin d'œil, vous savez combien de plans vous avez tournés. La Figure 5.3 indique que j'ai tourné trois clips d'une durée variable symbolisés par trois petits traits noirs.

Supprimer des clips

Si vous décidez de supprimer le dernier clip enregistré, tapotez le verbe Supprimer qui s'affiche en bas de l'écran. Sa couleur ainsi que celle de la barre de progression du clip deviennent rouges. Tapotez une nouvelle fois Supprimer. La vidéo est effacée, et la barre d'enregistrement noire se remet à clignoter indiquant que vous pouvez démarrer un nouveau tournage.

Pour supprimer plusieurs clips, répétez cette procédure. Facile non ?

Visionner votre vidéo

Une fois votre vidéo enregistrée, visionnez-la avant de la publier. Touchez Suivant en haut à droite de l'écran Vidéo. Vous accédez ainsi à l'écran Filtres traité dans la prochaine section.

Attention

Si vous n'avez pas enregistré les trois secondes minimum, un message « Enregistrez au moins jusqu'ici » s'incruste au niveau de la barre de progression. Dès qu'il disparaît, vous pouvez reprendre le tournage afin d'atteindre cette limite.

Pour lancer la lecture de la vidéo, touchez l'icône affichée au centre du moniteur comme sur la Figure 5.4. Pour mettre en pause, touchez de nouveau l'écran.

Astuce

Vous pouvez activer/désactiver le son en tapotant l'icône du haut-parleur en haut et au centre de l'écran.

Figure 5.4
Touchez l'icône de lecture pour visionner la vidéo.

Améliorer votre vidéo

Plusieurs éléments permettent d'améliorer votre vidéo : appliquer un filtre, modifier l'image de couverture, et couper le clip. Dans cette section, vous commencerez par appliquer un effet depuis l'écran Filtres.

Appliquer un filtre

Les filtres sont présents sous le moniteur comme le montre la Figure 5.4. Chaque vignette illustre l'effet qu'il produira sur la vidéo.

Faites défiler cette rangée de 23 filtres vers la gauche pour accéder à d'autres effets. N'oubliez pas que Normal n'applique aucune modification aux images. Touchez la vignette d'un filtre pour en voir instantanément l'impact sur votre clip.

Pour agir sur l'intensité de l'effet, tapotez une seconde fois sa vignette. Ensuite, faites glisser le curseur vers la gauche ou la droite pour en moduler l'impact. La valeur par défaut est égale à 100, c'est-à-dire une intensité maximale du filtre. L'impact de la modification de cette valeur est immédiat sur la vidéo. Dès que le réglage vous convient, touchez Terminé en bas à droite.

À retenir

La vidéo poursuit sa lecture lorsque vous appliquez un filtre. Pour restaurer le clip d'origine, touchez la vignette Normal.

Changer l'image de couverture

Instagram utilise la première image de votre clip comme couverture, c'est-à-dire comme image d'identification. Voici comment la changer :

1. **Dans l'écran Filtres, touchez la mention Couverture en bas à droite.**

   Le moniteur diffuse la couverture actuelle qui correspond à la première image de votre vidéo. D'autres images sont proposées dans un petit film fixe affiché sous ce moniteur, comme sur la Figure 5.5.

Figure 5.5 Les images non choisies restent grisées.

2. **Maintenez votre doigt appuyé sur une vignette de ce film fixe, et faites-le glisser vers la gauche pour parcourir les autres images suggérées.**

   Au fur et à mesure que vous faites défiler ces vignettes, la nouvelle couverture apparaît dans le moniteur.

3. **Dès qu'une couverture vous convient, relâchez votre doigt.**

4. **Tapotez alors Suivant en haut à droite.**

Astuce

L'image de couverture permettra à votre public d'identifier la vidéo. Changer cette image est important, notamment lorsque votre film commence par du noir.

Ajouter des informations

Dans l'écran qui affiche la vidéo (voir la Figure 5.4), appuyez sur Suivant. Vous accédez à l'écran Nouvelle publication de la Figure 5.6.

Dans cet écran, comme pour les photos, vous pouvez ajouter une légende, identifier un lieu, publier sur d'autres réseaux sociaux, et enfin activer/désactiver les commentaires. En revanche, vous ne pouvez pas identifier des personnes. La procédure d'ajout de ces informations est détaillée au Chapitre 4.

Figure 5.6 La couverture de la vidéo apparaît en haut à droite.

Publier votre vidéo

Dès que vous êtes prêt à publier votre vidéo, tapotez Partager dans le coin supérieur droit. Au bout de quelques secondes, votre vidéo est visible sur l'écran d'accueil d'Instagram, comme le montre la Figure 5.7.

La lecture en boucle de la vidéo démarre dès que la publication est affichée. Pour activer ou désactiver le son, il suffit de toucher l'icône du haut-parleur qui apparaît en bas à droite de la visionneuse lorsque vous touchez l'écran.

Figure 5.7
Diffusion de la vidéo sur l'écran d'accueil.

Télécharger une vidéo existante

Il est très facile de publier sur Instagram une vidéo stockée sur votre iPhone, iPad, ou smartphone et tablette Android. Suivez simplement ces étapes :

1. **Tapotez l'icône + en bas de l'écran d'Instagram.**

2. **Si nécessaire, touchez Galerie (Bibliothèque) en bas à gauche.**

3. **Touchez la vignette de la vidéo que vous souhaitez publier soit dans la Galerie soit dans la Pellicule, comme sur la Figure 5.8.**

   La vidéo se diffuse en boucle dans le moniteur. Pour la mettre en pause, touchez l'image.

   Astuce

   Instagram ajuste automatiquement l'image à la taille du moniteur. Pour voir la vidéo dans sa dimension d'origine, touchez l'icône de redimensionnement située en bas à gauche du moniteur et identifiée sur la Figure 5.8.

4. **Touchez Suivant.**

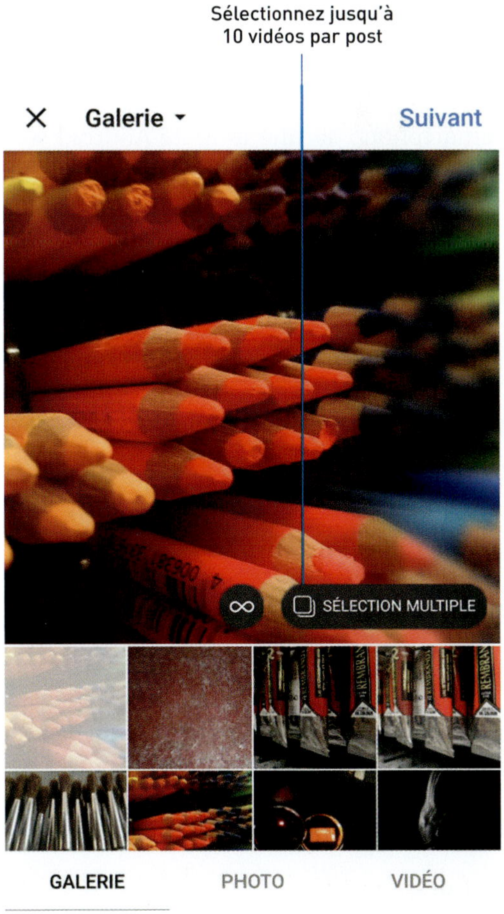

Figure 5.8 La vignette de la vidéo sélectionnée est estompée et diffusée dans le moniteur.

5. **Appliquez un filtre, modifiez la couverture, et coupez votre vidéo.**

   Ces tâches sont décrites dans la section « Améliorer votre vidéo » plus haut dans ce chapitre.

6. **Ajoutez une légende et un lieu, choisissez les autres réseaux sociaux où vous souhaitez partager votre clip, et enfin activez/désactivez les commentaires.**

   Ces tâches sont communes aux photos et aux vidéos. Pour plus de détails, consultez la section sur l'amélioration des photos au Chapitre 4.

Télécharger plusieurs vidéos depuis un smartphone ou une tablette Android

Les vidéos tournées avec un smartphone ou une tablette Android sont enregistrées dans la Galerie. (Sur iPhone et iPad, elles sont stockées dans la Pellicule.)

Voici comment télécharger plusieurs clips vidéo à publier sur Instagram :

1. **Tapotez l'icône + de l'écran d'accueil d'Instagram.**
2. **Affichez le contenu de la Galerie.**
3. **Touchez la vignette de la première vidéo à sélectionner.**
4. **Ensuite, touchez Sélection multiple.**
5. **Ajoutez d'autres clips en touchant leur vignette.**
6. **Une fois vos clips sélectionnés, touchez Suivant en haut à droite.**

   Les clips s'affichent les uns derrière les autres.

7. **Pour ajouter ou supprimer des clips, faites glisser vers la gauche les vignettes des vidéos choisies, puis tapotez le signe + comme sur la Figure 5.9.**
8. **Désactivez les vignettes des clips à retirer, et activez celles des clips à ajouter.**
9. **Touchez Terminé en haut à droite.**
10. **Appliquez des filtres comme expliqué dans diverses sections de ce chapitre.**

⓫ **Touchez Suivant.**

Figure 5.9 L'icône + apparaît après le dernier clip sélectionné.

⓬ **Ajoutez un lieu et une légende, et identifiez des personnes. Enfin, décidez ou non de désactiver les commentaires.**

⓭ **Tapotez Suivant (ou Partager).**

Attendez que l'importation s'effectue et qu'Instagram finalise la publication.

Pour voir chaque clip, il suffit de faire défiler vers la gauche le contenu de la publication.

À retenir

Sur iPhone et iPad, vous avez la possibilité de couper la vidéo afin d'effectuer une sorte de montage de plusieurs clips en un seul, sans dépasser bien entendu les 60 secondes.

Partie 3
Cultiver votre jardin

Dans cette partie…

- Publier des photos et des vidéos, puis consulter les commentaires de vos abonnés.
- Identifier des amis à suivre pour être suivi à votre tour.
- Créer et ajouter des hashtags à vos posts.

DANS CE CHAPITRE...

Réfléchir sur le contenu à partager sur Instagram

Utiliser des liens pour partager vos publications

Envoyer des messages instantanés

Voir, lire, et répondre aux commentaires

Signaler les commentaires indélicats

Chapitre 6

Commentaires et messagerie instantanée

L'activité principale d'un compte Instagram réside dans le partage de photos et de vidéos. Dans ce nouveau chapitre, vous apprendrez aussi à inciter les utilisateurs de ce média social à laisser des commentaires sous vos publications, et vous verrez comment y répondre instantanément.

Tout commence par une simple analyse de ce que vous souhaitez ou non partager. Ensuite, vous découvrirez comment utiliser un lien pour inviter d'autres utilisateurs d'Instagram à commenter vos publications, mais aussi comment leur envoyer des messages instantanés. Enfin, si vous considérez qu'un commentaire est inapproprié, signalez-le aux modérateurs du réseau qui effectueront alors des recherches et apprécieront le contenu du commentaire pour prendre, si nécessaire, des mesures.

Réfléchissez toujours avant de partager

Les conditions d'utilisation d'Instagram sont faites non seulement pour protéger et alimenter en publication toute la communauté Instagram, mais aussi pour que vous y exerciez votre activité en toute sérénité. *De facto*, tous les réseaux sociaux supposent, à juste titre, que vous utiliserez leur service dans le respect de ces conditions d'utilisation.

Agir sur un réseau social n'est pas un acte anodin. Vous devez faire preuve de prudence dans le contenu de vos publications, car tout ce qui est publié sur Internet y reste pour l'éternité.

Les photos ou les vidéos que vous partagerez sur Instagram sont destinées à présenter clairement et sans ambiguïté votre activité commerciale, tout en respectant les conditions d'utilisation et l'étiquette de ce média social.

Si vous ne respectez pas ces règles, vous risquez d'être signalé aux médiateurs d'Instagram, et d'encourir une sanction pouvant aller jusqu'à la suspension de votre compte.

À retenir

Prenez connaissances de règles de la communauté à https://help.instagram.com/477434105621119/.

Voici les points les plus importants de ces règles :

» **Ne partagez que des photos et des vidéos dont vous êtes l'auteur.** Pour publier un contenu créé par d'autres personnes, vous devez obtenir leur autorisation écrite sur papier ou par e-mail. Un document PDF fera parfaitement l'affaire.

» **N'utilisez pas de services qui achètent des followers ou qui exécutent des scripts afin de collecter encore plus de likes, d'abonnés, ou de partages.** Instagram considère ces techniques marketing comme des spams et fermera votre compte pour régler le problème.

» **Publiez des photos et des vidéos pour le plus grand nombre.** Cela signifie que vous devez vous comporter en « bon père de famille ». Ainsi, pas de nudité (sauf cas spécial) ni de photos ou de vidéos crues.

» **Respectez la loi.** Cela va sans dire, mais ça va mieux en le disant. Si cela ne vous paraît pas évident, alors suivez les conseils d'Obi-Wan Kenobi, et rentrez chez vous afin de reconsidérer votre existence.

Partager sur d'autres médias sociaux

Il est facile de partager des photos et des vidéos sur Instagram, mais aussi depuis Instagram vers Facebook, Twitter, et Tumblr. Nous en expliquons la procédure au Chapitre 4.

Bien entendu, il existe de nombreux autres réseaux sociaux. Dans cette section, vous apprendrez à créer un lien que vous pourrez intégrer dans le post d'un autre réseau ou bien dans un courrier électronique (oui, vous savez, les fameux e-mails).

Copier et coller un lien vers un autre réseau social

Instagram propose de partager sur trois réseaux : Facebook, Twitter, et Tumblr. Mais, d'autres réseaux sociaux, notamment spécialisés dans les activités professionnelles, comme LinkedIn, sont des places idéales pour faire état de l'existence de vos publications Instagram.

Heureusement, Instagram permet de trouver facilement l'URL de vos posts. Vous pouvez alors les copier et les coller sur d'autres réseaux sociaux. Voici comment procéder :

1. **Sur l'écran d'accueil d'Instagram, touchez l'icône de votre profil, en bas à droite, symbolisé par une silhouette ayant une tête et deux épaules.**

   Votre profil apparaît.

2. **Faites-en défiler verticalement le contenu pour afficher les vignettes des photos et des vidéos que vous avez publiées.**

3. **Touchez la vignette d'un de ces éléments.**

   Ce post apparaît sur votre écran. Si vous avez tapoté la vignette d'une vidéo, sa lecture démarre automatiquement.

4. **Touchez les trois petits points affichés en haut à droite.**

   Le menu local de la Figure 6.1 apparaît.

5. **Touchez Copier le lien.**

   Une rapide incrustation indique que le lien a bien été copié dans le presse-papiers. Maintenant, vous pouvez le coller dans une publication d'un autre réseau social, un site Web, ou un e-mail, comme expliqué dans la prochaine section.

Pour afficher le post avant de l'envoyer, cliquez ou tapotez la photo ou la vidéo. Sur smartphone et tablette, vous voyez la publication Instagram d'origine. Sur ordinateur, vous afficherez le post sur le site Web Instagram, mais dans un nouvel onglet de votre navigateur Web.

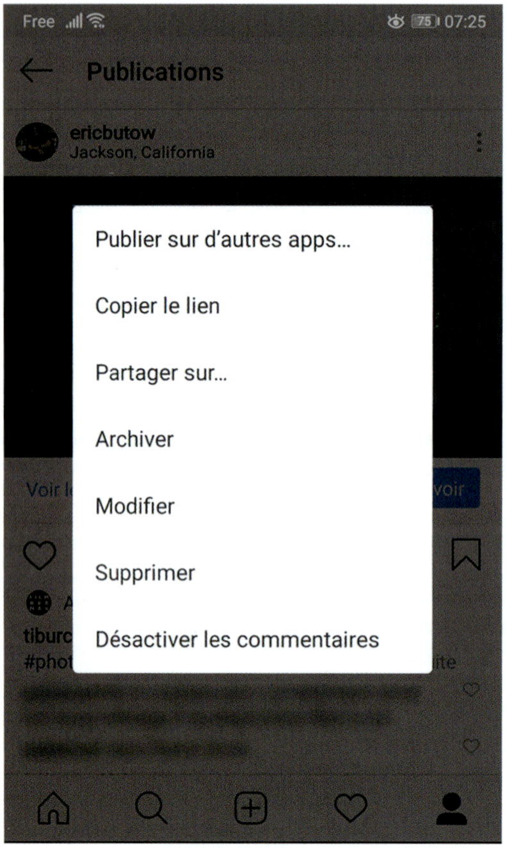

Figure 6.1 Le menu local contient une commande Copier le lien.

Intégrer votre photo ou votre vidéo sur une page Web

Pour partager des photos ou des vidéos sur une page Web ou dans le post d'un blog, incorporez-les depuis le site Web Instagram accessible *via* votre ordinateur.

Une fois l'élément incorporé, cliquez ou tapotez dessus pour ouvrir le post d'origine dans l'application Instagram de votre smartphone ou de votre tablette.

Si vous utilisez un navigateur Web sur votre ordinateur, la publication Instagram d'origine s'ouvrira dans un nouvel onglet. (Vous serez peut-être obligé de vous connecter à votre compte Instagram pour lire ce post.) Lorsque vous aurez pris connaissance de cette publication, vous pourrez fermer l'onglet et revenir sur la page Web que vous visitiez.

Voici comment intégrer une photo ou une vidéo :

1. **Depuis votre ordinateur, connectez-vous au site Web Instagram.**

2. **Cliquez sur l'icône de votre profil, c'est-à-dire sur l'avatar affiché en haut à droite, comme sur la Figure 6.2.**

Figure 6.2 Pour afficher votre profil depuis la version Web d'Instagram.

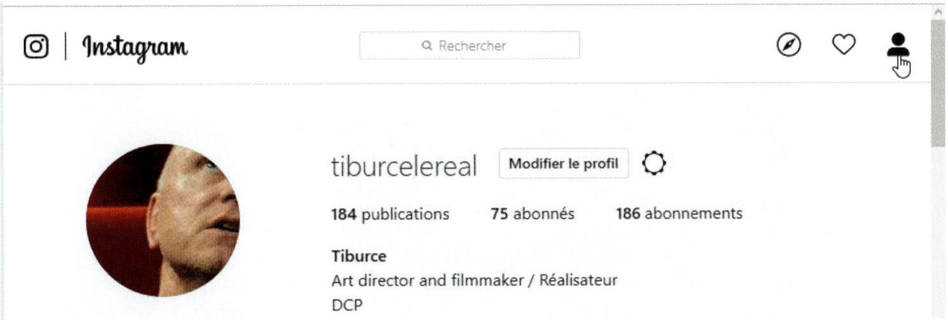

Votre profil s'affiche.

3. **Cliquez sur la photo ou la vidéo à partager.**

La photo ou la vidéo apparaît avec sa légende, ses commentaires, et ses likes.

4. **Cliquez sur les trois petits points en haut à droite de l'image, et exécutez la commande Intégrer, comme sur la Figure 6.3.**

Si finalement vous décidez de ne pas intégrer le code, cliquez sur Annuler. Vous pouvez également fermer la fenêtre du navigateur, ou bien appuyer sur la touche Echap (Esc) de votre clavier.

5. **Dans le message qui apparaît, cliquez sur le bouton Copier le code intégré, comme sur la Figure 6.4.**

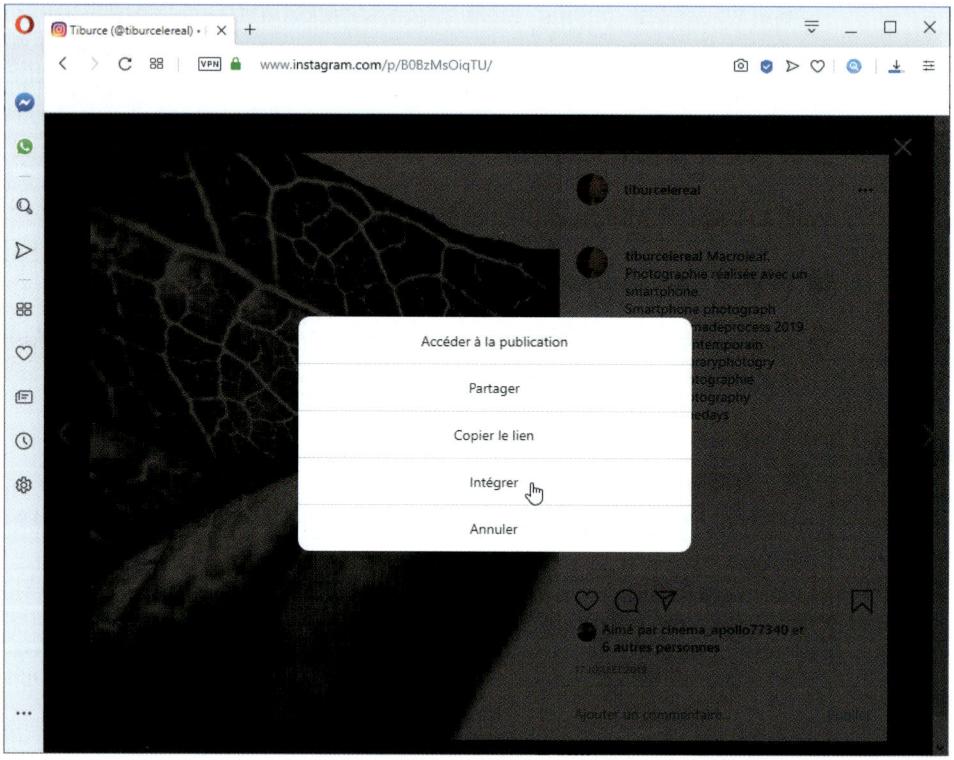

Figure 6.3 Pour copier le code d'une photo ou d'une vidéo.

Maintenant, utilisez votre programme de conception Web préféré pour incorporer le code de ce post.

À retenir

Lorsque vous intégrez une ou plusieurs photos ou vidéos sur un site Web ou dans le post d'un blog, toute personne accédant à cet emplacement spécifique pourra voir ce contenu.

Figure 6.4 Copiez le code intégré.

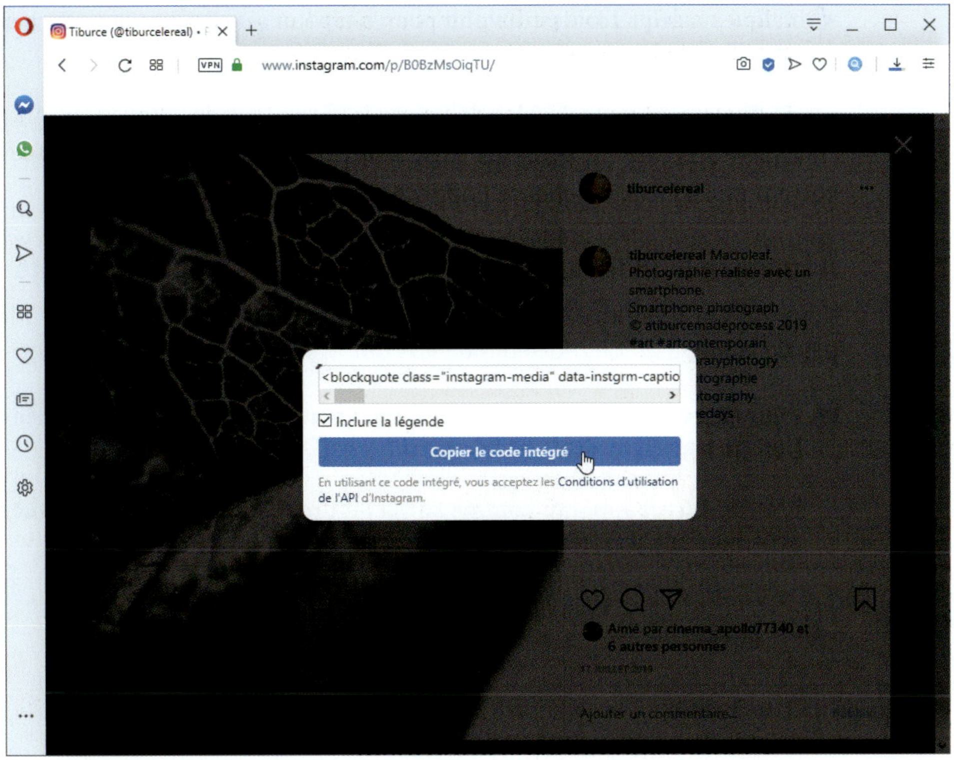

Partager des photos et des vidéos en privé

Le partage de photos et de vidéos ne se limite pas à votre profil. Vous pouvez utiliser le service Instagram Direct pour les envoyer dans un message privé soit à un seul de vos abonnés, soit à un groupe de 2 à 15 followers.

Voici ce que vous pouvez envoyer *via* un message Instagram Direct :

- les photos et les vidéos faites avec l'appareil photo de votre smartphone ou de votre tablette ;
- des photos ou des vidéos téléchargées depuis votre smartphone ou votre tablette ;
- un message textuel ;
- un hashtag sur lequel le destinataire pourra tapoter ou cliquer pour afficher le post correspondant ;

» un lieu sur lequel le destinataire pourra tapoter ou cliquer pour afficher le post concerné.

Intrigué ? Non ? Pas même un petit peu ? Dans cette section, vous découvrirez comment envoyer un message Instagram Direct depuis votre appareil Android, votre matériel iOS, ou encore l'application Windows.

Répondre à un message instantané en envoyant une photo

Vous pouvez répondre à une conversation en direct en envoyant une photo, mais pas de vidéo, à un ou plusieurs de vos followers. Voici comment :

1. **Pour accéder à la fonction Instagram Direct, touchez l'icône affichée dans l'angle supérieur droit de l'écran d'accueil, et illustrée ci-contre.**

   L'écran Direct apparaît comme sur la Figure 6.5. Les messages dernièrement échangés apparaissent avec la conversation la plus récente en haut.

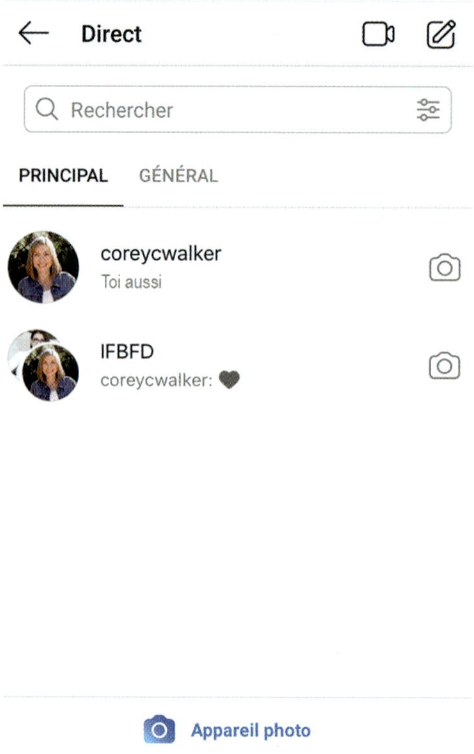

Figure 6.5 Répondre à un message privé dans Instagram Direct.

2. **Tapotez ou cliquez sur l'icône de l'appareil photo affichée à droite du nom d'un utilisateur.**

   L'écran de l'appareil photo apparaît avec la caméra avant opérationnelle. Dans l'appli Windows, votre webcam s'active de telle sorte que vous pouvez prendre un selfie. Une demande d'autorisation peut vous être formulée pour l'appareil ou le micro, voire les deux.

3. **Prenez une photo en tapotant ou en cliquant sur le bouton blanc du déclencheur en bas de l'écran ou de la fenêtre.**

4. **Tapotez le bouton Envoyer en bas de la photo et affiché sous l'image de profil du destinataire, pour expédier l'image que vous venez de prendre.**

Commencer une nouvelle conversation en envoyant une photo

Pour démarrer une nouvelle conversation, vous pouvez directement envoyer une photo. Vous pourrez même lui ajouter une petite légende qui s'affichera en haut de votre image.

1. **Dans l'écran Direct, tapotez ou cliquez sur Appareil photo.**

   Pour accéder à l'écran Direct, tapotez ou cliquez sur l'icône située en haut à droite de l'écran d'accueil d'Instagram.

2. **Prenez une photo en touchant (ou en cliquant sur) le bouton du déclencheur.**

   Vous pouvez permuter les caméras pour utiliser indifféremment la caméra avant ou arrière.

3. **Pour ajouter du texte, utilisez l'icône Aa en haut à droite. Tapez votre message et touchez (cliquez) Terminé.**

   Astuce

   Repositionnez le texte validé en le faisant glisser sur la photo.

4. **En bas de l'écran, touchez Envoyer à (ou Suivant).**

   L'écran Envoyer à apparaît, comme sur la Figure 6.6.

5. **Sélectionnez vos destinataires en faisant défiler la liste de vos followers, puis tapotez le bouton Envoyer situé à droite de chaque utilisateur.**

Figure 6.6 Envoyer une photo en message direct.

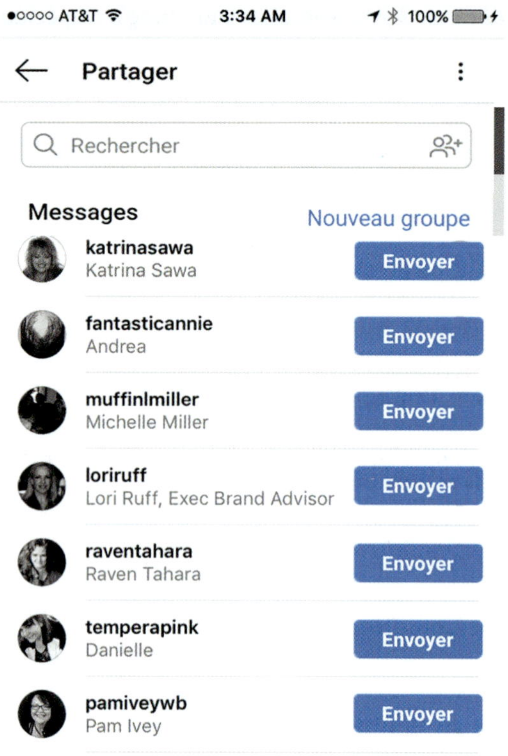

Pour envoyer rapidement la même photo à plusieurs personnes, créez un groupe ! Touchez l'icône Nouveau groupe, puis cochez les utilisateurs à intégrer dans ce groupe en tapotant le cercle vide affiché à leur droite. Validez en touchant l'icône de la coche en haut à droite.

Astuce

Pour envoyer cette photo à une personne absente de la liste, touchez (cliquez) dans le champ Rechercher et tapez son nom.

6. **Touchez Envoyer.**

Et voici une nouvelle conversation qui commence avec une photo !

Commencer une conversation avec du texte et en ajoutant une photo

Vous pouvez très bien entamer une conversation avec du texte, et éventuellement y joindre une photo ou une vidéo stockée sur votre smartphone. Conformez-vous aux étapes suivantes :

1. **Ouvrez l'écran Direct en touchant l'icône située dans l'angle supérieur droit de l'écran d'accueil.**

2. **Touchez l'icône Nouveau message.**

   L'écran Nouveau message apparaît.

3. **Faites défiler son contenu pour sélectionner vos destinataires, puis cochez leur nom en le touchant.**

   Une coche blanche apparaît dans un cercle bleu.

4. **Touchez Discussion en haut à droite.**

5. **Pour ajouter une photo, touchez (cliquez) l'icône représentant une montagne située à droite du champ Votre message.**

6. **Dans la Galerie (ou Pellicule), choisissez la photo à envoyer.**

7. **Une fois la photo choisie, touchez la flèche verticale qui apparaît en bas de l'écran.**

   La photo est expédiée.

8. **Tapez un message dans le champ idoine et touchez Envoyer.**

9. **Revenez à l'écran Direct en cliquant ou touchant l'icône de la flèche en haut à gauche.**

   Le message que vous venez d'envoyer apparaît en haut de la liste des messages. Chaque conversation est identifiée par la photo de la personne avec son nom (ou le nom du groupe). Sous ce nom, vous apercevez une partie du dernier message écrit.

   Affichez le message en touchant la conversation. Comme nous l'avons déjà expliqué, vous pouvez envoyer directement une photo à une personne en touchant l'icône de l'appareil photo située à droite de son nom.

10. **Revenez à l'écran d'accueil d'Instagram *via* l'icône de la flèche en haut à gauche.**

Attention

Les messages directs sont privés. Il y a certaines choses que vous pouvez faire avec des messages publics qui vous sont interdites avec des messages privés :

» Vous ne pouvez pas partager, sur un réseau social, des photos et des vidéos envoyées avec Instagram Direct.

» Tous les hashtags ou les lieux que vous ajoutez à vos messages privés ne sont pas localisables dans Instagram.

» Vos messages n'apparaîtront pas dans le fil d'actualités ou dans votre profil.

Reprendre une ancienne conversation

Pour reprendre une conversation, il suffit d'accéder à l'écran Direct. Ensuite, touchez (ou cliquez) sur la conversion que vous souhaitez poursuivre. Vous accédez alors aux messages et aux photos que vous avez échangés pendant cette conversation.

Faites défiler la conversation pour relire un contenu plus ancien. Pour discuter de nouveau, saisissez un texte dans le champ Votre message et validez-le.

Gérer les conversations

Vous pouvez choisir les messages à afficher, mais aussi supprimer des conversations :

1. **Basculez vers Instagram Direct en touchant l'icône de l'avion en papier en haut à droite sur l'écran d'accueil.**

2. **Pour réduire les messages à consulter ou voir ceux que vous auriez manqués, touchez l'icône des curseurs affichée à droite du champ Rechercher.**

3. **Dans les options qui apparaissent, comme sur la Figure 6.7, affichez le contenu de la boîte de réception, uniquement les messages non lus ou marqués.**

4. **Pour supprimer une conversation, affichez la liste de vos discussions, puis touchez celle qui vous intéresse jusqu'à ce qu'apparaisse un menu local. Là, choisissez Supprimer.**

5. **Dans le message de confirmation qui apparaît, choisissez Supprimer (ou Annuler si vous changez d'avis).**

À retenir

La discussion est supprimée, ce qui ne signifie pas que vous avez bloqué le contact concerné. Vous pourrez relancer une nouvelle discussion avec ce contact (et lui aussi) quand vous le souhaiterez. Le contact n'est pas averti du fait que vous avez supprimé la conversation.

Figure 6.7 Afficher des messages spécifiques.

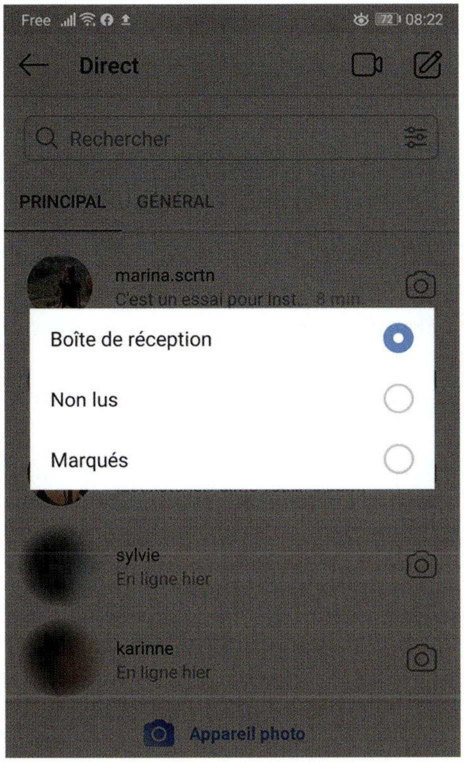

Recueillir des commentaires

Tous vos abonnés ont la possibilité de commenter les photos et les vidéos que vous publiez, sauf si vous avez désactivé cette fonctionnalité. Dans cette section, nous décrivons deux méthodes testées et approuvées d'incitation au commentaire : inclure une légende et mentionner vos followers.

Inclure une légende

Une légende replace une vidéo dans un contexte et permet aux utilisateurs de savoir ce qu'ils vont regarder. Sans légende, les visiteurs de votre compte risquent d'être déconcertés, ce qui n'est pas très bon pour votre activité commerciale. Par exemple, si une photo expose un de vos produits sans informer le visiteur de quoi il s'agit et en quoi il peut lui être utile, ils penseront que vous n'êtes pas très sérieux.

Après avoir publié et modifié votre photo ou votre vidéo, ajoutez-lui une légende.

Pour en savoir plus à ce sujet, placez votre marque-page sur cette page, et retournez au Chapitre 4.

Instagram tronque les légendes qui dépassent trois lignes. Lorsque le texte est trop long, un lien Suite apparaît à la fin du texte coupé. Touchez-le (ou cliquez dessus) pour accéder à l'intégralité de la légende.

Astuce

Quelle est la bonne longueur d'une légende ? Il est judicieux de communiquer plus que pas assez. Donc, un à trois courts paragraphes semblent être une mesure tout à fait adaptée. La première ligne doit inciter les visiteurs à cliquer sur Suite !

Mentionner vos followers

Lorsque l'un de vos abonnés publie une photo ou une vidéo, vous pouvez la liker par un clic sur l'icône du cœur située en bas à gauche de l'image. Mais, pour attirer l'attention de cette personne, il est conseillé d'ajouter un commentaire incluant son nom d'utilisateur précédé du symbole @. Par exemple, vous pourriez écrire ceci :

```
J'aime beaucoup votre nouvelle carte de visite @sidesshowbob !
```

Lorsque vous mentionnez ainsi une personne dans un commentaire, elle reçoit une notification. Il y a alors de grandes chances pour que cette personne vous rende la pareille. Elle consultera vos derniers posts et les commentera. Cela aura pour effet d'améliorer la visibilité de votre profil lorsque d'autres visiteurs rechercheront des contenus intéressants.

Lire des commentaires

Lorsque l'on vous laisse un commentaire ou qu'on like votre post, vous recevez une notification. Pour en connaître le nombre, tapotez l'icône de votre profil en bas à droite de l'écran d'accueil d'Instagram. Faites ensuite défiler le contenu de vos publications pour accéder à la vignette de la photo ou de la vidéo que vous avez postée, puis tapotez-la.

Vous voyez alors :

» **L'écran Photo si votre post ne contient qu'une image.**

» **L'écran Publier si votre post contient plusieurs images.**

» **L'écran Vidéo si votre post contient une vidéo.**

Les likes et les commentaires apparaissent sous la photo ou la vidéo. Tapotez-en un ou bien touchez l'icône de la bulle de BD pour accéder à l'écran Commentaires illustré à la Figure 6.8.

Figure 6.8
Légendes et commentaires.

Pour liker un commentaire sans y répondre, touchez simplement l'icône du cœur située à sa droite. L'icône devient rouge, et 1 J'aime supplémentaire apparaît. Pour revenir à l'écran Photo, Publications ou Vidéo, touchez la flèche en haut à gauche.

Répondez ou supprimez

Vous pouvez répondre à un commentaire de deux manières selon que vous utilisez un iPhone ou un iPad, un smartphone ou une tablette Android, ou bien encore un ordinateur fonctionnant sous Windows.

Vous ne pouvez pas supprimer ou répondre aux commentaires *via* le site Web Instagram. Toutefois, vous pouvez ajouter un autre commentaire précédé de @*nom*, ou *nom* est le nom d'utilisateur de la personne à laquelle vous répondez.

iPhone, iPad, et utilisateurs Windows

Si vous utilisez un iPhone, un iPad, ou un PC Windows, vous pouvez répondre à un commentaire en le touchant, puis en touchant le bouton Répondre affiché sous le commentaire en question.

Une seconde technique consiste à utiliser les options des commentaires. Les utilisateurs d'iPhone et d'iPad doivent maintenir le doigt appuyé sur les commentaires jusqu'à l'apparition des options illustrées sur la Figure 6.9. Les utilisateurs Windows doivent maintenir le bouton de la souris enfoncé sur le commentaire et le faire glisser vers la gauche. Ils accèdent alors à un écran Commentaires au bas duquel le champ de la réponse contiendra @nomutilisateur.

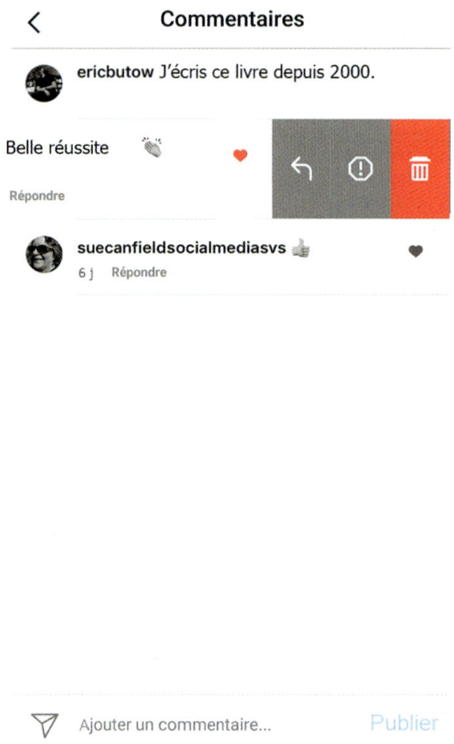

Figure 6.9 Les options pour le commentaire situé sur la gauche.

Sur iPhone et iPad, voici la signification des trois icônes de gauche à droite :

- **Flèche gauche :** Répondre au commentaire.
- **Point d'exclamation :** Signaler le commentaire à Instagram. (Vous en saurez davantage à ce sujet plus loin dans ce chapitre.) Si vous supprimez votre propre

commentaire, le point d'exclamation n'apparaît pas dans ce menu local. Vous ne pouvez signaler qu'un seul commentaire à la fois.

- **Poubelle :** Supprimer le commentaire.

Attention

Après avoir supprimé un commentaire, une barre rouge apparaît. Elle permet d'annuler l'opération. Si vous ne la tapotez pas dans les cinq secondes, le commentaire sera définitivement supprimé.

Astuce

Pour supprimer un commentaire sous Windows, vous devez accéder au site Web Instagram. Il suffit ensuite de cliquer sur la croix X située à droite du commentaire. Confirmez dans le message qui apparaît, ou annulez si vous avez fait une mauvaise manipulation ou si vous souhaitez revenir sur votre décision.

Pour fermer le commentaire sans modification, maintenez le doigt appuyé dessus et faites-le glisser vers la droite.

Lorsque vous répondez à un commentaire en utilisant cette technique, une zone de saisie du commentaire apparaît avec le nom d'utilisateur du commentateur. Vous pouvez taper votre réponse, puis valider avec Publier.

Finalement, vous ne souhaitez plus réagir au commentaire ? Alors tapotez ou bien cliquez sur la flèche en haut à gauche de l'écran pour revenir à l'écran Photo.

Smartphone et tablette Android

Les utilisateurs de smartphones et de tablettes Android peuvent répondre à un commentaire en le touchant puis en touchant le bouton Répondre affiché sous le texte. Le nom d'utilisateur de la personne apparaît dans le champ de saisie. Il ne reste plus qu'à taper la réponse puis à tapoter le bouton de validation (coche à droite), comme sur la Figure 6.10.

Vous pouvez sélectionner plusieurs commentaires en appuyant rapidement sur chacun d'eux. Vous avez alors la possibilité de les supprimer en une seule opération en touchant l'icône de la poubelle. Touchez la barre rouge qui apparaît pour annuler l'opération de suppression. Pour signaler un commentaire, il suffit de toucher le point d'exclamation, et de choisir entre Contenu indésirable ou arnaque et Contenu abusif.

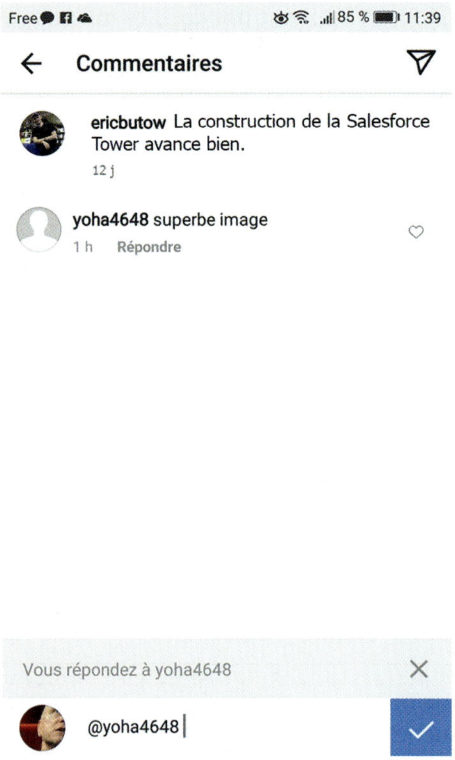

Figure 6.10 Répondre à un commentaire sous Android.

Mac et utilisateurs de site Web

Les utilisateurs Mac ne peuvent passer que par le site Web Instagram. Si vous êtes sous Windows, vous avez le choix entre l'application Instagram et le site bien entendu. Dans ce cas, vous ne pouvez que supprimer des commentaires comme ceci :

1. **Cliquez sur l'icône du profil dans le coin supérieur droit de la page Web.**
2. **Faites défiler le contenu de la page jusqu'à ce que vous voyiez la photo ou la vidéo commentée.**
3. **Cliquez sur son image.**

   Elle s'affiche ainsi que les commentaires dans la partie droite.
4. **Cliquez sur l'icône des trois points qui apparaissent à droite du message lorsque vous y placez le pointeur de la souris.**
5. **Dans la boîte de dialogue qui apparaît, choisissez Supprimer.**

Signaler des commentaires indésirables

Instagram demande à ses utilisateurs de lui signaler toute publication ou commentaire qui ne respecterait pas les règles de bonne conduite de ce média social. Ainsi, lorsqu'un commentaire contient de fausses informations vous concernant, vous pouvez demander à son auteur de le supprimer *via* un post ou un message Instagram Direct.

Si cette personne refuse de coopérer, ou si le commentaire est une violation des règles communautaires d'Instagram, rapportez cette faute au modérateur du réseau.

Attention

En effet, si vous tentez de vous faire justice vous-même, vous risquez, à votre tour, de contrevenir aux règles édictées par Instagram.

Signaler un commentaire

Avant de signaler un commentaire, consultez les règles de la communauté sur la page https://help.instagram.com/477434105621119/?helpref=hc_fnav. Si vous considérez toujours que ce commentaire viole les règles en question, signalez-le en utilisant les outils intégrés d'Instagram.

Vous ne pouvez signaler un commentaire que sur iPhone, iPad, smartphone et tablette Android, et *via* l'appli Instagram de Windows.

Signaler avec un iPhone, un iPad ou l'appli Windows

Pour signaler un commentaire, cliquez (ou tapotez) le commentaire afin de l'afficher dans l'écran Commentaires. Ensuite, maintenez le doigt ou le bouton de la souris appuyé dessus et faites-le glisser vers la gauche.

Trois boutons apparaissent comme nous l'avons vu précédemment. Ici, cliquez ou tapotez celui qui affiche l'icône d'un point d'exclamation dans un cercle. Cette action ouvre une boîte de dialogue qui contient deux signalements possibles : Spam ou arnaque, et Contenu abusif.

Si vous choisissez Spam ou arnaque, le message se ferme et le commentaire disparaît, et vous pouvez poursuivre votre lecture des autres commentaires. Si vous avez choisi Contenu abusif, vous devez indiquer les raisons qui vous poussent à signaler ce commentaire. Par exemple, si vous optez pour Je n'aime pas ce commentaire, une page d'explications sur la manière de bloquer un utilisateur apparaît.

Signaler avec un smartphone ou une tablette Android

Sous Android, pour signaler un commentaire, tapotez-le. Ensuite, dans l'écran Commentaires, maintenez votre doigt appuyé dessus jusqu'à l'apparition d'une barre d'outils bleue en haut de l'écran. Touchez l'icône du point d'exclamation dans un cercle. Dans le message qui s'affiche, choisissez Signaler ce commentaire.

Indiquez ensuite s'il s'agit de contenu indésirable ou de contenu inapproprié. Si vous choisissez la première option, le message se ferme et le commentaire est supprimé. Poursuivez alors la lecture des autres commentaires. Si vous optez pour le contenu inapproprié, donnez la raison qui vous pousse à considérer ce commentaire comme abusif. En fonction de la raison choisie, d'autres sous-propositions pourront vous être faites.

Bloquer un commentateur

Si un commentateur est particulièrement odieux, bloquez-le ! Il ne pourra plus commenter vos posts. Comme sur les autres réseaux sociaux tels que Facebook et LinkedIn, Instagram n'informe pas ces personnes qu'elles sont bloquées.

À retenir

Vous ne pouvez bloquer que sur smartphone ou tablette.

Voici comment procéder :

1. **Dans le commentaire, touchez le nom de la personne.**
2. **Dans l'écran du profil de cet utilisateur, touchez les trois points situés en haut à droite.**

   Le menu local de la Figure 6.11 apparaît.

3. **Tapotez Bloquer.**
4. **Dans le message qui s'affiche, choisissez Bloquer.**

   Touchez la flèche en haut à gauche pour retourner à l'écran Commentaires (ou dans le fil d'actualités). Les commentaires des utilisateurs bloqués n'apparaîtront plus. Pour débloquer quelqu'un, répétez ces étapes et, à l'Étape 2, cliquez sur le bouton Débloquer.

Figure 6.11

Bloquez un follower indésirable.

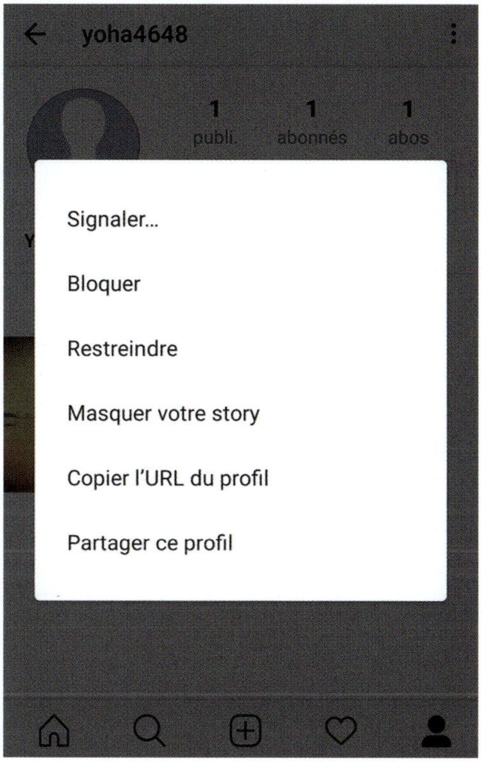

DANS CE CHAPITRE...

Rechercher des amis

Se faire de nouveaux amis avec les fonctions Rechercher et Explorer

Suivre votre secteur d'activité pour y trouver de nouvelles idées et des informations

Identifier votre tribu Instagram pour trouver des idées, du soutien, et des encouragements

Chapitre 7

Devenir follower

Faire grandir votre audience, c'est-à-dire le nombre de vos abonnés (ou *followers*) est tout l'enjeu d'Instagram. Si vous suivez l'actualité d'Instagram, vous avez probablement vu naître ça et là des logiciels ou des sociétés qui proposent de vous aider à accroître les abonnés à votre compte. Sincèrement, ne cédez pas au chant de ces sirènes. Pourquoi ? Parce que ces followers artificiels reposent sur de faux comptes, ou sont constitués de personnes qui ne vous achèteront jamais rien.

Dans ce chapitre, nous vous expliquons comment obtenir des followers sérieux. Dans un premier temps, vous verrez comment suivre vos amis Facebook qui disposent d'un compte Instagram. Ensuite, vous apprendrez à utiliser la liste de vos contacts téléphoniques pour trouver encore plus de followers potentiels. Puis, vous découvrirez comment partir en quête de nouveaux abonnés *via* l'appli Instagram. Après quoi, vous suivrez les comptes de vos concurrents et la liste des abonnés des collègues de votre secteur d'activité pour trouver de nouvelles idées. Nous vous expliquerons également comment développer une tribu Instagram, c'est-à-dire une famille en ligne qui vous aidera et vous soutiendra sans jamais faillir. Enfin, une fois que vous aurez des followers, appréciez le moment de suivre le compte d'autres utilisateurs d'Instagram.

Trouver de nouveaux amis

Trouver des amis au sens large est devenu de plus en plus complexe car les personnes que nous connaissons multiplient les comptes divers et variés.

Pour trouver des contacts, vous devez adopter une attitude plus stratégique afin de trouver des personnes susceptibles de s'intéresser à votre activité. Instagram propose plusieurs options d'exploration, de recherche, et de suggestions de followers.

Découvrir la fonction Explorer

Instagram aime se développer… plus vous séduisez de personnes et plus vous obtenez de followers. Pour cela, Instagram dispose de plusieurs armes de séduction. L'une d'elles prend la forme de la page Explorer qui propose des photos, des illustrations, et des vidéos susceptibles de présenter un intérêt pour vous. Personne n'en connaît véritablement l'algorithme, mais elle regroupe généralement des posts qui ont reçu au moins 1 000 J'aime (oui, enfin, voyons, quand même les fameux « likes » !), et que d'autres personnes que vous suivez ont likés.

Voici comment accéder à la page Explorer :

1. **Touchez l'icône de la loupe en bas de l'écran.**

   Plusieurs photos, vidéos et stories vous sont proposées, comme sur la Figure 7.1.

   Astuce

   Les algorithmes d'Instagram sélectionnent rarement des graphismes et des infographies. Ils privilégient les photos ou les vidéos.

2. **Tapotez n'importe quelle photo ou vidéo qui attire votre attention.**

   Faites défiler verticalement le contenu de la page Explorer pour accéder à d'autres propositions.

3. **Au-dessus de la photo ou de la vidéo, touchez le nom d'utilisateur de n'importe quelle publication.**

4. **Parcourez la page. Si vous aimez ce que vous voyez :**

   a. Likez une ou plusieurs photos : Tapotez deux fois de suite la photo ou bien une fois l'icône du cœur.

Figure 7.1

Tapotez une photo pour accéder à la page Explorer.

b. Laisser un commentaire : Tapotez la photo, puis l'icône de la bulle de B.D. Saisissez votre texte dans le champ Ajouter un commentaire, puis touchez l'icône de la coche (ou le bouton Publier).

c. Pour suivre un utilisateur, touchez le lien S'abonner à droite du nom d'utilisateur.

Dès que vous suivez cette page, Instagram vous propose plusieurs autres comptes susceptibles de vous intéresser. Nous détaillons cette technique de localisation de comptes à suivre dans la section « Les suggestions d'Instagram », plus loin dans ce chapitre.

Astuce

Cette méthode de découverte de followers prend du temps. De plus, les comptes les plus populaires suivent rarement de nouvelles personnes. Par conséquent, ce n'est pas parce que vous devenez leur follower qu'ils deviendront le vôtre. Toutefois, ne négligez pas cette arme stratégique.

Trouver avec la fonction Rechercher

Une autre manière de trouver de nouveaux comptes à suivre consiste à effectuer des recherches sur Instagram selon les critères suivants : Favoris, Personnes, Hashtags, et Lieux.

Pour tester cette fonction de recherche, touchez l'icône de la loupe en bas de votre écran. Une page d'exploration apparaît comme dans la précédente section. Touchez le champ Rechercher situé en haut de cette page. Vous disposez alors de quatre onglets qui effectuent chacun des recherches spécifiques : Favoris, Personnes, Hashtags et Lieux, comme le montre la Figure 7.2.

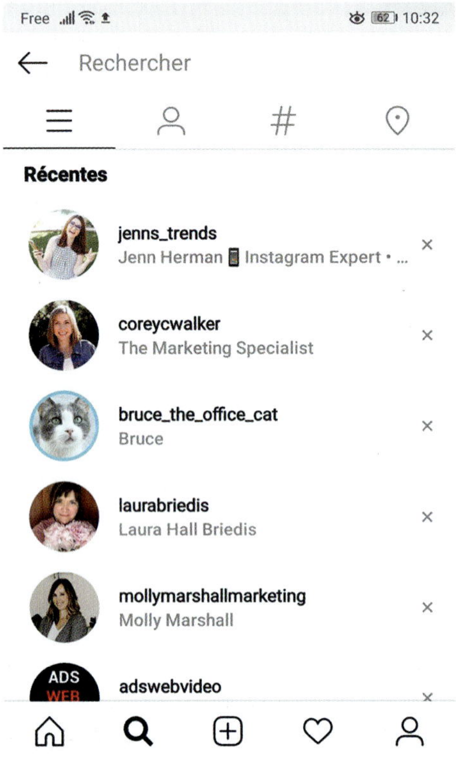

Figure 7.2 Recherche par favoris, personnes, hashtags et lieux.

La recherche par *Favoris* (le nom peut varier sur iPhone) liste les comptes avec lesquels vous interagissez le plus souvent. Pour trouver de nouveaux followers, recherchez une activité commerciale ou un mot-clé en relation avec ladite activité ou la clientèle ciblée. Par exemple, tapez immobilier pour trouver des comptes dont le nom d'utilisateur ou le titre de leur profil comporte *immobilier*. Parcourez les résultats de la recherche, puis suivez ceux qui vous intéressent.

La recherche par *Personnes* peut s'utiliser comme la recherche par Favoris, à cette différence près que vous recherchez des noms. Ainsi, lorsque vous disposez d'une liste de clients, tapez leur nom dans le champ Rechercher. Faites défiler les résultats, puis suivez les comptes actifs qui vous intéressent. Souvent, les comptes personnels sont privés. Adressez votre demande d'abonnement et attendez l'acceptation de la personne.

La recherche par *Hashtags* permet de trouver des comptes en fonction d'hashtags (les fameux *mots-dièse*). Commencez avec votre activité commerciale et voyez ce qu'Instagram vous propose. Par exemple, si vous êtes un dresseur de chiens, commencez avec le hashtag #dresseurchien. Si les résultats sont trop nombreux, ajoutez votre département ou votre ville comme #dresseurchiensparis. Consultez la liste des résultats et tapotez ceux qui attirent votre attention. Ensuite, abonnez-vous aux comptes actifs qui semblent bien correspondre à votre recherche. Dans le prochain chapitre, nous détaillerons les hashtags et cette fonction de recherche.

La recherche par *Lieux* permet de trouver des personnes en fonction de lieux précis. L'idéal est de trouver des gens non loin du lieu de votre activité. Si nécessaire, touchez le lien Activer sous la mention Localisation désactivée. (Cette mention n'apparaît que lorsque la fonction de localisation de votre smartphone est désactivée.) Ensuite, tapotez Lieux proches, puis une ville proche de la vôtre (si ce n'est la vôtre bien évidemment). Ensuite, touchez quelques posts suggérés.

À retenir

Abonnez-vous à ceux qui semblent correspondre à vos besoins, et n'hésitez pas alors à liker leurs publications et à laisser des commentaires (et pas seulement un émoji). Cette technique augmente grandement vos chances d'obtenir des followers en retour.

Les suggestions d'Instagram

Comme nous l'avons dit, l'objectif d'Instagram est de se développer. Et pour se développer et rendre ainsi ses utilisateurs heureux, Instagram cherche à ce qu'ils augmentent constamment leur nombre de followers. Lorsque vous suivez quelqu'un, un algorithme entre en scène et affiche des comptes similaires à celui que vous suivez. La Figure 7.3 montre que j'ai décidé de suivre @elevateitnow, une agence de création et de marketing. Instagram me propose alors d'autres comptes dans le même secteur d'activité sous la rubrique Suggestion pour vous. À moi de décider de les suivre ou non.

Mais je sens naître en vous une question existentielle : pourquoi devrais-je suivre ? Ces comptes pourraient ne pas vous suivre (mais ils le feront s'ils sont malins). Dans la prochaine section, vous en apprendrez plus sur les avantages que vous aurez à suivre de près la concurrence.

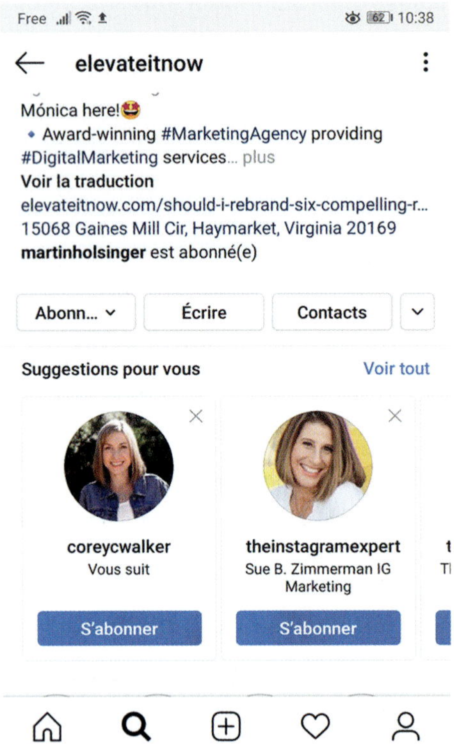

Figure 7.3 Instagram suggère des comptes similaires à celui que vous suivez.

Suivre votre secteur d'activité

Il est judicieux d'observer les comptes Instagram qui œuvrent dans votre secteur d'activité. Dans cette section, vous comprendrez les avantages d'une telle pratique. Vous profiterez ainsi de l'expérience des précurseurs et de tous ceux qui leur ont emboîté le pas. Tout d'abord, si votre activité ne vise que des clients locaux, commencez par vous intéresser à vos concurrents locaux également. Ensuite, ayez un regard plus large en observant des marques plus connues et plus développées afin de comprendre leur stratégie.

Rechercher par hashtag industriel est hautement productif. Votre entreprise a-t-elle tenu des conférences importantes l'an dernier ? Les conférences sont généralement associées à des hashtags. Les comptes des entreprises averties incorporent le hashtag de leur conférence dans leurs posts. Il sera donc facile de les trouver et d'interagir avec elles. Ces comptes peuvent représenter des concurrents mais aussi de potentiels clients. Si vous avez assisté à l'évènement, recherchez par le hashtag de la conférence et suivez les comptes, likez les photos, ajoutez des commentaires, et puis échangez éventuellement un message direct avec d'autres participants. Vous pouvez ainsi vous constituer un groupe de clients potentiels ou de partenaires commerciaux.

Observer la concurrence

Une des meilleures techniques pour découvrir de nouveaux followers consiste à effectuer des recherches auprès des comptes Instagram concurrents, puis d'interagir avec leurs abonnés. S'ils sont intéressés par l'activité de vos concurrents, ils seront certainement intéressés par la vôtre. La liste des followers de vos concurrents est une sorte d'étude de marché dans laquelle il suffit de piocher.

Il est très facile d'inciter les abonnés de vos concurrents à vous suivre :

1. **Dressez la liste de vos principaux concurrents.**

2. **Utilisez la fonction Rechercher d'Instagram pour retrouver leur profil.**

   Pour plus de détails sur les fonctions de recherche, consultez la section « Trouver de nouveaux amis » plus haut dans ce chapitre.

3. **Visitez le compte d'un concurrent, et tapotez le chiffre qui apparaît au-dessus de la mention abonnés, en haut à droite.**

   La Figure 7.4 indique que ce compte a 4059 abonnés.

   La Figure 7.5 montre alors toutes les personnes qui suivent ce compte concurrent.

4. **Faites ceci pour chaque follower de ce compte qui vous intéresse :**

   a. Tapotez le compte.

   b. Likez plusieurs photos et commentez au moins un post.

   c. Abonnez-vous au compte.

5. **Répétez les Étapes 3 et 4 pour tous les concurrents de votre liste.**

   Intervenez régulièrement sur ces comptes afin de les inciter à vous suivre à leur tour, et pourquoi pas à devenir un client.

Figure 7.4 Consultez les abonnés d'un concurrent.

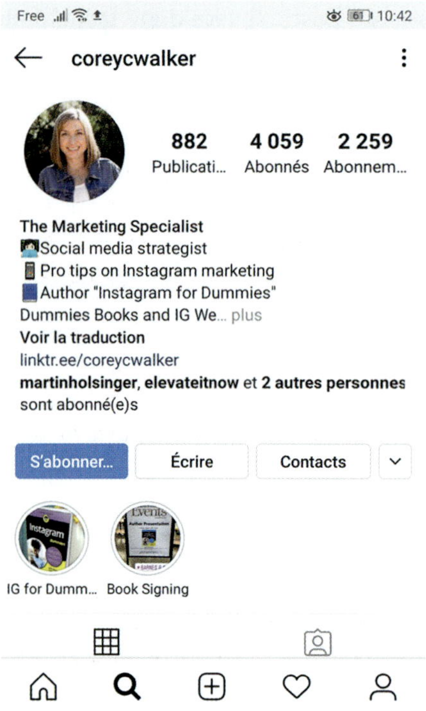

Figure 7.5 Touchez les comptes des followers de votre concurrent pour décider de les suivre ou non.

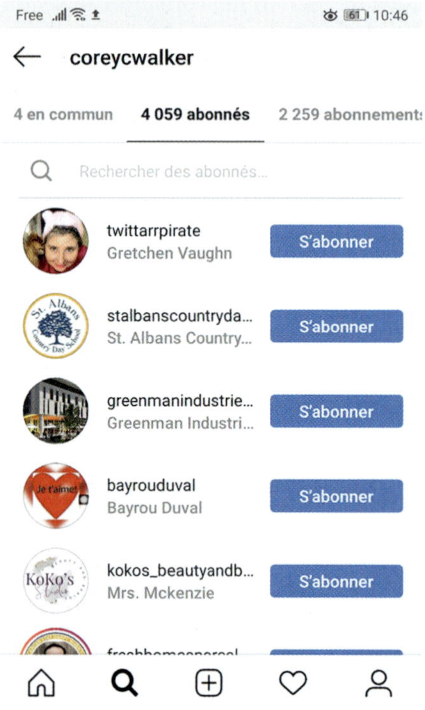

Faites-vous remarquer auprès des grandes marques

Vous pouvez puiser des idées auprès de grandes marques comme Microsoft, Apple, ou encore Yoplait France. De plus, il y a fort à parier qu'elles sont suivies par beaucoup plus de personnes que vous. Il faut également savoir, à votre grande surprise probablement, que certaines de ces grosses enseignes repostent du contenu de leurs followers, c'est-à-dire de personnes comme vous et moi.

Voici comment être remarqué des grandes marques :

1. Dressez la liste des meilleures marques qui ont des points communs avec votre activité. Par exemple, si vous vendez des services d'assistance virtuelle, vous rechercherez des sociétés qui proposent des planificateurs, des stylos spéciaux, et des accessoires de bureau.

2. Regardez si la société republie des images des autres utilisateurs. Pour cela, vous devez remonter dans l'historique de ses posts. Certaines sociétés restreignent les posts à leur seule activité en ne publiant que les conceptions visuelles créées par leur département communication. Si c'est le cas, rayez-les de votre liste.

3. Une fois que vous avez trouvé une marque qui reposte le contenu de ses followers, étudiez ce contenu spécifique. Republie-t-elle des produits photographiés en plongée ; des photos avec des personnes, des animaux, ou des sportifs ? Vous devez trouver le fil conducteur qui relie toutes ces republications. Vous devez développer un style qui se rapproche de celui de votre concurrent.

4. Créez un style photographique selon les conseils de l'Étape 3. Le produit doit montrer l'étiquette de la marque. N'incluez surtout pas d'autres marques dans votre photo.

5. Ajoutez les hashtags de la marque. Les grandes marques ont souvent un hashtag spécifique qu'elles associent à leurs publications. Par exemple, Coca-Cola utilise, sur ses publications Instagram, @ShareaCoke comme hashtag récurrent de la marque.

6. Dans vos posts, mentionnez la marque en utilisant son nom d'utilisateur Instagram. Par exemple, @coreycwalker a utilisé le hashtag #madeonterra dans une publication où elle montre la marque de ses petits gâteaux. Elle a ensuite figuré sur la page Instagram @madeonterra où elle fut taguée en retour. Désormais, les followers de @madeonterra peuvent visiter la page @ coreycwalker pour en voir les publications.

Choisir qui suivre en retour

Les techniques décrites dans ce chapitre permettent d'obtenir de nombreux followers. Vous éprouverez un sentiment de fierté en voyant grossir ce nombre au fil des jours. Viendra alors le moment de choisir qui vous devez suivre à votre tour. Dans cette section, vous découvrirez comment analyser vos abonnés pour décider ensuite de les suivre ou non.

Analyser et suivre vos abonnés

Vous avez peut-être déjà pas mal de followers. Il est temps d'apprendre une technique simple pour les suivre en retour. Suivre des abonnés n'est pas une obligation. Toutefois, si vous êtes judicieux dans votre choix, vous toucherez un nombre de prospects bien plus important que vous ne l'imaginez. Les nouveaux followers sont notifiés sur votre compte Instagram. Par conséquent, si vous n'avez pas pris l'habitude de consulter ces notifications, je vous encourage vivement à le faire pour déterminer qui il est intéressant de suivre à votre tour.

Analyser vos abonnés est une opération facile à réaliser :

1. **Rendez-vous sur la page de votre profil et cliquez sur le chiffre qui apparaît au-dessus de *Abonnés*.**

   Tous vos followers apparaissent avec les plus récents en haut de la liste. Sur la Figure 7.6, les abonnés que vous ne suivez pas sont identifiés par un bouton bleu et ceux que vous suivez, par un bouton blanc.

2. **Touchez le nom de l'utilisateur pour afficher son profil.**

3. **Si vous pensez que l'utilisateur est un client ou un partenaire potentiel, cliquez sur le bouton bleu S'abonner (ou S'abonner en retour). Sinon, touchez la flèche en haut à gauche pour revenir à la liste des abonnés.**

4. **Likez quelques publications et laissez un commentaire pertinent.**

   Ainsi, le follower sera plus enclin à interagir avec vous dans le futur.

Figure 7.6 Les abonnés que vous ne suivez pas en retour présentent un bouton bleu sur leur droite.

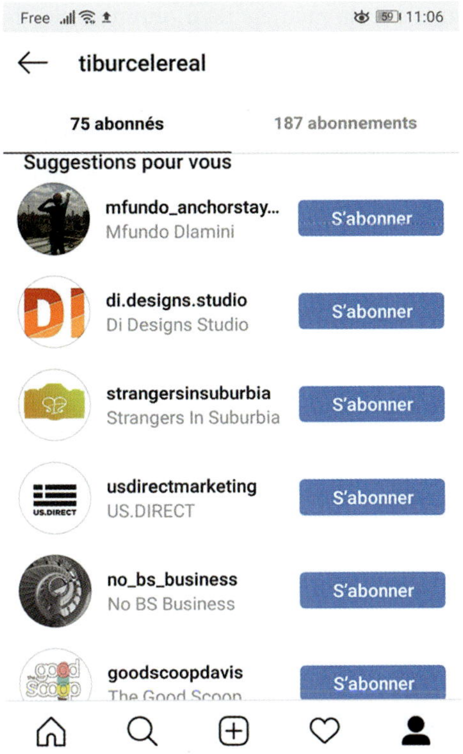

Suive ou ne pas suivre ?… That is the question !

Maintenant que vous savez comment suivre en retour vos abonnés, la question est de savoir qui il faut ou non suivre. Beaucoup de comptes cessent de suivre les comptes qui ne les suivent pas en retour. Ainsi, la veille vous aviez 25 followers, et le lendemain vous n'en avez plus que 22. C'est un jeu frustrant auquel il faut éviter de jouer.

Ainsi, suivez en retour :

» Les comptes de vos amis, les commerces locaux, et d'autres personnes que vous connaissez et que vous aimez dans la vie de tous les jours.

» Les comptes de votre secteur d'activité, et plus particulièrement vos concurrents ! S'ils se font remarquer auprès de vous, il est avisé d'aller leur rendre une petite visite.

» Les comptes des entreprises avec qui vous commercez ou d'autres partenaires.

- Les comptes au contenu inspirant, et cela même s'ils n'œuvrent pas dans le même secteur que vous.
- Les comptes de personnes que vous avez rencontrées sur d'autres réseaux, comme les groupes Facebook, Twitter, ou LinkedIn.
- Les comptes que vous trouvez personnellement très intéressants à consulter et avec qui vous aimez interagir, même s'ils travaillent dans un autre secteur d'activité.

Tous les comptes que vous suivrez en retour ne seront pas obligatoirement rentables pour vous. N'oubliez pas qu'Instagram doit rester un plaisir avant tout. Ne l'envisagez pas comme un média austère dont l'unique objectif est de vous rapporter de l'argent. Ajoutez à cela que vous ne savez pas qui sont les amis de vos amis. Peut-être y aura-t-il des opportunités à saisir. La réussite commerciale de votre compte Instagram réside probablement dans le fait de ne pas chercher immédiatement la rentabilité à tout prix.

Ne suivez pas en retour :

- Tous ceux qui vous suivent parce qu'ils s'y sentent obligés.
- Les comptes spammeurs dont les profils ne contiennent que quelques misérables posts, et qui bien souvent cherchent à vous vendre leur service de follower.
- Les comptes qui délivrent des commentaires automatiques. (Il n'y a rien de pire qu'un commentaire du genre « j'aime » lorsque vous venez de publier un post sur la mort de votre chien.)
- Les comptes au contenu inintéressant aussi bien à titre personnel que professionnel.
- Les comptes qui ne cessent de vous suivre, puis de ne plus vous suivre, et ainsi de suite.

Astuce

Vous édicterez vos propres règles de suivi des comptes. Gardez à l'esprit que vous n'êtes pas obligé de suivre en retour, mais aussi que vous pouvez cesser de suivre un compte à tout moment. En effet, il peut très bien avoir cessé son activité sur Instagram, ou son contenu peut ne plus avoir d'intérêt pour vous. Faites le ménage dans votre actualité pour être certain de proposer continuellement votre meilleur contenu personnel et professionnel.

Trouver votre tribu Instagram

Si vous comparez tous les réseaux sociaux les plus populaires, c'est-à-dire Facebook, Twitter, LinkedIn, Snapchat, et Instagram, ce dernier est le seul à prôner l'esprit communautaire. Cette section explique comment utiliser des hashtags, des interactions, et des pods (groupes) Instagram, afin de créer ou rejoindre une tribu Insta !

Trouver ou créer une communauté qui vous ressemble

Si vous êtes sur Instagram depuis un bon moment, vous avez probablement lu des posts qui parlent de communauté et de tribu. Mais qu'est-ce que cela peut bien vouloir dire ? Une *communauté* ou *tribu* est un groupe de personnes qui discutent et interagissent entre elles et une ou plusieurs marques. La tribu donne des conseils, se tient informée des changements qui se produisent sur Instagram et dans votre secteur d'activité, fournit une assistance, assure la promotion de votre industrie, et écrit des commentaires qui peuvent dynamiser vos publications. Si elle est bien constituée et fonctionne correctement, la communauté peut valoir son pesant d'or.

La première étape consiste à trouver une communauté qui correspond à votre activité commerciale. Une méthode simple pour la découvrir consiste à passer par les hashtags. Si vous vendez des vêtements haut de gamme pour bébé, vous chercherez le hashtag #bébé ou d'autres tout aussi pertinents comme #cadeauxbébé, #bébéfille, #bébégarçon, #bébéchaussure, *etc.*

Tous ces hashtags sont trop génériques, comme le montre la Figure 7.7. En en choisissant un ou en lançant une nouvelle recherche, vous découvrirez d'autres hashtags comme #bébéfilledamour, #bébéfillemode, *etc.* Recherchez des personnes qui utilisent souvent ces hashtags très spécifiques. Ensuite, suivez-les et interagissez avec elles quotidiennement. Likez et commentez leurs publications.

Lorsque vous commentez leurs posts, vous verrez que d'autres personnes suivent également les mêmes comptes que vous. Alors, suivez-les aussi, likez, et commentez. Vous verrez à quelle vitesse votre tribu se développera.

Pour solidifier encore plus vos relations, envoyez-leur des messages instantanés afin de vous présenter personnellement (Instagram Direct est étudié au Chapitre 6).

Figure 7.7 Résultats d'une recherche par hashtags.

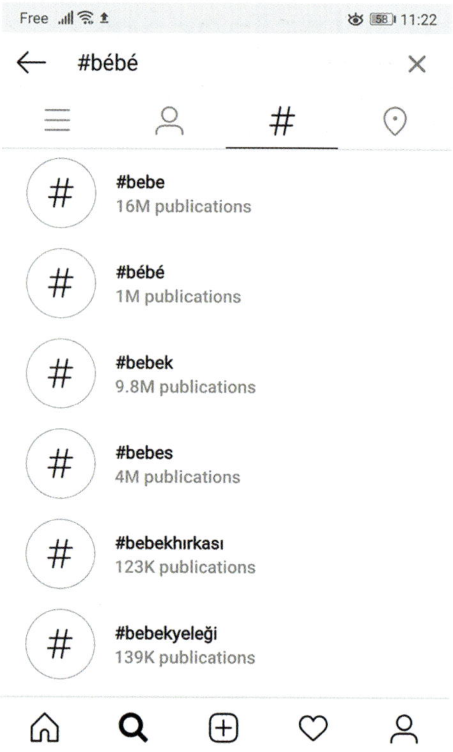

Lors de ce premier contact, ne cherchez pas à vendre quoi que ce soit. Laissez la relation s'installer, et profitez de ces conversations.

Lorsque vous appartenez à une communauté, certaines influences et marques peuvent sortir du lot. Il est donc essentiel d'interagir avec ces comptes car l'auditoire que vous tentez d'atteindre les consulte très souvent. Laisser régulièrement des commentaires humoristiques ou pertinents sur un compte qui a beaucoup d'influences ou sur celui d'une grande marque, vous aidera à trouver des followers et à établir une relation avec ces comptes spécifiques.

Vous pouvez aussi trouver votre tribu en dehors d'Instagram. Par exemple, les groupes Facebook couvrent un créneau commercial qui a son pendant dans les communautés Instagram. Elles auront probablement leur propre hashtag qui les identifiera sans confusion possible sur Instagram. Vous pourrez également les découvrir en suivant l'administrateur d'un groupe, et en constatant que ce sont les mêmes personnes qui interagissent sur Instagram et sur Facebook.

Vous ne trouvez pas la tribu que vous cherchez ? Eh bien, démarrez la vôtre ! Lancez un concours ou une campagne demandant aux utilisateurs de soumettre une photo correspondant à votre hashtag. Par exemple, demandez à votre concepteur graphique de lancer un défi à partir du hashtag #graphicdesigndujour où les participants publieront ce qu'ils ont réalisé le jour de ce lancement. Tout le monde adore ce genre de challenge car il permet de diffuser des publications originales et très créatives tout en permettant de faire connaître son travail.

Gardez un œil sur les hashtags et remerciez tous vos participants. Ensuite, abonnez-vous à leur compte, et visitez-le régulièrement, commentez, et likez. C'est comme cela qu'on crée une tribu !

À retenir

Quelle que soit la méthode utilisée pour trouver ou créer votre tribu, l'élément le plus important reste l'engagement. Vous devez faire acte de présence avec des likes et des commentaires, et vous en obtiendrez en retour. Les membres de cette communauté apprennent à se connaître mutuellement à travers des publications quotidiennes. La relation amicale peut déboucher sur une connexion commerciale et bien plus encore. Comme le veut le proverbe : « Il faut savoir donner pour recevoir ».

Apprécier l'opportunité des pods Instagram

Lorsque Instagram opta pour un algorithme d'affichage des posts par likes et non plus chronologiquement, beaucoup d'entrepreneurs se sont mis à paniquer. Ils eurent peur que, à l'instar de Facebook, la publicité des plus forts leur amène encore plus de followers au détriment des plus petites activités. En réaction à cette nouveauté, des dirigeants astucieux se tournèrent vers les pods Instagram. Un *pod* est un groupe de 10 à 20 comptes qui ont généralement quelque chose en commun. Par exemple, il est composé de photographes, d'artisans, ou de mamans blogueuses. Ils poursuivent tous le même but, à savoir des engagements réciproques.

Voici comment fonctionnent les pods :

» **Des instagrammeurs enrôlent d'autres comptes *via* un message direct (Instagram Direct) ou un groupe Facebook. (Les messages instantanés, ou directs, sont étudiés au Chapitre 6.)**

» **Les membres du pod publient leur contenu sur Instagram, puis ils le partagent *via* un message direct du groupe créé pour les membres du pod, comme sur la Figure 7.8.**

» Les membres du pod cliquent sur le compte Instagram de la personne, likent et commentent le post aussi vite que possible afin de booster la publication auprès des algorithmes d'Instagram. Ce sont les likes et les commentaires laissés dans la première heure de la publication qui donnent les meilleurs résultats.

» Les membres du pod ont une obligation qui consiste à réagir le plus rapidement possible aux publications des autres membres afin de dynamiser leur visibilité. Certaines personnes se sentent submergées par cette obligation lorsque les membres du pod publient plusieurs fois par jour.

Figure 7.8 Les membres d'un pod partagent leurs posts avec d'autres membres *via* un message direct.

Est-ce que ça marche ? Est-ce que l'expérience est pérenne ? Eh bien, ce n'est pas aussi limpide que ça. Si vous appartenez à un groupe actif, les commentaires seront d'une grande utilité. Mais, participer à un pod prend du temps et vous donne l'amère impression d'être sans cesse sur votre téléphone à attendre le prochain post. Difficile d'avoir une activité dans ces conditions.

Bien souvent, les personnes rejoignent un pod, l'utilisent quelque temps, établissent une bonne relation amicale, puis s'en retirent pour des questions de temps. Durant cette phase, vous pouvez tout à fait trouver votre tribu. Une fois le pod arrêté, rien ne vous empêche de poursuivre votre engagement auprès des comptes qui le constituaient. Cette fois, vous ne sentirez plus peser sur vous cette obligation de commenter à la demande.

Astuce

Si vous souhaitez tester le pod, commencez petit, c'est-à-dire avec quinze comptes maxi. Si les résultats sont à la hauteur de vos espérances, élargissez-le. Attention ! Un pod ne doit jamais vous détourner de la recherche d'un auditoire bien plus important. Si vous disposez d'assez de temps pour ne commenter que les comptes de votre pod, il est préférable d'abandonner ce groupe et de revenir à une approche plus traditionnelle d'Instagram, c'est-à-dire s'adresser à tous ses utilisateurs.

DANS CE CHAPITRE...

Comprendre l'utilité d'un hashtag

Respecter les règles du hashtag pour une plus grande efficacité

Trouver le meilleur hashtag pour votre activité

Créer des hashtags pour votre marque, vos concours ou vos promos

Chapitre 8

Le pouvoir du hashtag

Vous avez commencé par créer un contenu séduisant et à suivre quelques utilisateurs d'Instagram. Cependant, vous ne comprenez pas pourquoi vos publications récoltent si peu de likes. Vous souhaitez donner une réponse à cette question ? C'est simple : Pensez hashtag ! Pourquoi ? Parce que le hashtag permet, à toute personne parcourant Instagram, de trouver plus facilement vos publications. Une étude récente a démontré qu'un seul hashtag augmentait de 12,6 % les chances qu'un post soit liké et commenté.

Dans ce chapitre, vous apprendrez à placer des hashtags, et vous découvrirez les meilleures techniques d'utilisation de ces mots-dièse (ben oui ! *hashtag* en bon vieux français). Vous verrez également comment effectuer des recherches de hashtags propres à votre secteur d'activité, et comment créer ceux qui se rapporteront à votre marque en particulier. Enfin, pour en savoir plus sur les hashtags liés aux stories d'Instagram, nous vous conseillons de commencer par lire ce chapitre, puis de consulter les Chapitres 9 et 10.

Enquête sur des hashtags au-dessus de tout soupçon

Commençons par comprendre ce qu'est un hashtag et pourquoi il est si important d'en utiliser sur Instagram. Les hashtags commencent toujours par le signe # que vous trouverez en touchant le bouton ?123 de votre smartphone et sous le chiffre 3 du clavier de votre ordinateur. Derrière ce signe dièse figure un mot, une phrase, un nombre, ou un émoji. Aucune espace n'est tolérée dans un hashtag. Ainsi, #instamood, #dimanchebalade sont des hashtags.

À retenir

Des caractères comme $ et %, des points et des signes de soulignement sont interdits dans un hashtag.

Voici comment ajouter un hashtag à une photo, une illustration ou une vidéo :

1. **Prenez ou téléchargez une photo, une image, ou une vidéo. Tapotez Suivant.**
2. **Appliquez un filtre, et tapotez Suivant.**
3. **Écrivez ou copiez-collez une légende dans le champ Ajouter une légende.**
4. **Ajoutez des hashtags en appliquant l'une des méthodes suivantes :**
   - Avant de partager votre publication : *Tapez ou copiez-collez jusqu'à 30 hashtags après votre légende, comme sur la Figure 8.1 (à gauche), puis touchez Suivant (Partager) en haut à droite.*
   - Après avoir partagé votre post : *Tapotez la bulle de B.D., puis saisissez ou copiez-collez jusqu'à 30 hashtags dans le champ de commentaire comme sur la Figure 8.1 (à droite).*

Astuce

Il n'existe aucune différence fonctionnelle entre placer des hashtags dans une légende ou dans un commentaire. Agissez selon vos préférences personnelles.

Après avoir ajouté un hashtag à votre légende ou votre commentaire, ce mot-dièse devient un lien qui sera identifié dans des recherches et qui renverra aux pages qui l'utilisent. La Figure 8.2 montre les résultats d'une recherche sur le hashtag #bicyclebuiltfortwo.

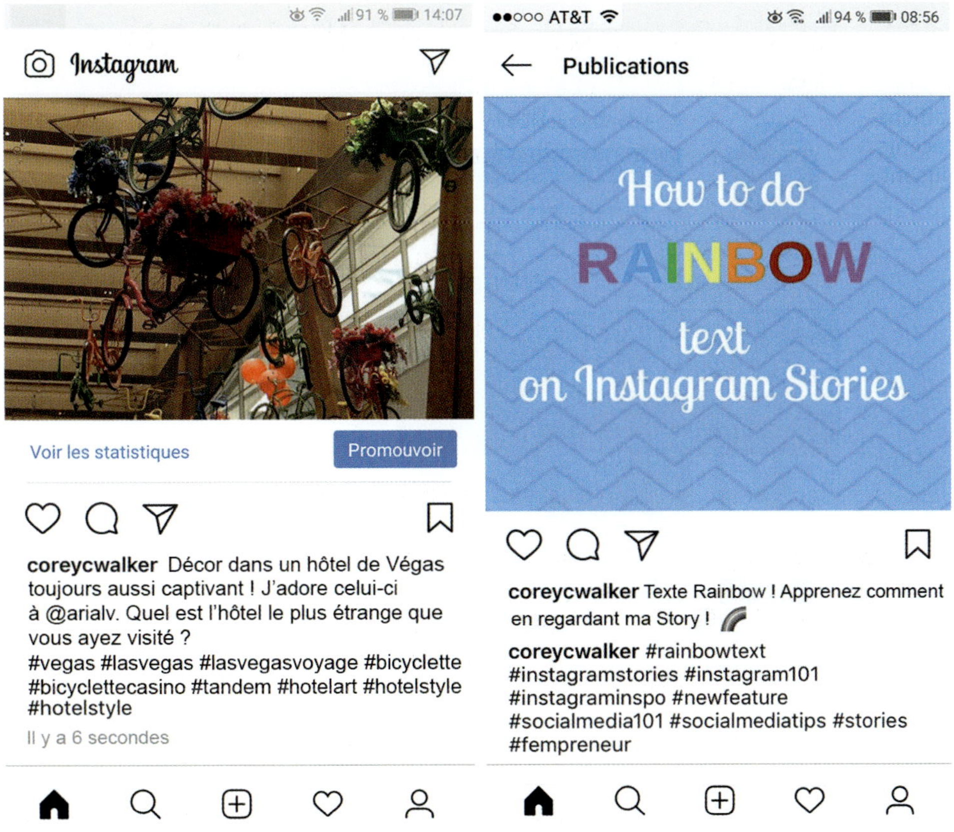

Figure 8.1 Hashtags dans une légende (à gauche) ou sous un commentaire (à droite).

Les hashtags sont ajoutés chronologiquement dans un hub en se basant sur la date de publication de la photo, pas sur celle du hashtag. Si vous ajoutez des hashtags à ce post quelques jours plus tard, cela ne fera pas monter cette publication dans la chronologie du hub des hashtags.

Les utilisateurs recherchent des hashtags pour trouver des contenus très différents, et pour des raisons propres à chacun, comme découvrir un produit, apprendre à faire quelque chose, suivre une marque, ou même regarder des vidéos à thème. Dans la section « Rechercher le bon hashtag », plus loin dans ce chapitre, vous verrez comment effectuer ce type de recherche.

Astuce

Si vous possédez un compte privé, seuls les abonnés autorisés verront votre publication, même avec un hashtag. Si vous essayez d'élargir votre auditoire, basculez votre compte en compte public pour que tout le monde puisse rechercher vos posts *via* des hashtags.

Figure 8.2

Lorsque vous tapez un hashtag, une page affiche les posts récents qui l'utilisent.

Adopter les bonnes pratiques du hashtag

Théoriquement, les hashtags paraissent simples. Mais pour bien les utiliser, les meilleurs instagrammeurs vous diront de respecter certaines règles. Dans cette section, nous détaillons les meilleures pratiques dans l'utilisation des hashtags.

Placer des hashtags pertinents

Si vous êtes habitué à utiliser des hashtags sur Facebook et Twitter, vous saurez ajouter des mots-dièse directement dans votre post. Sur Instagram, vous pouvez insérer jusqu'à 30 hashtags dans une légende. Utilisez une des stratégies suivantes pour ne pas surcharger vos légendes :

» **Tapez les hashtags après le texte de votre légende.** Référez-vous à la Figure 8.1 (à gauche). Certaines personnes tapent un point, insèrent un retour chariot, de nouveau un point, reviennent plusieurs fois à la ligne pour bien séparer les hashtags de la légende.

» **Placez les hashtags dans la zone de commentaire située sous la légende.** Reportez-vous à la Figure 8.1 (à droite).

Évaluer le nombre de hashtags

Bien qu'Instagram autorise jusqu'à 30 hashtags par publication, certaines études montrent qu'un trop grand nombre de mots-dièse ne fait pas très sérieux et semble racoler les autres instagrammeurs. Un exemple de ce problème vous est donné sur la Figure 8.3.

Figure 8.3 Trop de hashtags tuent le hashtag !

Une étude réalisée par TrackMaven montre que, pour les comptes ayant 1 000 abonnés maximum, le nombre de hashtags maxi se situe entre 9 et 12 pour obtenir le plus de réactions. Au-delà de 12, les réactions chutent. Cela dit, testez ce qui fonctionne pour votre compte en variant le nombre de hashtags par post.

Attention

Si vous insérez plus de 30 hashtags dans une légende ou un commentaire de votre publication, Instagram ne la diffusera pas. Veillez à compter les hashtags que vous utilisez, surtout si vous en ajoutez un ou deux dans la légende, puis dans la floppée de commentaires qu'on vous aura laissés.

Astuce

L'étude menée par TrackMaven indique aussi que les hashtags les plus longs sont plus performants que les plus courts. Toutefois, au-delà de 25 caractères, la performance chute dramatiquement.

De l'utilisation des hashtags populaires

Croyez-le ou non, le hashtag peut être ou non populaire. Si certains hashtags sont préférables à d'autres, quelques-uns seront à éviter à tout prix.

Voici des hashtags populaires :

- #beautiful
- #cute
- #fashion
- #happy
- #instagood
- #love
- #me
- #photooftheday
- #picoftheday
- #selfie
- #tbt

Astuce

Bien entendu, vous pouvez trouver des équivalents français à ces hashtags, mais votre popularité doit également se gagner au-delà des frontières.

Bien que ces hashtags soient vus par une large audience sur le hub des hashtags (et par forcément par votre cible), la publication risque de n'être visible que quelque temps. En effet, ces hashtags sont utilisés quotidiennement par des millions de personnes. *De facto*, votre publication sera très vite « remplacée » par un post plus récent utilisant des hashtags identiques.

Lorsque les algorithmes d'Instagram détectent une publication populaire (avec des réactions rapides), ce post s'affiche dans la section Populaires en haut du hub des hashtags (voir la Figure 8.4). Ces publications y resteront un bon moment. Il est important d'être placé dans les posts populaires car ils sont vus en priorité par les utilisateurs lorsqu'ils effectuent une recherche sur des hashtags. C'est également un grand honneur d'y figurer.

Bien entendu, n'appliquez ces hashtags populaires que s'ils correspondent à votre post sinon cela n'aura aucun sens et décrédibilisera votre entreprise.

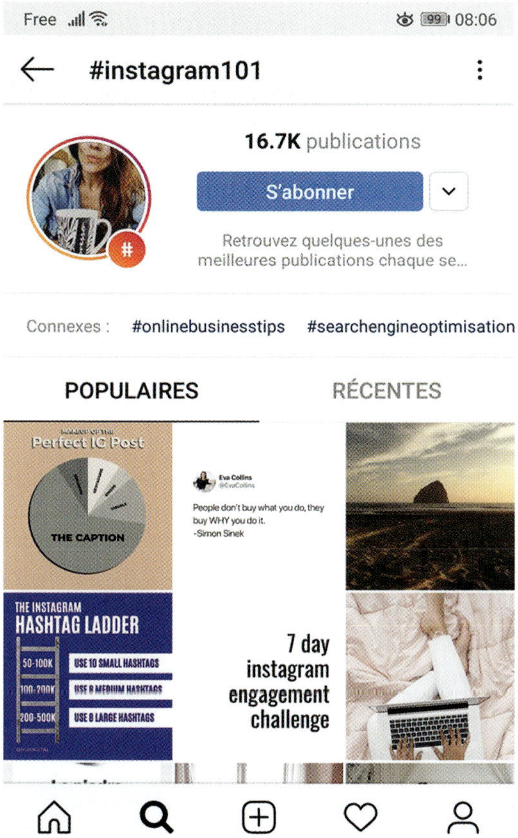

Figure 8.4 La section Populaires liste les posts utilisant un hashtag spécifique.

Les hashtags sont illimités, et certains donneront de meilleurs résultats pour votre activité que les mots-dièse populaires. Par exemple, une société spécialisée dans l'énergie solaire utilisera des hashtags tels que #solaire, #énergiesolaire, #panneauxsolaires, #énergierenouvelable, #économiedénergie, #renouvelable, et j'en passe.

Une stratégie efficace consiste à mélanger les hashtags qui génèrent beaucoup de trafic avec ceux qui en génèrent moins. Avec cette méthode, votre publication sera vue sur un très court laps de temps par les personnes qui effectueront des recherches sur les hashtags populaires. En revanche, vos hashtags les moins populaires seront vus par un nombre plus limité de personnes, mais probablement par celles que vous ciblez, et cela pour un temps bien plus long. Vous avez alors une meilleure chance de figurer dans les posts populaires. Votre publication y restera certainement plusieurs jours ! Nous expliquons comment effectuer une recherche sur des hashtags dans la section « Rechercher le bon hashtag », plus loin dans ce chapitre.

Astuce

Évitez les hashtags populaires dont le but est d'encourager les abonnements comme #follow, #suivre, #follower, #abonnés, #follow4follow et ainsi de suite. En effet, des personnes qui n'ont aucun intérêt dans votre commerce vous suivront, puis se désabonneront. C'est une grosse perte de temps. Les hashtags qui se réfèrent à une activité sexuelle ou à des parties du corps sont généralement bloqués et ne peuvent en aucune manière appartenir à une publication commerciale.

Stocker des hashtags pour le futur

Si vous envisagez d'utiliser régulièrement des hashtags, les saisir manuellement sur le clavier de votre téléphone deviendra rapidement fastidieux. Voici comment éviter cette lassitude :

» **Notes :** L'application Notes de votre iPhone ou bien Bloc-notes de votre smartphone permettent de créer une note par catégorie ou produit. Dans chacune d'elles, vous taperez jusqu'à 30 hashtags, comme sur la Figure 8.5 (à gauche). Avant de partager votre post, ouvrez votre note et copiez les hashtags à utiliser. Partagez, puis ajoutez un commentaire où vous collerez les hashtags.

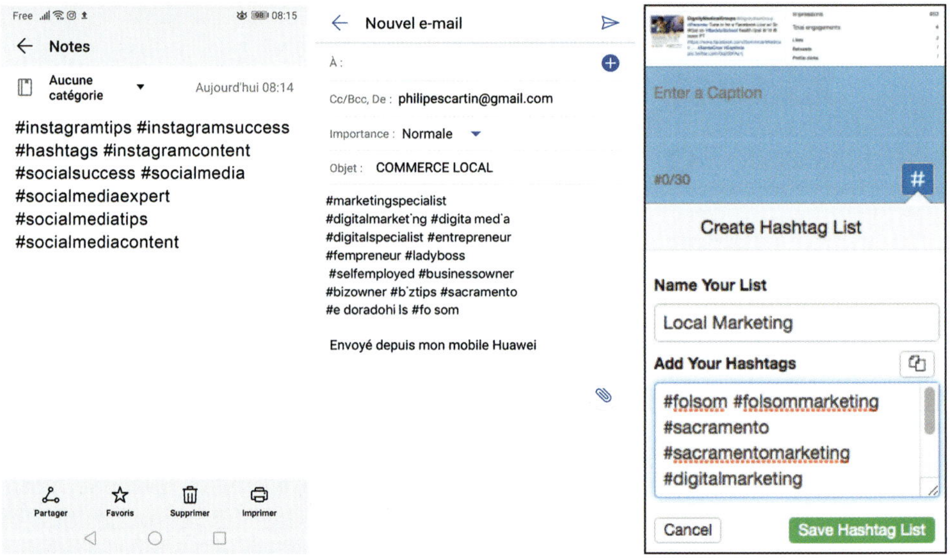

Figure 8.5 Stockez des hashtags dans une appli Notes (à gauche), dans un mail (au centre), ou dans Tailwind (à droite).

» **E-mail :** Une autre solution consiste à envoyer par e-mail votre liste de hashtags. Créez un nouveau courrier électronique, indiquez la catégorie de hashtags dans le champ Objet, puis tapez vos 30 hashtags comme au centre de la Figure 8.5. Créez plusieurs e-mails avec différentes listes de hashtags. Tentez alors d'y mélanger des hashtags anglais et français. Stockez-les dans un dossier spécial afin de pouvoir rapidement copier puis coller les mots-dièse à utiliser.

» **Tailwind :** Une solution tout-en-un repose sur les applications Tailwind (à droite sur la Figure 8.5). Elles permettent de stocker et de gérer vos hashtags Instagram.

Astuce

Si vous utilisez régulièrement la même chaîne de hashtags, profitez de la fonction de texte prédictif de votre téléphone pour composer un groupe de mots-dièse. Ainsi, vous n'aurez pas besoin de les stocker dans un emplacement séparé.

Consulter les analyses de hashtag

De nombreuses applications peuvent analyser les performances de vos hashtags. Les trois plus populaires sont :

» **Iconosquare** (https://pro.iconosquare.com) : Cette application tout-en-un suit la performance des hashtags et gère votre contenu pour stocker, planifier, et publier vos posts. Pour les hashtags, vous saurez lesquels ont le plus d'incidence sur les réactions (comme le montre la Figure 8.6) ; vous découvrirez les posts les plus influencés par les hashtags ; et vous verrez les lieux d'où les utilisateurs ont vu un hashtag. L'abonnement de base à Iconosquare commence à 29 $ par mois.

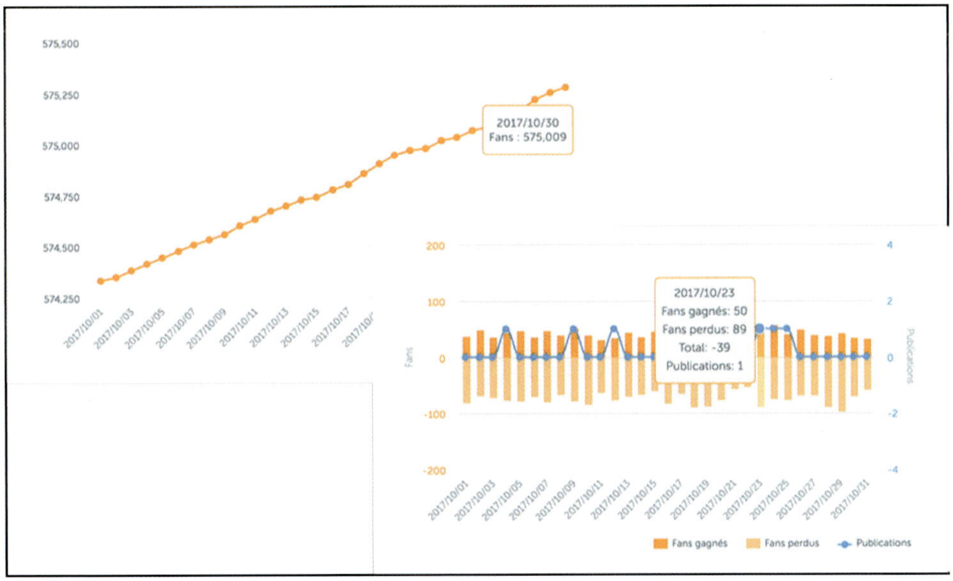

Figure 8.6 Exemple d'analyse des hashtags par Iconosquare.

© Iconosquare

» **Sprout Social** (https://sproutsocial.com) : Ce système propose une planification, des outils d'engagement, et l'accès à des analyses précises. En utilisant la plateforme tout-en-un de Sprout, vous pouvez planifier votre contenu et vos posts sur votre profil Instagram, répondre aux commentaires laissés sous vos publications, et surveiller et inciter des personnes. Vous apprécierez aussi les performances de vos hashtags en consultant des pourcentages sur les hashtags les plus utilisés et sur ceux qui génèrent le plus de réactions, comme sur la Figure 8.7. Enfin, vous pouvez rechercher des hashtags pour voir les résultats de vos campagnes basées sur des concours qui collectent du contenu créé par d'autres utilisateurs et qui ont été taguées avec votre hashtag commercial. Sprout Social est une solution solide dont la version premium est proposée au prix de 99 $ par mois.

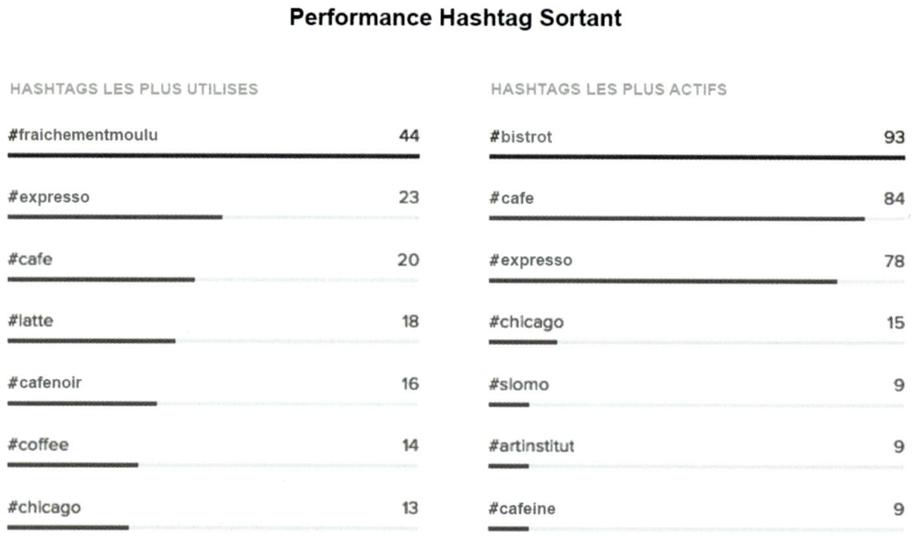

Figure 8.7 Sprout Social peut indiquer les hashtags les plus utilisés et les plus actifs.

© Sprout Social

» **Tailwind :** Il s'agit d'un système de gestion de contenu taillé sur mesure pour Instagram et Pinterest. Il suit l'activité quotidienne, les engagements, et les tendances (voir la Figure 8.8) ; les sujets et les hashtags populaires relatifs à votre secteur d'activité ; les photos ayant obtenu le plus de likes et de commentaires par hashtag ; le meilleur rendement géographique des hashtags ; et des suggestions de hashtags connexes à utiliser. Malheureusement, ces fonctionnalités ne sont disponibles qu'au niveau de l'entreprise (sans indication de prix), ce qui risque d'être bien au-dessus du budget que vous pouvez consacrer au suivi de vos hashtags.

Comme vous pouvez le constater, des applis d'analyse des hashtags existent mais nécessitent souvent un investissement financier. Mon conseil est de commencer à utiliser Instagram afin de savoir s'il est nécessaire ou pas de surveiller vos hashtags. Vous déciderez ensuite si cela vaut la peine de dépenser de l'argent dans un système d'analyse.

Figure 8.8
Tailwind propose plusieurs analyses détaillées des hashtags, mais au niveau entreprise uniquement.

Rechercher le bon hashtag

Vous connaissez maintenant les meilleures pratiques pour placer, stocker, et analyser des hashtags. Mais, comment trouver les bons mots-dièse ? Dans cette section, nous traitons des différentes manières de rechercher des hashtags pour vos posts, y compris en observant la concurrence, en découvrant des hashtags connexes, et en restant attentif aux hashtags influenceurs.

Observer la concurrence

Si vous cherchez des solutions d'analyse sérieuses de vos hashtags, utilisez les outils d'Iconosquare et de Sprout Social qui, moyennant finances, « espionneront » vos concurrents. Une application gratuite comme Tagboard (www.tagboard.com) vous permettra de rechercher des hashtags et d'en afficher la liste sur un tableau de bord. Toutefois, il reste possible de s'en remettre à Instagram directement pour effectuer ces recherches, comme nous allons le démontrer.

Suivez ces étapes pour obtenir les hashtags de vos concurrents :

1. **Créez, dans Excel ou un autre tableur, une liste de vos plus importants concurrents en indiquant leur nom d'utilisateur Instagram.**

   Créez une feuille de calcul avec une colonne pour les noms et une pour les hashtags. Vous pouvez également ajouter des produits et des catégories de service si cela a un véritable intérêt pour votre activité. La Figure 8.9 montre un exemple d'une telle feuille de calcul. (Pour plus de détails à ce sujet, consultez le Chapitre 7.)

Figure 8.9 Suivez les hashtags de vos concurrents dans une simple feuille de calcul.

	A	B	C	D
1	hashtags des concurrents			
2	**Concurrents**	**Catégories**	**Hashtags**	**Top Likes**
3	Epicerie Robert	Légumes	#culturelocale #sanspesticide #brocoli #laitue #vegan	OUI
4				

2. **Connectez-vous à votre compte Instagram depuis votre ordinateur de bureau en visitant le site www.instagram.com/*nomutilisateur*. Tapez votre nom d'utilisateur et votre mot de passe.**

   Vous devez utiliser un navigateur Web car vous ne pouvez pas copier-coller les hashtags de vos concurrents depuis un périphérique mobile.

3. **Reportez-vous à la liste de vos concurrents et tapez un nom d'utilisateur dans le champ Rechercher en haut de la page Instagram.**

4. **Cliquez sur une des images de ce concurrent, et consultez ses hashtags.**

   Copiez-collez les hashtags dans votre feuille de calcul Excel.

5. **Regardez au moins cinq images, copiez et collez tous les nouveaux hashtags que vous découvrez.**

   Notez sur la feuille de calcul toutes les images qui ont reçu de nombreux likes. Bien que vous ne puissiez pas savoir si c'est l'image ou les hashtags qui justifient ces likes, utilisez cette donnée à titre informatif.

6. **Répétez les Étapes 3 à 5 pour tous les concurrents de votre liste.**

   Comparez les hashtags qu'ils utilisent, et ajoutez-les à la liste des mots-dièse de votre activité commerciale. Notez également les hashtags des posts de vos concurrents qui ont reçu un maximum de likes.

7. **Ouvrez l'appli Instagram de votre mobile pour chercher d'autres informations sur votre popularité ou sur les hashtags de votre liste :**

   a. Tapotez la loupe en bas de l'écran, puis touchez le champ Rechercher en haut de l'écran.

   b. Dans ce champ, touchez l'onglet #.

c *Saisissez un des hashtags de vos concurrents.* **Le hashtag que vous tapez apparaîtra en premier, avec le nombre de posts qui l'utilisent, plus d'autres hashtags connexes et leur fréquence d'utilisation.**

Utilisez ces informations pour mélanger les hashtags beaucoup et peu utilisés, augmentant ainsi vos chances que votre publication soit davantage vue.

À retenir

Cette technique d'observation manuelle n'est pas une science exacte, mais elle a le mérite de porter les nouveaux hashtags à votre connaissance. Et vous trouverez peut-être un hashtag susceptible d'augmenter largement les vues de votre compte.

Collecter des hashtags connexes

Plusieurs techniques permettent de trouver des hashtags connexes à votre activité commerciale. Une méthode très simple consiste à tapoter sur votre appli Instagram mobile n'importe quel hashtag que vous avez utilisé dans un de vos posts. Les hashtags correspondants apparaissent avec une liste de hashtags connexes, comme le montre la Figure 8.10.

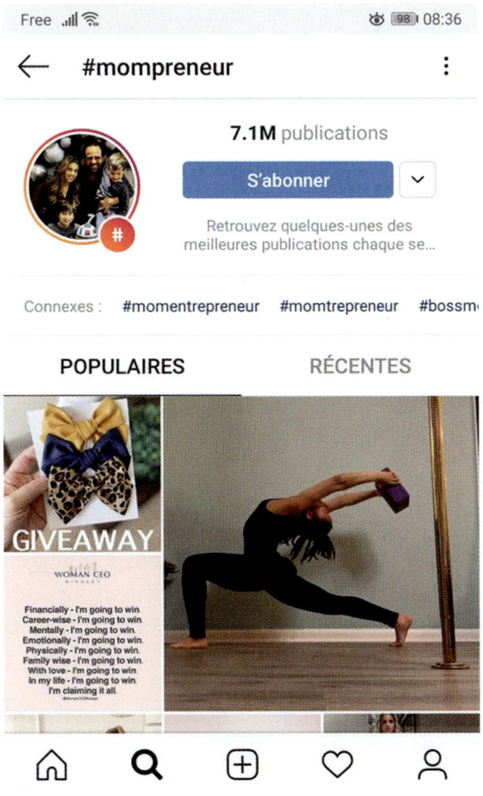

Figure 8.10 Suggestions de hashtags connexes sur l'appli mobile Instagram.

Vous pouvez rechercher d'autres hashtags en tapotant la loupe en bas de votre profil Instagram. Ensuite, touchez l'onglet #. Saisissez un hashtag dans le champ Rechercher hashtags.

Il existe deux ressources Web gratuites pour trouver des hashtags connexes. RiteTag (www.ritetag.com) illustré sur la Figure 8.11, permet de saisir un hashtag pour obtenir des hashtags connexes. RiteTag affiche les hashtags en vogue, c'est-à-dire ceux qui sont aussi vite vus qu'oubliés, les hashtags qui durent dans le temps, et ceux que personne ne voit. RiteTag est un outil très pratique.

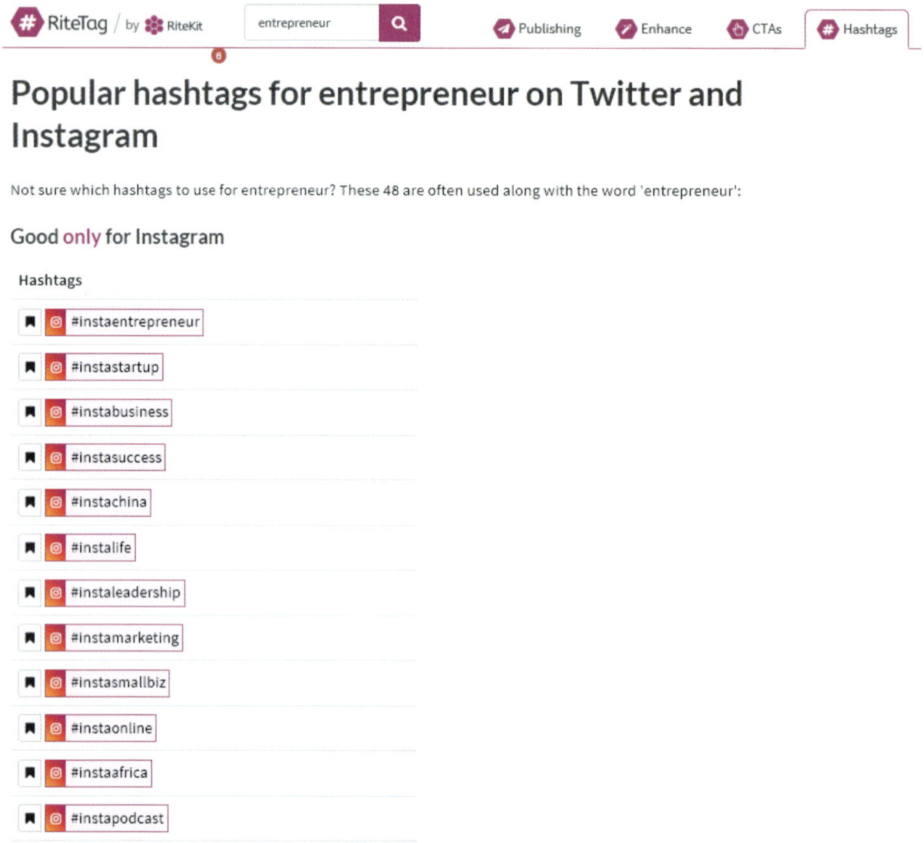

Figure 8.11 Des hashtags connexes suggérés par RiteTag.

Une autre solution gratuite se trouve sur www.hashtagify.com. Ce système génère un graphique assez amusant qui montre les dix meilleurs hashtags connexes du hashtag que vous avez indiqué au site, comme sur la Figure 8.12. Vous verrez également les posts récents d'autres comptes qui ont utilisé ce hashtag. Idéal pour voir où en sont vos concurrents !

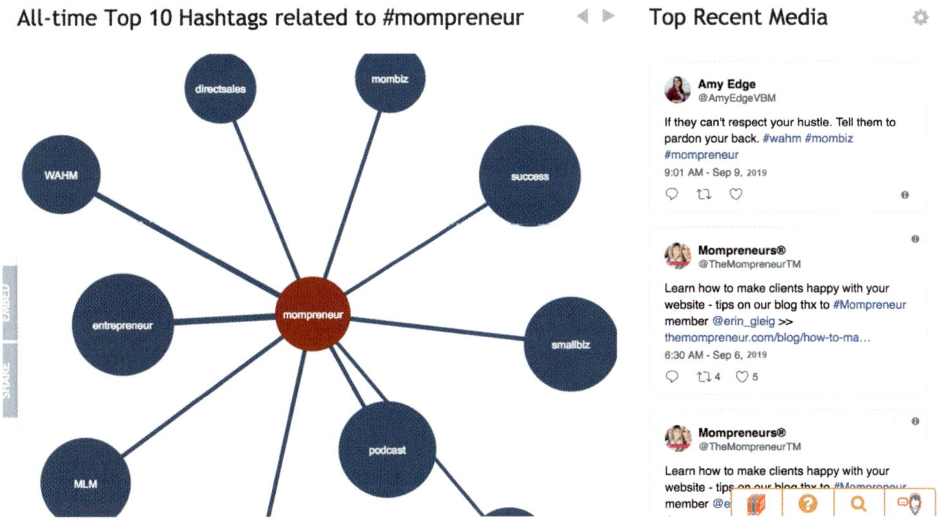

Figure 8.12 Hashtagify affiche les dix meilleurs hashtags connexes du mot-dièse que vous avez saisi.

Veillez à stocker les suggestions proposées par ces deux systèmes. Pour cela, créez une simple feuille de calcul Excel ou l'une des méthodes décrites dans la section « Stocker des hashtags pour le futur », plus haut dans ce chapitre.

Les hashtags influenceurs

Une autre manière de trouver de super hashtags consiste à rechercher les influenceurs utilisés dans votre secteur d'activité. Les *influenceurs* sont des personnes clés suivies par votre auditoire et dont les opinions sont très populaires et très influentes. Si vous ne connaissez pas ces personnes, voici comment les découvrir :

1. **Choisissez un des hashtags propres à votre activité que vous ou vos concurrents utilisez.**

   Par exemple, choisissez #parisrestaurant au lieu de #restaurant.

2. **Faites une recherche Google pour ce hashtag.**

   La Figure 8.13 montre que nous avons tapé #parisrestaurant sur Instagram.

3. **Parcourez les posts publiés sur Instagram. Si un nom d'utilisateur revient fréquemment :**

   a. Notez le nom d'utilisateur, et calculez le nombre de likes et de followers du compte.

   b. Si le nom d'utilisateur semble être un bon influenceur pour votre activité, notez quelques autres hashtags que son compte utilise pour intéresser votre auditoire. Ajoutez ces hashtags à votre liste de mots-dièse.

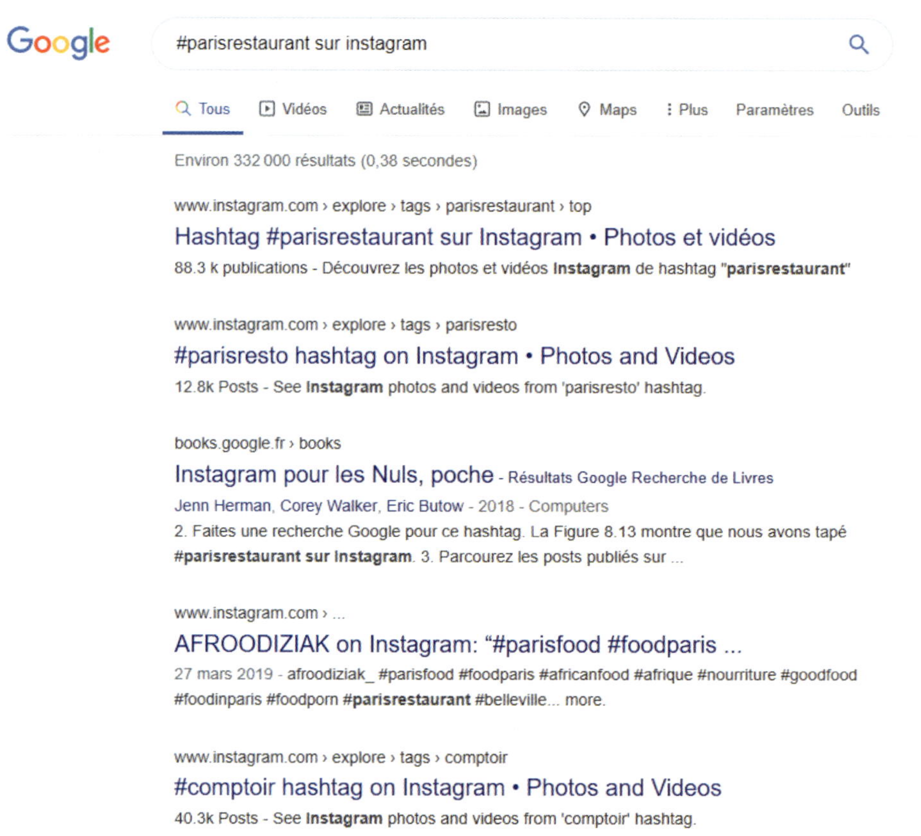

Figure 8.13 Trouvez des influenceurs *via* les hashtags les plus populaires.

Créer un hashtag pour votre marque

Vous avez probablement vu des hashtags comme #YesWeCan, ou #partagerun-coca. Il s'agit d'exemples types de hashtags de marques. Ce genre de mot-dièse peut être créé pour accompagner un slogan d'une campagne publicitaire, puis se transformer en un hashtag de marque. Mais ce n'est pas toujours aussi simple, et il vous faudra effectuer des recherches avant d'utiliser un hashtag de marque.

Voici les étapes à suivre pour créer un hashtag de marque destiné à votre activité commerciale :

1. **Commencez par dresser une liste de tous les hashtags en lien avec votre marque, y compris les slogans que vous utilisez régulièrement.**

2. **Vérifiez sur Twitter et Instagram que ce hashtag n'est pas utilisé.**

3. **Partagez le hashtag avec plusieurs personnes pour vérifier qu'il est bien compréhensible et que ses lettres ainsi attachées ne forment pas un autre mot. Par exemple, #enfantsexchange, pourrait être lu « enfant sex change ».**

4. **Utilisez le hashtag dans vos posts Instagram (et autres médias sociaux), dans vos présentations PowerPoint, flyers, pubs, et packaging pour habituer les utilisateurs à le voir. Utilisez-le pour taguer leurs publications sur vos produits ou vos services.**

Les hashtags de marque permettent aux abonnés de rechercher leurs marques préférées sur Instagram. Une fois que vous aurez de vrais fans, ils commenceront à utiliser votre hashtag dans leurs publications afin de montrer vos produits ou parler de vos services, mais aussi pour interagir avec vous. *De facto*, regardez souvent votre hashtag de marque pour répondre aux commentaires qui l'intègrent.

Dans les deux prochaines sections, vous découvrirez les meilleures pratiques d'utilisation d'un hashtag destiné à une campagne de promotion ou à des concours, et comment récupérer le contenu généré par des utilisateurs *via* des hashtags.

À retenir

Comme une étude de TrackMaven le démontre, les longs hashtags de 21 à 24 caractères sont préférables aux mots-dièse courts. En revanche, il est conseillé de créer un hashtag facile à mémoriser et à épeler. N'employez pas d'abréviations complexes ou des termes qui pourraient prêter à confusion.

Hashtag pour vos promotions ou vos concours

Si vous lancez une campagne de promotion ou un concours, accompagnez-les d'un hashtag unique afin de mieux savoir qui a suivi vos évènements. Le Chapitre 13 donne des détails sur la configuration des concours lancés sur Instagram.

Si vous possédez déjà un hashtag pour votre entreprise, il serait judicieux d'en créer un nouveau dédié à cette campagne ou à ce concours. Pour cela, suivez la procédure de création des hashtags de marque. La différence ici est que vous le réserverez à votre événement. En revanche, si votre hashtag de marque est devenu très populaire, ajoutez-lui simplement *concours* ou *contest* en suffixe comme #AVousDeJouerConcours. Vous profiterez ainsi de la notoriété de votre hashtag de marque.

Commencez par utiliser le hashtag dans tous les posts, matériels et sites Web qui relaient cette promo ou ce concours. Donnez des instructions aux followers sur l'utilisation de ce hashtag dans leurs posts, comme sur la Figure 8.14.

Figure 8.14 @jenns_trends demande aux followers de participer au concours en utilisant les hashtags #LearnfromJenn et #SMMW17 dans leurs posts.

© Jenn Herman

Une fois votre campagne de promotion ou votre concours lancé, vérifiez souvent le hashtag (en le saisissant) afin de surveiller les discussions et les réactions qu'il génère. Une autre technique pour afficher les hashtags consiste à toucher l'icône de la loupe en bas de votre appli mobile Instagram. Ensuite, tapotez le champ Rechercher, et saisissez votre hashtag. Comme le montre la Figure 8.15, vous obtenez une page qui ne montre que le contenu utilisant votre hashtag. Vous pourrez alors afficher ce contenu, y répondre, et collecter les participations au concours.

Figure 8.15
Résultats d'une recherche sur le hashtag #learnfromjenn.

Rassembler le contenu des utilisateurs

Lorsque vous lancez une promotion ou un concours, vous pouvez demander à vos followers de vous soumettre du contenu. La Figure 8.14 montre, par exemple, qu'il est demandé aux participants de prendre une photo pendant le déroulement d'une conférence, puis de télécharger l'image le lundi suivant cet évènement.

Le contenu des utilisateurs lié au hashtag de votre évènement est un excellent moyen d'en étendre la portée. Les followers qui soumettent leur contenu vont diffuser à leur tour le hashtag auprès de leurs abonnés. En fonction de la taille de votre entreprise ou de la propagation de ce concours, cette méthode peut développer votre clientèle.

Vérifiez le hashtag en tapotant la loupe en bas de votre appli mobile Instagram, puis saisissez votre hashtag dans le champ Rechercher. Vous obtiendrez alors un résultat identique à celui de la Figure 8.15.

Vous pouvez également contrôler les hashtags avec Tagboard (www.tagboard.com). Ce système permet de visualiser plus facilement tous les posts qui appliquent un hashtag particulier, comme sur la Figure 8.16. La plupart des systèmes de gestion tout-en-un du contenu des posts comme Sprout Social, Iconosquare, et Tailwind, permettent de rechercher vos hashtags afin de trouver tous les contenus qui l'ont intégré.

Enfin, une fois que vous avez trouvé un tel contenu *via* votre hashtag, repostez-le ou bien notifiez le vainqueur, et pourquoi pas les deux ! Si vos instructions initiales n'incluent pas une phrase sur l'autorisation donnée de publier la photo des participants, contactez-les en privé pour obtenir cette permission. Les règles à respecter dans l'organisation de concours sur Instagram sont traitées au Chapitre 13.

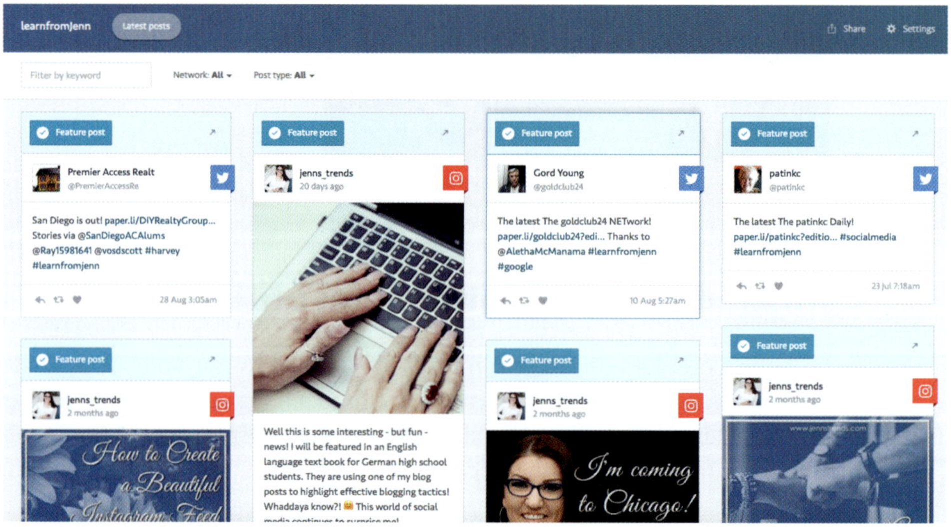

Figure 8.16
Utilisez Tagboard pour rechercher et consulter facilement le contenu des utilisateurs.

Partie 4

Passer à la vitesse supérieure

Dans cette partie...

- » Partager et faire connaître vos stories Instagram.
- » Concevoir une publicité Instagram efficace pour votre activité.
- » Tester votre publicité et apprécier sa popularité sur Instagram et Facebook.
- » Lancer un concours Instagram pour donner du plaisir à vos abonnés.
- » Ajouter votre profil Instagram à votre recette de marketing social.

DANS CE CHAPITRE...

Les bases de la création d'une story Instagram

•

Le meilleur contenu pour une story efficace

•

La promotion de votre story

Chapitre 9

Partager *via* des stories Instagram

Tout au long de ce livre, nous avons discuté des nombreuses fonctionnalités d'Instagram qui permettent de nourrir votre fil d'actualité. Mais savez-vous que l'appli mobile Instagram propose une section totalement différente des autres répondant au nom de story ?

Les stories Instagram ont été introduites fin 2016 dans le but de pousser davantage d'utilisateurs à publier du contenu. L'idée est que cette publication est temporaire. Elle disparaît au bout de 24 heures. Cela permet à de nombreux instagrammeurs d'oser des posts plus spontanés montrant, par exemple, des photos officieuses ou des vidéos de 15 secondes relatant ce qu'ils ont fait dans la journée.

Dans ce chapitre, vous saurez tout (ou presque) sur les stories Instagram, et découvrirez le contenu qui semble le mieux adapté à ce genre de publication. Dans le chapitre suivant, vous découvrirez les améliorations que vous pouvez apporter à vos stories.

Les stories Instagram apparaissent comme de super compléments à vos publications standard. Ne vous en privez surtout pas !

Jeter un œil sur les stories

Avant de créer votre story, analysez celles qui ont été publiées par d'autres comptes.

Ce n'est pas un secret. Les stories Instagram sont la copie conforme des stories Snapchat. À tel point qu'Instagram n'a même pas pris la peine de leur donner un autre nom. Snapchat a développé sa popularité grâce à ses stories en séduisant les adolescents. Instagram (et son papa Facebook) a donc repris cette idée pour récupérer un certain nombre de jeunes qui trouvaient Facebook un peu *has been*.

Maintenant que ces petites histoires éphémères existent sur Instagram, voyons comment les découvrir. Les stories Instagram sont situées en haut de votre fil d'actualité. Elles sont identifiées par un cercle multicolore autour de la photo des profils, comme le montre la Figure 9.1 (à gauche). Tapotez cette petite image pour afficher la story en plein écran. Contrairement à des posts standard, vous ne pouvez pas liker ou commenter ces publications. En revanche, vous pouvez adresser un message direct à leur auteur, comme le montre la Figure 9.1 (à droite).

Figure 9.1 Touchez la photo de profil en haut de l'écran (à gauche) pour diffuser la story en plein écran (à droite).

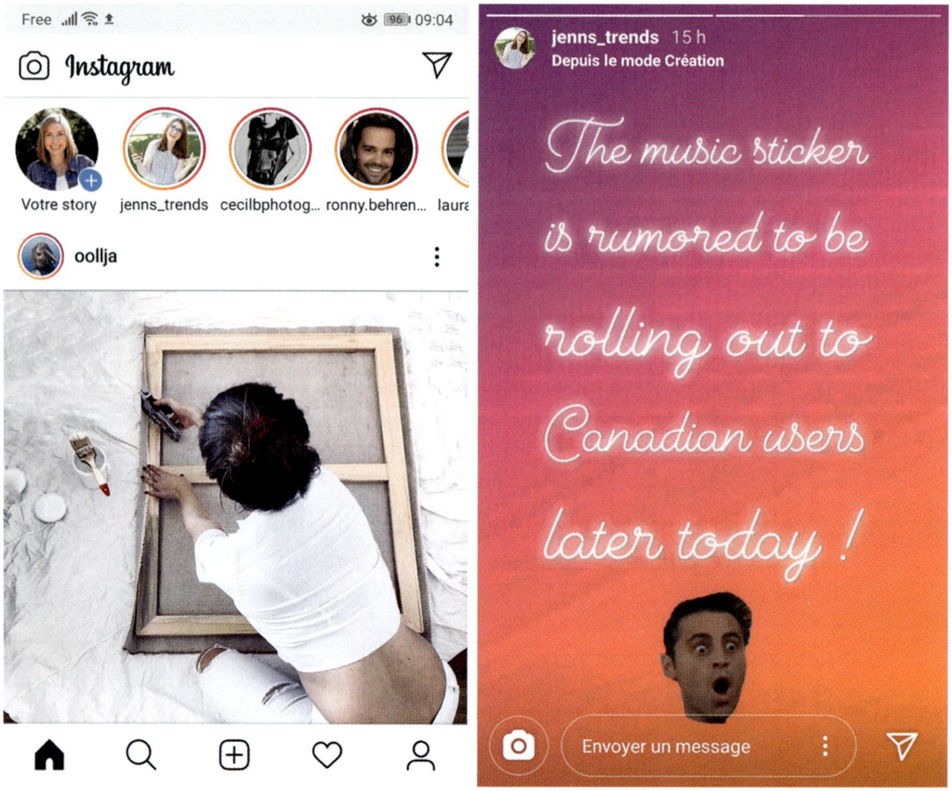

Instagram vous propose d'abord les stories les plus récentes. Faites défiler les vignettes des profils vers la gauche pour accéder aux stories plus anciennes publiées par les personnes que vous suivez. N'oubliez pas qu'elles ont été publiées ces dernières 24 heures. *De facto*, elles disparaissent au bout de 24 heures. Sans doute certaines vivent-elles sous vos yeux leurs dernières minutes d'existence.

Instagram vous propose le contenu que vous n'avez pas encore vu. Par exemple, si vous avez regardé deux des cinq stories d'une personne, Instagram vous proposera alors la troisième si vous en demandez la diffusion dans les 24 heures de sa création bien entendu. Chaque story d'un instagrammeur affiche des traits en haut de l'écran. Chacun identifie une story de la personne publiée ce jour.

Voici comment parcourir ces stories :

» **Pour passer à la story suivante, tapotez le bord droit de l'écran.**

» **Pour quitter la diffusion des stories, faites glisser l'écran vers la gauche.**

» **Pour revenir sur la story précédente, tapotez le coin supérieur gauche de l'écran (ne touchez pas le vignette du profil).**

» **Pour mettre en pause la diffusion de la story, maintenez votre doigt appuyé sur l'écran.**

Créer vos stories

Les stories sont de petites coquetteries d'Instagram aux dizaines de fonctions à explorer. Dans cette section, nous allons étudier les tenants et les aboutissants de la création d'une story standard en prenant une photo ou une vidéo puis en la téléchargeant sur ce média social. Dans le prochain chapitre, vous découvrirez les fonctions avancées des stories : le texte, les autocollants, les hashtags, les filtres, et bien plus encore.

Créer une story Instagram avec l'application

Il ne faut guère plus de cinq minutes pour créer une story avec l'application Instagram. Prenez une photo ou tournez une vidéo de 15 secondes. Au Chapitre 10, nous verrons comment l'enrichir avec des autocollants, des hashtags, et des filtres.

Pour commencer, suivez ces étapes :

1. **Depuis le fil d'actualité (écran d'accueil), faites glisser vers la droite l'icône de l'appareil photo (ou tapotez-la) située en haut à gauche.**

   Vous pouvez également toucher l'icône de votre photo de profil en bas à droite. Ensuite, touchez la vignette de votre photo de profil comportant un signe +. Touchez le lien Ouvrir l'appareil photo.

   Vérifiez que le réglage choisi en bas de l'écran de l'appareil est Normal, comme sur la Figure 9.2.

Figure 9.2
Tapotez ou maintenez le doigt sur le cercle blanc pour photographier ou tourner une vidéo.

2. **Prenez une photo ou une vidéo :**

   - *Pour prendre une photo, maintenez le téléphone verticalement, et touchez le cercle blanc (Figure 9.2).*

- *Pour tourner une vidéo, maintenez le doigt appuyé sur le cercle blanc.* Une barre multicolore symbolise la durée du tournage qui ne peut pas excéder 15 secondes.

Pour basculer le téléphone en mode selfie, c'est-à-dire pour utiliser la caméra arrière du téléphone, touchez les deux flèches circulaires avant de tapoter le déclencheur (cercle blanc).

Astuce

Pour tourner une vidéo qui sera lue à l'envers, faites glisser vers la gauche la ligne des options de tournage (là où Normal est affiché). Activez la fonction Vidéo inversée. Tapotez et maintenez le bouton blanc « enfoncé » pour lancer l'enregistrement.

3. **Pour prendre une nouvelle photo ou tourner une autre vidéo, touchez le bouton X en haut à gauche, et répétez l'Étape 2.**

4. **Pour appliquer un filtre, faites glisser le bord droit de la photo vers la gauche jusqu'à ce que le filtre appliqué vous convienne.**

5. **Pour sauvegarder la photo ou la vidéo, touchez la flèche dirigée vers le bas, affichée en haut et au centre de votre écran.**

Vous pouvez ensuite accéder à cette image ou à cette vidéo depuis la galerie ou la pellicule de votre téléphone afin de l'envoyer par e-mail, d'ajouter un texte, ou de la publier sur un autre média social.

Vous pourrez sauvegarder ultérieurement la photo ou la vidéo après sa publication comme expliqué dans la section « Enregistrer votre story », plus loin dans ce chapitre.

Astuce

Pour sauvegarder toutes vos stories automatiquement, tapotez l'icône de l'engrenage. Vous accédez à l'écran Paramètres stories. Faites défiler verticalement le contenu de cet écran jusqu'à la section Enregistrement. Là, faites glisser le (ou les) curseurs Enregistrer dans l'archive et/ou Enregistrer dans la galerie. Ensuite, touchez Terminé ou la flèche en haut à gauche.

6. **Pour publier la story :**

- *Pour que la story soit accessible à tous vos followers, tapotez Votre story en bas à gauche de l'écran de l'appareil photo.* La story sera alors publiée en haut du fil d'actualité de vos abonnés.
- *Pour envoyer la story dans un message privé, c'est-à-dire direct, touchez le bouton Envoyer à en bas à droite. L'écran de la Figure 9.3 s'affiche. Touchez le bouton Envoyer situé à droite du nom des abonnés auxquels vous souhaitez envoyer ce*

message direct. Sous Android, créez un groupe pour envoyer cette story à plusieurs personnes. Sur iPhone, cochez les noms d'utilisateurs.

Pour plus de détails sur l'envoi de messages directs, consultez la section « Envoyer une story par message direct » plus loin dans ce chapitre.

Astuce

Pour filmer une vidéo sans être obligé de maintenir le doigt appuyé sur le cercle blanc, utilisez la fonction Mains libres. Faites glisser le bas de l'écran vers la gauche de façon à passer de Normal à Mains libres. Pour lancer l'enregistrement de la vidéo, touchez le cercle multicolore. Le tournage s'arrêtera automatiquement au bout de 15 secondes.

Lorsque vous utilisez le réglage Boomerang, Instagram prend une série de photos en rafale et les assemble pour créer une minividéo qui est lue en une boucle avant-arrière infinie – comme vole un boomerang.

Figure 9.3 Envoyez votre story à une personne ou à un groupe.

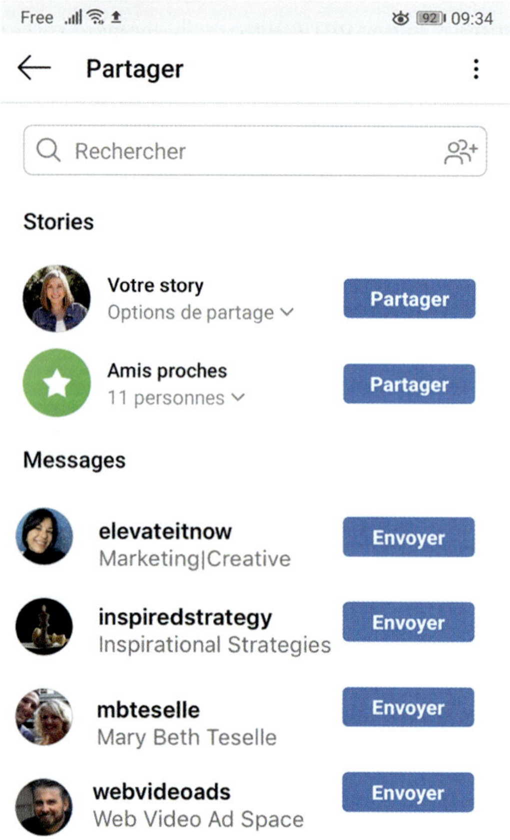

Télécharger une photo ou une vidéo depuis la galerie

Parfois, plutôt que de prendre une photo ou de filmer, vous choisirez de partager, dans une story, un contenu stocké sur votre téléphone.

Astuce

Dans le passé, il était obligatoire de prendre une photo ou de tourner une vidéo pour la partager sous la forme d'une story. Désormais, vous avez la possibilité de choisir ce contenu dans la galerie ou la pellicule de votre smartphone. Il suffit de toucher l'icône de votre galerie (pellicule).

Voici comment télécharger une photo ou une vidéo existante :

1. **Touchez le bouton de création d'une story ou bien faites glisser votre écran vers la droite.**
2. **En bas et à gauche de l'écran, touchez la vignette de la dernière image enregistrée dans votre galerie.**

   Les vignettes des photos et des vidéos apparaissent, comme sur la Figure 9.4.

Figure 9.4 Choisissez la photo ou la vidéo de votre story dans la galerie.

3 Tapotez la photo ou la vidéo à publier sous forme de story.

Astuce

Pour publier plusieurs photos dans une story, touchez Sélection multiple en haut à droite, puis touchez la vignette de chaque photo à publier. Un chiffre apparaît dans l'angle supérieur droit de chaque vignette, indiquant son emplacement dans la sélection.

4 Pour appliquer un filtre, faites glisser la photo vers la droite jusqu'à ce que l'effet obtenu vous convienne.

Astuce

Si un texte apparaît en incrustation, notamment la date de la prise de vue de l'image, maintenez votre doigt appuyé dessus et bougez-le de manière à afficher l'icône Supprimer. Lâchez ce texte sur cette icône.

5 Tapotez Votre story pour publier votre histoire. Pour partager cette story dans un message direct, touchez le bouton Envoyer à.

Astuce

Si vous avez créé un groupe d'amis proches, tapotez cette icône pour que seuls ces amis soient informés de la publication de votre story.

Reportez-vous à l'Étape 6 de la précédente procédure pour plus d'informations sur les messages instantanés (ou directs).

Enregistrer votre story

Parfois, une story est tellement bien réalisée que vous ne pouvez pas vous résoudre à sa disparition pour l'éternité. Heureusement, vous pouvez la sauvegarder pour la consulter ultérieurement et éventuellement la republier sur d'autres réseaux sociaux. Pour cela, vous disposez de trois techniques :

» **Enregistrer la story avant de la publier.** Une fois que vous avez créé et téléchargé une photo ou une vidéo, tapotez la flèche en haut et au centre, comme sur la Figure 9.5. Vous devez procéder à cette sauvegarde avant de toucher l'icône Votre story.

» **Dans les 24 heures de la publication de votre story…** Rendez-vous sur votre fil d'actualité ou sur la page de votre profil, et tapotez Votre story en haut à gauche. Ensuite, tapotez les trois petits points en bas à droite. Dans le menu local qui apparaît, choisissez Enregistrer la photo, comme le montre la Figure 9.6.

» **Sauvegarder automatiquement toutes vos stories dans la galerie ou la pellicule.** Juste avant de prendre la photo ou de filmer, touchez l'icône de l'engrenage en haut à gauche. Dans l'écran Paramètres stories, localisez la section Enregistrement, activez le réglage Enregistrer dans la galerie (ou Enregistrer les photos partagées sur iPhone). Validez en touchant la flèche en haut à gauche.

Figure 9.5 Enregistrez votre story avant sa publication.

Figure 9.6 Vous pouvez enregistrer vos stories après leur publication.

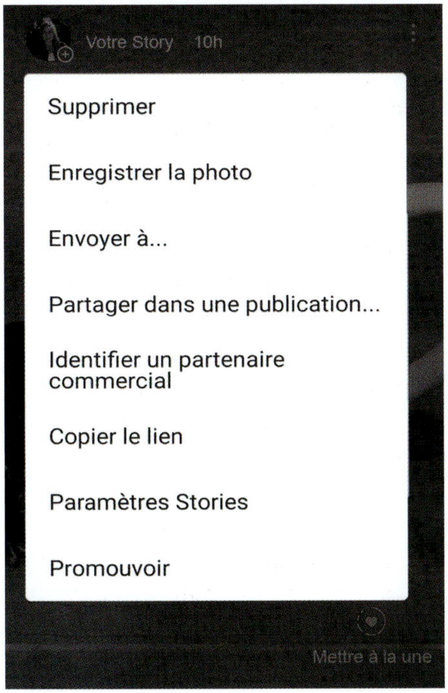

Envoyer une story par message direct

Vous préférez envoyer un message rapide à un client, un prospect, un collègue, ou à un groupe de personnes plutôt que de publier une story ? Alors utilisez la fonction des messages directs d'Instagram, en suivant ces quelques étapes :

1. **Créez votre story dans l'appli ou téléchargez une photo ou une vidéo.**

   Les instructions pour réaliser ces opérations sont expliquées en début de section.

2. **En bas à droite de l'écran, touchez Envoyer à.**

   L'écran Partager apparaît.

3. **Touchez le bouton Envoyer de chaque personne à qui adresser cette story, comme sur la Figure 9.7.**

Figure 9.7 Envoyer une story par message direct.

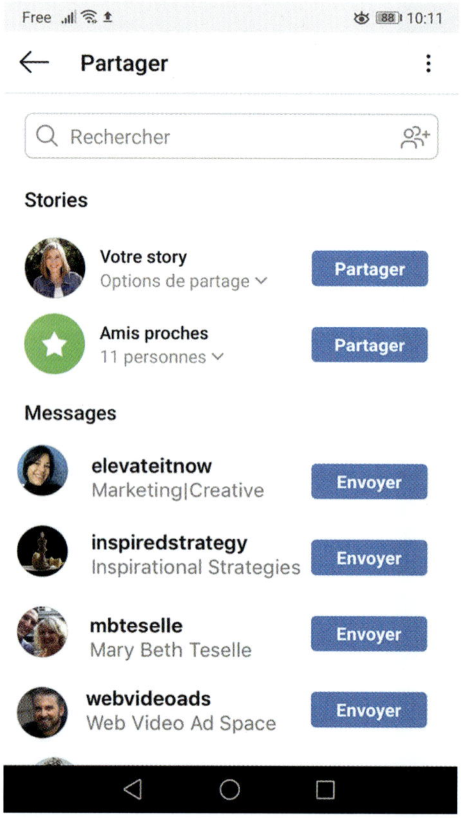

Depuis cet écran, vous gardez la possibilité de publier la story en touchant le bouton Partager au lieu des boutons Envoyer.

Astuce

Faites défiler le contenu de cette page pour accéder successivement à d'autres suggestions : Messages récents qui liste les personnes avec qui vous avez récemment eu une conversation ; puis la liste alphabétique de tous vos contacts Instagram.

Profitez de ce partage, donc de cet écran Partager, pour définir vos options de partage et la liste de vos amis proches. Touchez Options de partage sous Votre story. La boîte de dialogue Partager sur Facebook apparaît, comme sur la Figure 9.8. Touchez alors Partager sur Facebook à chaque fois pour que toutes vos stories soient simultanément publiées sur Facebook, ou sur Partager une seule fois pour que seule la story en cours soit partagée sur Facebook.

Pour gérer la liste de vos amis proches, touchez le nombre de personnes qui la constituent. Pour ajouter des personnes à cette liste, faites défiler le contenu de l'écran jusqu'à afficher la section Suggestions. Touchez ensuite le bouton Ajouter situé à droite des contacts Instagram. Pour supprimer des amis proches, touchez le bouton Supprimer affiché à leur droite.

Figure 9.8
Les options de partage.

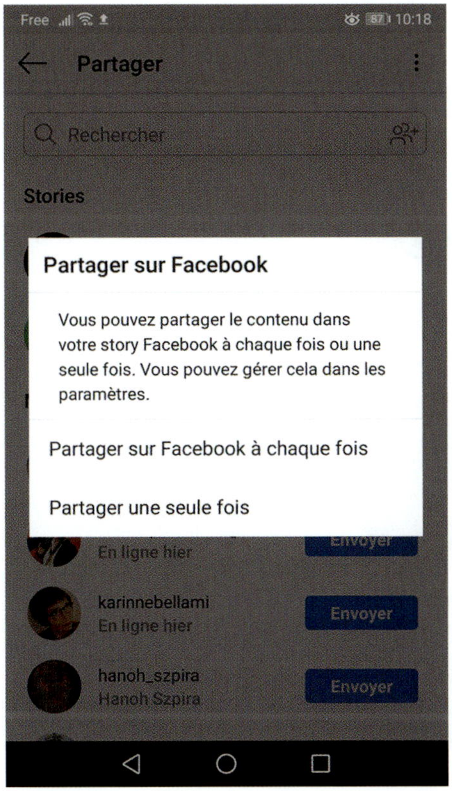

Déterminer le meilleur contenu à partager

Les stories Instagram ont été conçues pour faire preuve de spontanéité. *De facto*, la majorité des publications manquent de qualité. Ces histoires permettent aux instagrammeurs de proposer une version moins lissée d'eux-mêmes et de leur activité commerciale. Dans cette section, nous détaillons les techniques commerciales les plus répandues des stories pour promouvoir une marque, des produits, et des services.

Discuter avec votre auditoire

La popularité des vidéos s'est grandement développée ces dernières années. Elles apparaissent comme le meilleur moyen de captiver l'attention de votre auditoire en vous adressant à lui directement, comme sur la Figure 9.9.

Figure 9.9
@MartinHolsinger s'adresse à son auditoire cible *via* des stories vidéo.

Le problème des stories vidéo d'Instagram est une durée limitée à 15 secondes. Donc, pour obtenir des vidéos plus longues, vous devez combiner vos vidéos. Une appli comme Storeo (disponible sur l'App Store) évite cet écueil. Vous y chargez une vidéo de plus de 15 secondes, et l'appli la découpe en clips de 15 secondes pour pouvoir les publier sur Instagram. Il en résulte une story bien plus longue, dont la diffusion est très brièvement interrompue lors du passage d'un clip à l'autre.

Fournir un contenu avant/après et des séries de photos

Les stories sont faites pour être diffusées en boucle. De ce fait, les images avant et après, ou les séries photographiques, sont idéales pour captiver vos followers. En ajoutant un texte *avant* et un texte *après*, ou en appliquant des mots à une série de photos, vous inciterez vos abonnés à regarder la story jusqu'au bout.

Les coiffeurs, les décorateurs d'intérieur, les scénographes, les rénovateurs, les chirurgiens esthétiques, les artistes en maquillage et les paysagistes auront tout intérêt à montrer des images de leurs travaux avant et après leur intervention, comme sur la Figure 9.10.

Figure 9.10 @egglestonedesigns utilise des photos avant et après pour montrer l'efficacité de son travail.

© Eggleston Designs

Les produits et les services peuvent aussi être exposés sous forme d'une série photographique qui pousse les followers à regarder la totalité de la story. La Figure 9.11 en montre quelques exemples.

Figure 9.11 @glwheeler76 expose ses bijoux dans une série de photos dont la dernière incite à agir.

© Lucy Wheeler

Quelle que soit la technique que vous utiliserez, ajoutez une illustration ou une vidéo à la fin de ce contenu pour inciter les followers à exécuter une tâche particulière.

Un coup d'œil en coulisses

Comme de nombreux instagrammeurs sont concernés par des lancements, des évènements, des conférences, des podcasts, et d'autres activités passionnantes, les stories qui dévoilent les coulisses permettent de montrer à votre audience comment naît la magie d'un évènement.

Quel que soit l'équipement que vous utilisez (voir la Figure 9.12) pour gérer la décoration d'une fête, ou bien réaliser une interview en backstage avant une conférence, les followers adorent savoir ce qu'il se passe en coulisses.

Figure 9.12 @isocialfanz montre à ses abonnés le matériel utilisé pour enregistrer ses stories.

© Brian Fanzo

Raconter vos voyages

Vous pouvez également raconter vos voyages professionnels. Vous traiterez cela comme un carnet de route, vous montrerez des conférences, mais aussi des présentations de produits, comme sur la Figure 9.13.

Figure 9.13 @coreycwalker parle de son voyage pour une conférence à Cape Cod.

Faire la publicité de votre story

L'engagement auprès de vos followers n'est pas toujours suffisant pour en séduire davantage et vous faire de nouveaux clients. Ou bien, vous avez planifié une campagne de promotion ou un évènement pour toucher immédiatement votre auditoire. Dans ce cas, en assurer la publicité semble incontournable.

Vous pouvez lancer une campagne isolée sous la forme de stories Instagram, ou utiliser la pub pour compléter une campagne lancée *via* votre fil d'actualité.

Exactement comme une publicité du fil d'actualité, vous pouvez cibler une audience qui n'appartient pas à vos followers. Pour plus d'informations sur les spécificités d'une pub pour des stories Instagram et sur les liens des actions à réaliser, consultez le Chapitre 11.

DANS CE CHAPITRE...

Concevoir des illustrations pour votre story

•

Utiliser du texte, des autocollants, des hashtags, des liens et des filtres

•

Partager en direct

Chapitre 10

Rendre votre story plus amusante

Au Chapitre 9, nous avons découvert comment créer et partager une story Instagram standard. Mais il y a encore beaucoup mieux à faire avec vos stories pour leur donner plus de dynamisme et ainsi séduire davantage de personnes.

Les stories Instagram peuvent s'enrichir de nombreuses petites choses comme des éléments graphiques, du texte, des identifications, des autocollants (stickers), des hashtags, des lieux et des liens vers des sites Web. Ajoutez à cela des filtres pour les selfies et la fonction Boomerang.

Vous apprendrez également à utiliser la fonction En direct d'Instagram. Ainsi, vous verrez comment en préparer le contenu, en assurer la promotion, la sauvegarder et recycler sa diffusion.

Créer des éléments graphiques pour les stories

Si vous préférez les illustrations aux photos, vous serez heureux d'apprendre qu'il est possible d'en insérer dans vos stories. Créez ces éléments graphiques dans Illustrator ou Photoshop en respectant la taille de 1 080 pixels de large par 1 920 pixels de haut. Exportez les graphiques en JPEG, puis envoyez-vous ces fichiers par e-mail ou stockez-les sur un cloud.

Ensuite, ouvrez l'application de courrier électronique de votre téléphone, et enregistrez l'image dans votre galerie ou votre pellicule. Puis, téléchargez cette illustration dans une story exactement comme vous le feriez pour une photo. Cette opération est détaillée au Chapitre 9.

Si vous ne possédez ni Illustrator ni Photoshop, nous vous conseillons d'utiliser Adobe Spark (https://spark.adobe.com/fr-FR/sp/onboarding). Vous allez ainsi pouvoir créer des visuels pour vos stories ou vos posts Instagram.

Pour utiliser Spark :

1. **Rendez-vous sur le site** https://spark.adobe.com/fr-FR/sp/onboarding.

   Il vous sera demandé de créer un compte gratuit ou de vous connecter avec un de vos comptes, tel que Google, Facebook, *etc.*

2. **Sur la page d'accueil du site, choisissez au plus trois raisons qui vous poussent à choisir Spark, puis cliquez sur le bouton Continuer en bas de la page.**

3. **Dans les propositions de projets, choisissez Publication Instagram ou Story Instagram.**

4. **Choisissez un modèle, cliquez sur Créer, et personnalisez-le.**

   Comme nous n'avons pas vocation à étudier Spark en profondeur, voici quelques modifications sommaires d'un modèle :

   a. Pour modifier le texte, double-cliquez dessus. Remplacez le texte du modèle par le vôtre et cliquez sur Done (Terminé).

   b. Repositionnez les zones de texte en les glissant-déposant sur le post.

   c. Ajoutez d'autres éléments par un clic que le bouton +. Vous pouvez alors insérer des photos, des textes et des logos.

   d. Nommez votre projet dans le coin supérieur gauche en saisissant un nom personnalisé à la place de My Post.

Utilisez l'ensemble des outils de personnalisation affichés sur la droite pour créer une publication qui vous ressemble. Par exemple, cliquez sur Ajouter pour insérer vos photos, textes, icônes et logos.

5. **Dès que le projet vous convient, cliquez sur le bouton Télécharger, afin de le télécharger sur votre ordinateur, comme le montre la Figure 10.1.**

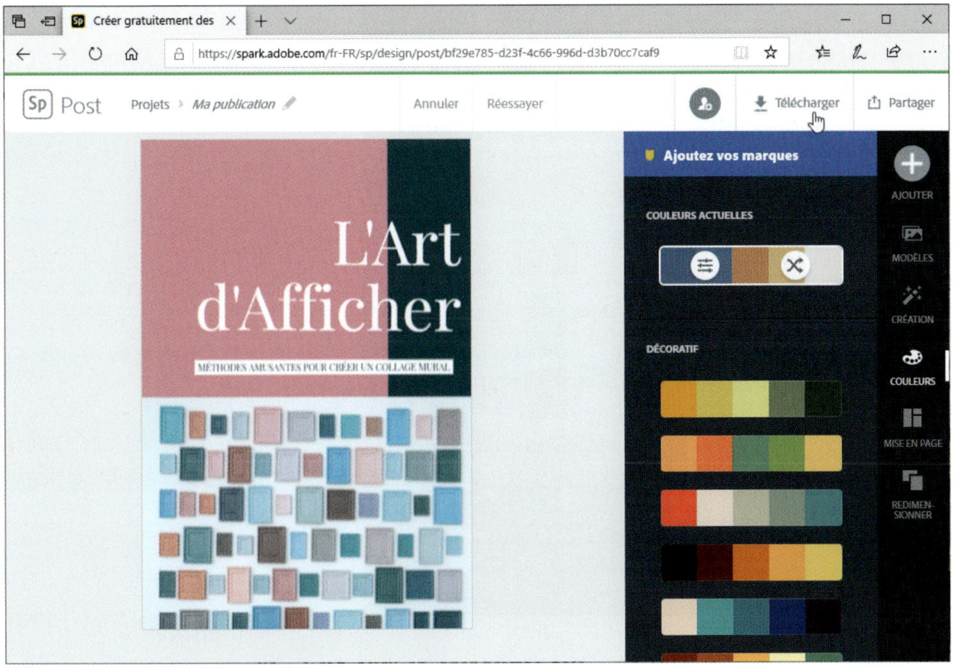

Figure 10.1
D'Adobe Spark…

6. **Une fois le téléchargement terminé, récupérez le fichier sur votre téléphone mobile.**

   Vous pouvez vous l'envoyer par e-mail, ou bien encore le placer dans un cloud.

7. **Publiez l'illustration sous la forme d'une story, comme sur la Figure 10.2.**

Astuce

Canva (www.canva.com) est une autre appli très populaire qui permet de créer des illustrations basées sur des modèles. Malheureusement, ils ne sont pas dimensionnés à la taille exigée par les stories d'Instagram.

Figure 10.2 ... à une story Instagram.

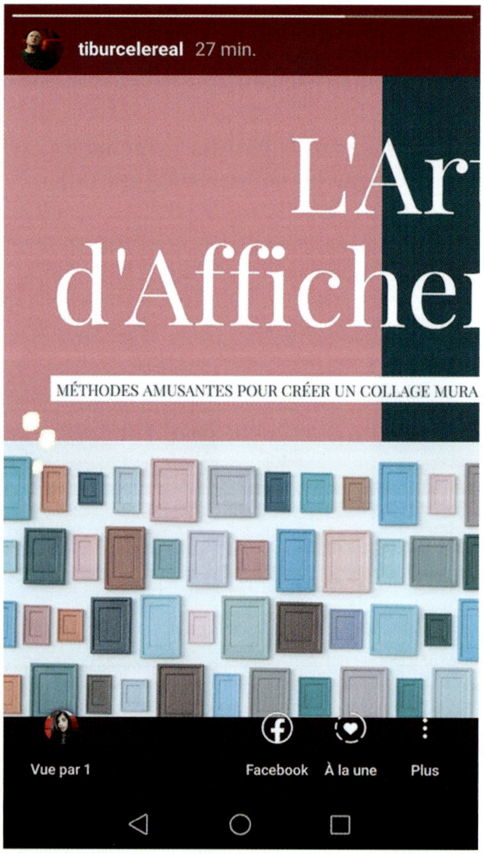

Ajouter du texte et identifier un nom d'utilisateur

Ajouter du texte à votre photo ou à votre vidéo permet de la replacer (souvent avec humour) dans un certain contexte. Le texte permet aussi de taguer un autre utilisateur. Voici comment ajouter des mots ou un tag :

1. **Prenez ou téléchargez une photo ou une vidéo dans les stories d'Instagram.**
2. **Tapotez Aa en haut à droite de l'écran, comme sur la Figure 10.3 (à gauche).**

   Un nouvel écran apparaît avec un clavier virtuel.

3. **Tapez votre mot ou votre phrase (et pourquoi pas des émojis), comme sur la Figure 10.3 (à droite).**

Vous pouvez modifier la couleur et la taille du texte :

- *Pour modifier la couleur du texte, tapotez simplement un des cercles colorés. Faites glisser ce petit nuancier vers la gauche ou la droite pour afficher d'autres teintes. Maintenez votre doigt enfoncé sur un des cercles pour afficher un mélangeur de couleurs.*
- *Pour modifier la taille des caractères, faites glisser verticalement le curseur situé sur la gauche.*

4 Pour taguer une personne, commencez pas saisir son @nomutilisateur, puis choisissez-la dans la liste des profils suggérés par Instagram.

La personne choisie recevra une notification pour cette identification dans votre story.

5 Pour valider la story, touchez la coche en haut à droite (ou Terminé).

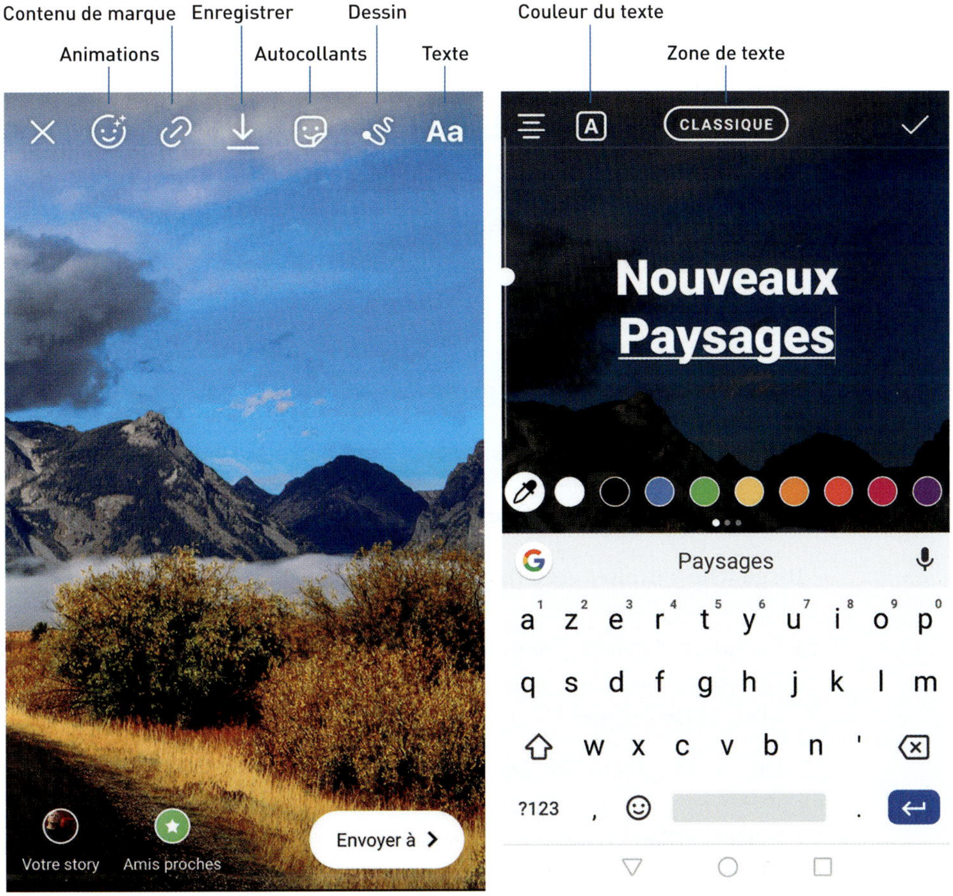

Figure 10.3 Tapotez Aa pour ajouter du texte (à gauche), puis saisissez-le au clavier (à droite).

6. **Procédez à des modifications avancées :**

   - *Déplacez le texte en maintenant le doigt appuyé dessus et faites-le glisser à sa nouvelle position.*
   - *Modifiez la taille du texte en plaçant deux doigts dessus. Pincez pour réduire sa taille, et écartez pour l'augmenter.*
   - *Modifiez l'angle du texte en plaçant deux doigts dessus, puis faites-les tourner vers la droite ou la gauche.*

7. **Partagez votre histoire en touchant l'icône Votre story ou Amis proches, ou bien sauvegardez-la *via* l'icône Enregistrer ; enfin, envoyez-la sous la forme d'un message direct *via* le bouton Envoyer à.**

Astuce

Pour appliquer une couleur d'arrière-plan à la zone de texte, tapotez A en haut à droite pour activer la fonction de création d'un texte. Tapotez ensuite sur le A situé en haut à gauche. Pour supprimer cet arrière-plan, touchez deux fois cette icône.

Dessiner votre story

L'outil de dessin est une autre particularité des stories Instagram. Avec votre doigt, vous tracerez des flèches, vous cerclerez des éléments, vous écrirez des mots, ou vous attirerez l'attention sur quelque chose.

Pour dessiner sur une story :

1. **Prenez ou téléchargez une photo ou une vidéo depuis les stories Instagram.**
2. **Tapotez l'icône du crayon située en haut à droite (voir la Figure 10.3 de droite).**
3. **Touchez un des outils de dessin situés en haut de l'écran.**

   De gauche à droite, vous disposez de :

   - *Marqueur magique :* Dessine comme un gros marqueur magique.
   - *Surligneur :* Travaille comme un surligneur réel avec un médium semi-transparent.
   - *Néon :* Dessine un trait plein avec une lueur externe qui utilise la couleur active.
   - *Gomme :* Efface tout ce qui passe sous votre doigt. La gomme n'affecte pas les photos et les vidéos.
   - *Cœur :* Dessine comme une craie.

4. Commencez à dessiner ! Utilisez pour cela un doigt ou un stylet.

La Figure 10.4 montre le genre de trait tracé par chacun des outils. Vous pouvez modifier la couleur ou la largeur de la ligne comme ceci :

- *Pour modifier la couleur d'un outil de dessin (à l'exception de la gomme), tapotez le cercle de couleur coloré (en bas de l'écran).*
- *Pour modifier l'épaisseur de la ligne, faites glisser le curseur vertical situé sur la gauche. Un petit cercle permet d'apprécier l'épaisseur assignée à la pointe de l'outil.*

5. Une fois votre dessin terminé, touchez la coche (ou Terminé) en haut à droite.

Pour annuler un tracé, touchez l'icône de la flèche circulaire en haut à gauche. Chaque pression remonte dans la hiérarchie de vos tracés. Une autre technique consiste à effacer les tracés. Vous pouvez ajouter d'autres dessins en choisissant un outil et en l'appliquant comme expliqué ci-dessus.

Figure 10.4 Les types de tracés obtenus avec les différents outils de dessin.

6 **Partagez la story en tapotant Votre story ; sauvegardez-la en touchant Enregistrer ; ou bien insérez-la dans un message direct en optant pour le bouton Envoyer à.**

Astuce

Lorsqu'un texte placé sur une image est difficile à lire, améliorez sa visibilité en gribouillant derrière. Si vous préférez les arrière-plans unis qui couvrent la totalité de l'écran, prenez n'importe quoi en photo, et tapotez l'icône du crayon. Choisissez une couleur, puis touchez l'écran jusqu'à ce qu'il soit entièrement couvert par cette teinte.

Autocollants et tags

Pour accéder aux autocollants d'Instagram, touchez le smiley situé en haut à gauche de l'écran, comme sur la Figure 10.3. Les autocollants apportent de la couleur et de la fantaisie à vos photos ou vos vidéos. Les autocollants (ou stickers) proposés varient en fonction du jour et des fêtes. Par exemple, le jour de la Saint-Valentin, Instagram propose les stickers illustrés sur la Figure 10.5.

Figure 10.5 Un grand choix d'autocollants.

La page des autocollants permet d'ajouter une géolocalisation, des hashtags (mots-dièse ou encore mots-clics), et des stickers photographiques.

Pour ajouter un autocollant :

1. **Prenez ou téléchargez une photo ou une vidéo dans les stories d'Instagram.**

2. **Tapotez l'icône des stickers (identifiée sur la Figure 10.3 de gauche).**

   Un écran propose de nombreux autocollants. Pour passer à la seconde page, faites glisser vers la droite les deux points situés en haut de la liste des stickers. Lorsque vous avez utilisé un autocollant, une nouvelle page apparaît (donc un troisième point) qui stocke vos stickers récemment utilisés. Le point central donne accès aux autocollants les plus populaires, mais aussi à la localisation, aux hashtags, aux selfies, et à l'heure. Faites glisser verticalement le contenu de ces pages pour accéder à d'autres stickers.

3. **Tapotez l'autocollant à utiliser.**

   - *Si vous choisissez le sticker Localisation, autorisez l'application à activer la localisation sur votre appareil (si ce n'est déjà fait), puis tapotez un des lieux proposés.*

     Ce lieu est alors inséré comme tag de localisation dans votre story, et votre story est alors ajoutée à toutes celles qui utilisent ce géotag. C'est une technique géniale pour porter l'existence de votre story à la connaissance des personnes qui habitent le lieu spécifié et qui ne vous suivent pas nécessairement. Reportez-vous à l'image de gauche sur la Figure 10.6.

   - *Si vous choisissez le sticker #mot-clic, c'est-à-dire hashtag, tapez directement ce mot-dièse au clavier. Validez en touchant la coche (ou Terminé) en haut à droite.*

     Au fur et à mesure que vous tapez votre mot-dièse, Instagram affiche des suggestions juste au-dessus du clavier visuel. Sélectionnez celle qui correspond au hashtag à insérer. Votre story s'ajoutera alors à toutes celles qui utilisent ce mot-dièse. Voir l'image du centre de la Figure 10.6.

   - *Si vous choisissez l'icône de l'appareil photo, maintenez le doigt appuyé sur le cercle aux bords estompés qui apparaît, et glissez-déplacez-le à l'emplacement souhaité. Maintenez votre téléphone verticalement devant votre visage ; il apparaît alors dans ce cercle. Pour ajouter un contour blanc, tapotez votre visage à l'écran. Tapotez de nouveau pour obtenir un encadrement carré. Dès que vous êtes prêt, touchez le petit cercle blanc. Voilà, vous venez d'ajouter un autocollant photographique à votre story, comme sur l'image de droite de la Figure 10.6.*

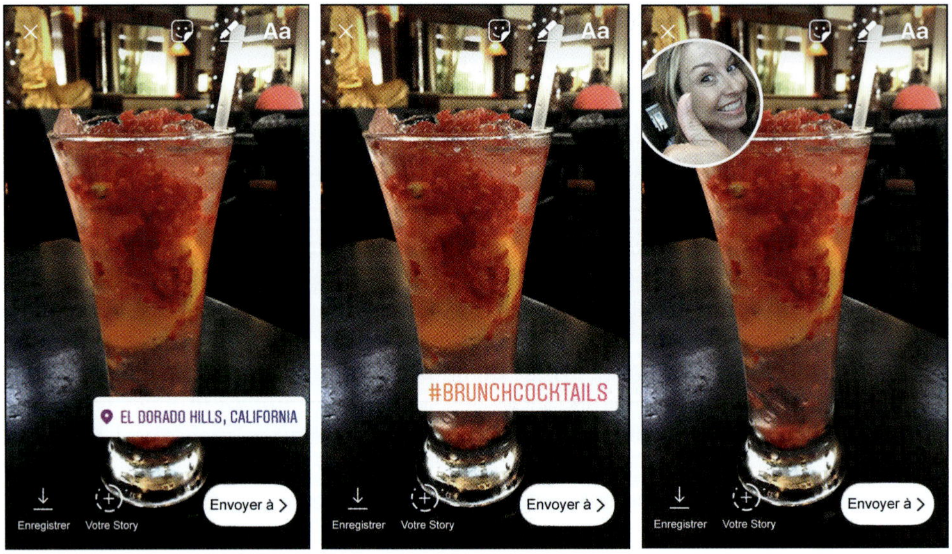

Figure 10.6 Ajoutez à votre story un lieu (à gauche), un hashtag (au centre), et votre photo (à droite).

4. **Ajustez la position, la taille ou l'angle de l'autocollant :**

- *Maintenez le doigt appuyé sur le sticker et glissez-déposez-le au nouvel emplacement sur l'écran.*
- *Modifiez la taille en plaçant deux doigts sur l'autocollant. Pincez pour réduire la taille et écartez pour l'augmenter.*
- *Modifiez l'angle de l'autocollant en plaçant deux doigts sur l'autocollant. Tournez les doigts en même temps vers la gauche ou la droite.*

5. **Partagez la story en tapotant Votre story ; sauvegardez-la en touchant Enregistrer ; ou bien insérez-la dans un message direct en optant pour le bouton Envoyer à.**

Ajouter un lien vers votre site Web

Les profils professionnels qui ont plus de 10 000 followers disposent d'une fonctionnalité supplémentaire : ajouter un lien vers votre site Web. C'est un ajout essentiel car il donne un accès direct à votre activité commerciale où les potentiels clients pourront obtenir des informations, s'enregistrer à des évènements, ou effectuer des achats. Voici comment insérer un tel lien :

1. **Prenez ou téléchargez une photo ou une vidéo dans les stories d'Instagram.**

2. **Tapotez l'icône de la chaîne (Figure 10.7) en haut de votre story.**

   Une nouvelle page apparaît.

Figure 10.7 L'icône de la chaîne permet d'ajouter, dans votre story, un lien vers un site Web.

3. **Tapez l'adresse du site de destination.**

4. **Tapotez Terminé (iOS) ou sur la coche verte (Android).**

Vos followers verront un lien *Voir Plus* en bas de la story, indiquant l'existence d'un site Web. N'oubliez pas d'ajouter un appel à action soit verbalement dans une vidéo, soit en ajoutant un texte sur une image fixe comme *Faites glisser vers le haut pour en Voir Plus*.

Astuce

Instagram n'analyse pas les liens placés dans les stories. Par conséquent, pour disposer de statistiques sur les clics enregistrés par votre site Web, utilisez un raccourcisseur d'URL, tel que Bitly (https://bitly.com) ou Rebrandly (www.rebrandly.com), et accédez aux performances *via* leur tableau de bord.

Utiliser Boomerang pour faire revenir vos fans

Boomerang est une appli qui prend des photos en rafale et crée une vidéo en boucle qui est lue d'avant en arrière et d'arrière en avant. Une action comme faire tourner un crayon ou gonfler une bulle est très drôle quand elle est lue avec une telle boucle.

Boomerang n'est pas toujours installée par défaut sur votre téléphone. Si vous ne disposez pas de cette appli, téléchargez-la depuis l'App Store pour iPhone et le Play Store pour Android. Dans le champ de recherche, tapez Boomerang Instagram. Une fois l'application téléchargée et installée, suivez ces étapes :

1. **Ouvrez les stories Instagram en touchant l'icône de l'appareil photo en haut à gauche de votre fil d'actualité.**

2. **Faites glisser, vers la gauche, la ligne de réglages indiquant Normal pour choisir Boomerang, comme sur la Figure 10.8.**

3. **Pour basculer vers la caméra avant de votre téléphone, touchez l'icône illustrée ci-contre.**

   Vous pouvez également utiliser Boomerang avec un filtre pour les visages (filtres pour selfies), comme expliqué dans la prochaine section.

4. **Tapotez le cercle affichant le symbole infini (∞).**

   Inutile de maintenir votre doigt appuyé dessus. L'application prend plusieurs photos en mode rafale.

5. **Si le résultat ne vous convient pas, touchez l'icône X en haut à gauche, et répétez l'Étape 3.**

6. **Partagez la story Boomerang en tapotant Votre story ; sauvegardez-la en touchant Enregistrer ; ou bien insérez-la dans un message direct en optant pour le bouton Envoyer à.**

Astuce

Boomerang donne de meilleurs résultats lorsque vous enregistrez des mouvements. Par exemple, filmez quelqu'un qui fait la roue, des grimaces, ou bien qui danse !

Figure 10.8 La fonction Boomerang.

Des visages rigolos avec les filtres de visages

Un filtre de visage applique un effet en temps réel sur un selfie. Le résultat est divertissant puisque vous pouvez arborer des oreilles de chiens, un visage d'alien ou de rock star. Beaucoup de personnes utilisent encore cette fonction de Snapchat, puis téléchargent le résultat dans une story Instagram. Les utilisateurs d'Instagram seront heureux d'apprendre que leur fonction préférée de Snapchat est aujourd'hui disponible sur Instagram.

En voici le fonctionnement :

1. **Ouvrez les stories Instagram en touchant l'icône de l'appareil photo en haut de votre fil d'actualité.**

2. **Basculez le téléphone en mode selfie en touchant l'icône ci-contre située en bas de l'écran.**
3. **Tapotez le smiley en bas à droite de l'icône de bascule en mode selfie.**

   Des filtres s'affichent en bas de l'écran. Faites-les glisser vers la gauche pour accéder aux autres effets masqués.

4. **Pour appliquer un filtre à votre visage, comme sur la Figure 10.9, tapotez sa vignette.**

   Pour changer d'effet, touchez une autre vignette.

5. **Prenez une photo en touchant le bouton blanc, ou enregistrez une vidéo en maintenant votre doigt appuyé sur ce même bouton.**

   Vous pouvez utiliser ces filtres avec les réglages d'appareil photo En direct, Boomerang, Vidéo inversée, ou Mains libres.

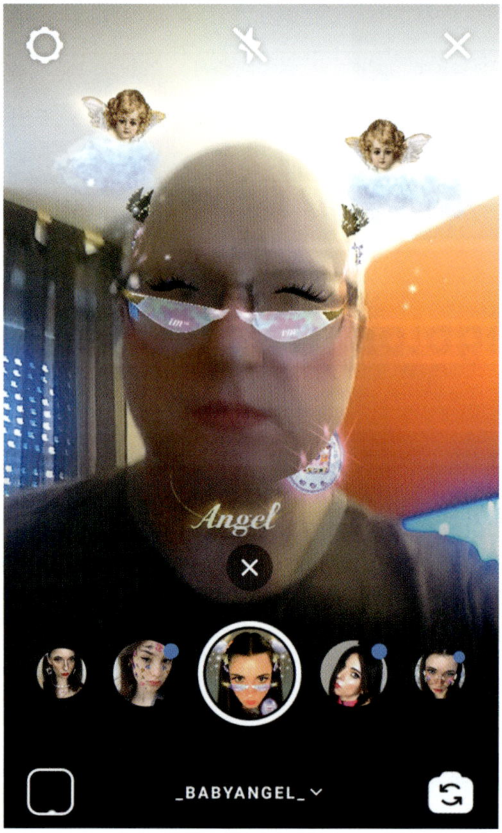

Figure 10.9 Les stories Instagram proposent des filtres pour selfies qui produisent des visages amusants.

6. **Si le résultat ne vous convient, touchez X en haut à gauche, et recommencez à l'Étape 4.**

7. **Partagez la story Boomerang en tapotant Votre story ; sauvegardez-la en touchant Enregistrer ; ou bien insérez-la dans un message direct en optant pour le bouton Envoyer à.**

Utiliser Instagram En direct

Les stories Instagram ont rapidement changé la manière d'utiliser ce média social. Avec la popularité des stories et le développement des directs Facebook, inclure cette dernière option dans Instagram semblait une évolution inévitable.

Dans cette section, vous apprendrez comment diffuser du contenu en direct, et comment assurer le succès de votre live avant, pendant, et après avoir été tourné.

Démarrer un direct

Êtes-vous prêt à passer sur Instagram en direct ? Oui ? Alors, suivez ces étapes :

1. **Ouvrez les stories Instagram en touchant l'icône de l'appareil photo en haut de votre fil d'actualité.**

2. **En bas de l'écran, faites glisser le réglage Normal vers la droite pour activer En direct.**

   La Figure 10.10 montre l'écran En direct.

3. **Pour limiter le direct à certains utilisateurs, tapotez l'icône de l'engrenage (Paramètres) en haut à gauche. Tapotez la section Masquer la story, puis choisissez les followers qui auront droit de vous admirer en live.**

4. **Lorsque vous êtes prêt à diffuser, touchez le bouton Démarrer la vidéo en direct.**

   Instagram vérifie vos paramètres de connexion, puis lance un compte à rebours... et c'est parti ! Vous verrez des messages indiquant qui a rejoint le live, c'est-à-dire qui vous regarde en direct.

5. **Attendez une minute avant de commencer à parler du sujet pour lequel vous faites ce direct afin de laisser aux gens le temps de vous rejoindre. Accueillez ainsi autant de personnes que possible.**

Figure 10.10 Avant la diffusion (à gauche), pendant le direct (au centre), et pour enregistrer le direct (à droite).

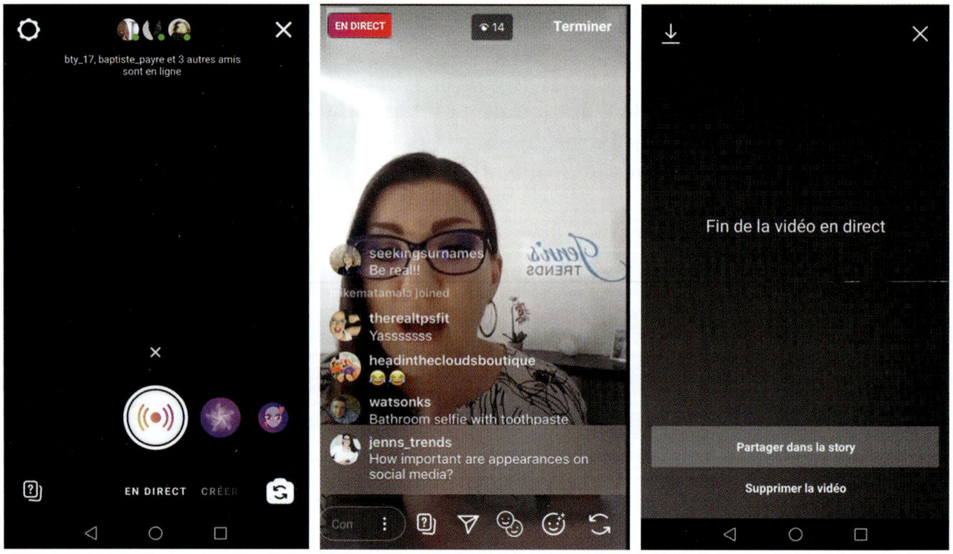

6. **Maintenant que vous êtes en direct, vous pouvez :**

   - *Désactiver les commentaires en touchant les trois points verticaux du champ Commentaire. Dans le menu local qui apparaît, choisissez Désactiver les commentaires.* Pour plus d'interaction, nous conseillons de laisser les commentaires actifs.
   - *Taper le nom de votre direct dans un commentaire. Touchez Publier. Ensuite, touchez ce commentaire, et tapotez l'option Épingler les commentaires qui apparaît.* Cela épingle le nom en bas de l'écran (Android) pour qu'il serve de titre au direct.
   - *Pour connaître la durée de la diffusion, touchez le bouton Direct.* Un chronomètre s'affiche.
   - *Pour voir les noms des followers qui regardent le direct, touchez l'icône affichant un nombre. Pour supprimer quelqu'un du direct, touchez le X situé à côté du nom.*

7. **Lorsque vous avez fini, touchez Terminé, puis Arrêter la vidéo.**

8. **Sauvegardez le direct en touchant Enregistrer en haut à droite.**

   Votre vidéo est alors enregistrée dans la galerie ou la pellicule. Vous pourrez la diffuser en ligne sur d'autres médias et sites Web.

Attention

La sauvegarde du live ne peut se faire qu'immédiatement après l'avoir arrêté, c'est-à-dire avant de toucher le bouton Partager.

9. **Pour partager la vidéo En direct pendant 24 heures, faites glisser vers la droite le curseur situé en bas à droite, puis touchez le bouton Partager.**

Attention

Les directs Instagram ont une limite de 60 minutes. Un compte à rebours s'affichera 15 secondes avant la fin de la diffusion. Préparez votre contenu en fonction de cette limite.

Préparer votre direct

Maintenant que vous savez comment démarrer un direct, parlons stratégie. Nous conseillons d'éviter tout direct si vous ne savez pas exactement ce que vous allez diffuser. Voici donc quelques astuces pour mener à bien un live digne de ce nom sur Instagram :

» **Réfléchissez à un sujet qui intéressera votre audience.** Considérez les idées suivantes : annonce d'un nouveau produit, discussion sur les nouveautés industrielles, formation, ou bien animation d'une session Q&R.

» **Notez des points de discussion mais évitez de tout mémoriser ou de répéter votre direct excessivement.** Le direct doit être spontané, donc comporter quelques hésitations.

» **Réfléchissez à des questions simples qui pourraient vous être posées, et préparez vos réponses.** Pourquoi ne pas demander aux utilisateurs de vous soumettre préalablement leur question.

» **Faites un test vidéo avec votre application webcam habituelle, et au même moment de la journée où est prévu votre direct.** En effet, vous devez tester les conditions de votre futur direct. Vérifiez la lumière et l'arrière-plan du cadrage. Le signal vidéo doit être de bonne qualité.

» **Assurez la promotion du live bien avant l'évènement.** Faites cette publicité sur Instagram, votre blog, votre liste de mails, et sur d'autres réseaux sociaux.

» **Pendant le direct, interagissez le plus possible avec vos spectateurs.**

» **Enregistrez votre live pour le publier sur d'autres médias sociaux, puis publiez-le dans une story pour qu'il soit accessible pendant 24 heures.**

Astuce

Fixez votre caméra sur un trépied pour une prise de vue stable. Pour disposer d'un large choix de modèles, effectuez une recherche sur un moteur de recherche. Un trépied pour appareil photo devrait suffire. Il vous en coûtera environ 50 euros.

Avertir vos fans

Pour qu'un maximum de fans suivent ce direct, avertissez-les bien avant l'évènement. Plusieurs types de promotions sont possibles, mais le média le plus objectif et le plus logique reste Instagram. Publiez une illustration ou une vidéo dans le fil d'actualité d'Instagram et dans des stories. Cette publication indiquera le sujet, la date, et l'heure, comme sur la Figure 10.11.

Figure 10.11 Publiez une story pour faire connaître votre futur direct.

Si vous disposez d'une newsletter ou d'un blog, vous indiquerez l'évènement *via* ces supports. Enfin, parlez de ce futur direct sur d'autres médias sociaux en indiquant votre compte Instagram.

Instagram enverra une notification à vos abonnés (sauf si vous désactivez cette fonction) pour porter le direct à leur connaissance. L'image de votre profil affichera la mention En direct en haut de votre fil d'actualité, permettant ainsi aux utilisateurs de vous suivre d'un clic de souris (ou d'une pression du doigt).

Mais qui vous regarde ?

Il est très excitant de savoir qui suit votre diffusion en direct. Remerciez les personnes qui regardent votre live. Ensuite, démarrez votre discussion sur le sujet annoncé.

Vos spectateurs commenteront pendant votre présentation. Par conséquent, répondez à leurs questions autant que faire se peut. Comme il est parfois difficile de le faire pendant une explication, dites à votre public que vous répondrez à ses interrogations à la fin de votre discussion.

Enregistrer et republier vos directs

Une fois que le direct a atteint son terme, enregistrez-le ! Après avoir touché Terminé en haut à droite de l'écran, puis l'option Arrêter la vidéo en direct dans le menu local qui s'affiche, touchez Enregistrer en haut à droite.

Lorsque vous enregistrez un live Instagram, il devient une vidéo standard que vous pouvez utiliser comme bon vous semble. Voici quelques idées de réutilisation de votre vidéo en direct :

- sur votre site Web ;
- dans un post de votre blog ;
- dans une newsletter, ou comme teaser de votre prochain direct ;
- sur votre chaîne YouTube, puis partagez le lien sur LinkedIn et Twitter ;
- sur votre page professionnelle Facebook.

Vous pouvez modifier votre vidéo pour en faire un clip d'une minute (ou moins). Ensuite, téléchargez-le sur Instagram, Facebook, LinkedIn, et Twitter. Ou bien, créez une illustration à propos de cette vidéo, et publiez-la sur Instagram. Ajoutez-y un lien vers cette vidéo (sur YouTube ou sur votre site Web). Insérez ce lien dans la bio de la page du profil de votre compte Instagram.

Ensuite, réutilisez ce direct au meilleur de vos possibilités, car ce serait dommage de les gâcher.

DANS CE CHAPITRE...

Choisir le meilleur type de publicité pour votre campagne

Identifier la bonne cible

Comprendre les exigences de création

Chapitre 11

Préparer une publicité efficace

Avec plus de 700 millions d'utilisateurs d'Instagram par mois et 80 % d'entre eux qui suivent un compte professionnel, la publicité semble indispensable sur ce média social. L'âge d'utilisation d'Instagram a tendance à augmenter. Ce réseau n'est plus réservé aux adolescents ou à la génération Y. Vous y trouverez aujourd'hui des personnes issues du baby-boom et de la génération X.

Dans ce chapitre, nous expliquons comment choisir un type de pub, comment créer les éléments graphiques qui amélioreront votre publication sur Instagram, et comment choisir son auditoire cible incluant cette génération du baby-boom.

Pour faire de la publicité, vous devez configurer votre compte Instagram en compte professionnel. Pour plus d'informations sur ce passage (gratuit) vers un tel compte, reportez-vous au Chapitre 2.

Choisir la bonne pub

Quatre types de publicités sont disponibles sur Instagram :

» **Photo :** Une photo carrée ou rectangulaire avec un lien vers un site Web.

- **Vidéo :** Une vidéo sonore avec un appel à l'action.
- **Carrousel :** Entre deux à dix photos ou vidéos (voire les deux) que les utilisateurs peuvent parcourir pour obtenir de plus amples informations. Inclure un lien d'appel à l'action sur la totalité de la séquence.
- **Stories :** Les photos ou les vidéos des stories viennent compléter le contenu de votre fil d'actualité.

Répartition démographique d'Instagram

En novembre 2016, Pew Research Center a conduit une étude sur les médias sociaux qui établit le profil démographique des utilisateurs d'Instagram :

- 18-29 ans : 59 %
- 30-39 ans : 33 %
- 50-64 ans : 18 %
- 65+ ans : 8 %

Comme vous pouvez le constater, Instagram reste une plateforme utilisée majoritairement par des jeunes, mais les plus anciens ne doivent pas être oubliés, d'autant qu'ils ont un pouvoir d'achat bien plus important que les jeunes. Les femmes sont les mieux représentées sur Instagram : 38 % d'entre elles utilisent ce média social contre 26 % pour les hommes. Même si aujourd'hui les utilisateurs sont plus nombreux dans les villes (39 %), cette tendance commence à s'équilibrer puisque 31 % des instagrammeurs adultes vivent dans des zones rurales, et 28 % dans des zones périurbaines.

Les raisons d'utiliser Instagram comme plateforme publicitaire sont les suivantes :

- Les données démographiques sont largement ciblées par la base de données étendue de Facebook.
- Les frais d'accès sont faibles. Vous pouvez lancer une campagne publicitaire efficace pour moins de 20 euros si vous développez les bons visuels et visez la bonne cible.
- Vous pouvez atteindre de nouveaux clients qui n'ont pas encore découvert votre profil.
- C'est un outil idéal pour amener à votre site Web, obtenir un consentement à votre prospection directe, ou à d'autres liens de votre choix.

Les publicités peuvent être utilisées séparément ou combinées entre elles dans le but de créer une campagne efficace qui séduira un auditoire très diversifié. Un des plus gros avantages des pubs Instagram est de pouvoir mettre en œuvre des liens sous l'image, liens qui incitent les utilisateurs à agir.

Étant donné que toutes les publicités affichent la mention *Sponsorisé* en haut à droite de l'image ou sous le nom d'utilisateur, comme le montre la Figure 11.1, le public sait qu'il a affaire à une publicité qui a été payée.

Figure 11.1 Une publication sponsorisée, donc publicitaire.

Astuce

Normalement, le seul lien disponible sur votre compte Instagram figure sur la page de votre profil. Proposer un lien sous l'image est une excellente idée !

Photo publicitaire

Une *photo publicitaire*, comme celle de la Figure 11.2, est le type de pub le plus simple. Elle repose sur l'utilisation d'une photo carrée ou en mode paysage. Les publicités basées sur des photos (ou des vidéos) permettent d'ajouter un lien vers votre profil ou vers un site Web, ou bien encore d'atteindre des personnes proches de vous. En fonction de votre objectif, différents liens sont possibles.

Si l'objectif est d'amener les utilisateurs vers votre profil ou votre site Web, voici les liens à mettre en place :

» Réserver (*Book Now*)

» Nous contacter (*Contact Us*)

» Télécharger (*Download*)

» En savoir plus (*Learn More*)

» Acheter (*Shop Now*)

» S'inscrire (*Sign Up*)

» Voir Plus (*Watch More*)

Chaque option peut établir un lien vers un site Web ou vers votre profil Instagram professionnel.

Pour atteindre des personnes à proximité, choisissez un des boutons d'appel à l'action suivante :

» Itinéraires

» Appel

Figure 11.2 Une publicité simple sur Instagram.

Itinéraires permet d'indiquer une adresse et d'indiquer le chemin à parcourir pour l'atteindre. *Appel* permet d'insérer un numéro de téléphone et de fournir un lien qu'il suffit de tapoter pour lancer un appel.

Attention

Instagram est un média social qui évolue sans cesse. Il est fort possible qu'au moment où vous lirez ces lignes, certains termes de l'interface d'Instagram aient changé de dénomination.

Si vous utilisez le gestionnaire de publicités Facebook pour créer votre photo ou votre vidéo publicitaire, vous pouvez poursuivre de nombreux objectifs : annonces sur vos produits, augmenter le trafic, installer des applications, inciter, diffusions vidéo, catalogues de vente, visites de magasins, et création de campagnes. En fonction de l'objectif de votre promotion, vous utiliserez un gestionnaire de publicités pour une démarche encore plus ciblée.

Dans le prochain chapitre, nous verrons comment créer une pub avec l'appli mobile Instagram et *via* Facebook.

Vidéo publicitaire

Une *vidéo publicitaire* a le pouvoir, en une minute, de booster votre message. La vidéo est un support de diffusion de plus en plus populaire. Elle capte beaucoup plus l'attention de votre auditoire que ne le fait une photo. Racontez une petite histoire, expliquez l'utilisation de votre produit, posez une question à vos spectateurs – une vidéo peut inciter votre auditoire à agir de bien des manières.

Les vidéos publicitaires peuvent contenir les mêmes liens et poursuivre les mêmes objectifs que ceux décrits dans la précédente section. La Figure 11.3 donne un exemple de vidéo publicitaire contenant un lien d'appel à l'action Afficher les produits. Tapotez ce lien pour accéder à la fiche produit illustrée sur la Figure 11.4. Celle-ci contient un autre lien vers le site Web de la marque. Pour apprendre à tourner, modifier, et publier des vidéos sur Instagram, consultez le Chapitre 5.

Figure 11.3

Une pub vidéo avec un lien Afficher les produits qui renvoie vers la fiche produit de l'article concerné.

Figure 11.4

La fiche du produit propose un lien vers le site Web de la marque.

Carrousel publicitaire

Vous utiliserez un carrousel publicitaire pour raconter une histoire visuelle composée de deux à dix photos ou vidéos (voire les deux). Un carrousel permet à votre public de parcourir un évènement avec des instructions décrites pas à pas, des démonstrations de vos produits, des présentations avant et après, ou même le défilement d'un long panoramique.

Lorsque vous créez ce type de pub, vous pouvez sélectionner l'ordre d'apparition des images ou des vidéos. Si l'ordre importe peu, demandez à Instagram d'organiser ce contenu en montrant en priorité l'image ou la vidéo la plus performante.

Astuce

Dans un carrousel, commencez toujours avec une première image ou vidéo intéressante. Les utilisateurs ne consulteront pas le carrousel si l'image principale n'est pas incitative.

Un carrousel publicitaire est carré et ne permet d'une seule légende et commentaire pour toute la séquence. Dans le fil d'actualité, les utilisateurs verront un ovale noir dans la partie supérieure droite affichant 1/#, où # identifie le nombre d'images ou de vidéos du carrousel. Des points bleus sous l'image indiquent le nombre de photos ou de vidéos présentes dans le carrousel, comme sur la Figure 11.5. Il suffit de faire glisser le contenu vers la gauche ou la droite pour changer d'images.

Vous ne pouvez pas créer un carrousel publicitaire avec l'appli mobile d'Instagram. Cette fonction n'est présente que dans le gestionnaire de publicités Facebook et dans Power Editor.

Les objectifs poursuivis par ce type de pub sont les annonces sur vos produits, augmenter le trafic, installer des applications, inciter, diffusions vidéo, catalogues de vente, visites de magasins, et création de campagnes.

Figure 11.5

L'image 1/2 est indiquée en haut à droite et avec les points situés sous l'image de ce carrousel publicitaire.

Stories publicitaires

La dernière fonction publicitaire d'Instagram – et qui gagne en popularité – est la possibilité d'utiliser des stories comme support de promotion. La technique la plus simple pour créer une story de ce genre consiste à utiliser le gestionnaire de publicités ou Power Editor de Facebook. Malheureusement, il est impossible de créer des stories publicitaires avec l'application mobile Instagram.

Vous pouvez utiliser des photos et des vidéos dans ce genre de story, qui doivent être verticales (alors qu'elles sont carrées dans le fil d'actualité standard). La taille suggérée est de 1 080 × 1 920 pixels. Cette dimension offre la meilleure résolution et s'ajuste à la taille de l'écran. (Toutefois, si nécessaire, Instagram redimensionnera votre image pour qu'elle s'ajuste à l'écran.) Si vous utilisez une taille plus grande, des zones de vos photos et de vos vidéos risquent d'être coupées.

Les stories publicitaires permettent une grande variété de liens d'appel à l'action :

- » Demander un rendez-vous
- » Réserver
- » Télécharger
- » En savoir plus
- » Acheter
- » Nous contacter
- » S'inscrire
- » Voir plus

Lorsque les utilisateurs touchent un lien d'appel à l'action, ils sont renvoyés vers un site Web que vous définissez dans les paramètres de la pub. La Figure 11.6 donne un exemple de story publicitaire avec des hashtags.

Figure 11.6 Exemple de story publicitaire Instagram.

Appliquer une stratégie publicitaire efficace

Maintenant que vous connaissez les différents types de publicités disponibles, le moment est venu d'en concevoir une.

Les exigences techniques

La conception d'une pub pour Instagram répond à des exigences techniques qui varient selon le type de promotions que nous avons étudiées plus haut dans ce chapitre. Cette nouvelle section souligne les spécifications que vous devez respecter pour créer une publicité aux bonnes dimensions.

Pour les photos, les vidéos, et les carrousels, conformez-vous aux exigences techniques suivantes :

- » **Proportions de l'image : 1:1 (carré), 1.91:1 (paysage), 4:5 (vertical). Le carrousel publicitaire ne supporte que les images et les vidéos carrées.**
- » **Taille maximale de l'image : 1080 × 1080pixels (carré), 1200 × 628 pixels (paysage), 600 × 750 pixels (portrait).**
- » **Légende : 150 caractères recommandés, jusqu'à 2 200 caractères autorisés.**
- » **Longueur des vidéos : 60 secondes.**
- » **Type de fichier : .png ou .jpg pour les photos, et .mp4 H.264 pour les vidéos.**
- » **Taille maximum des fichiers : 30 Mo pour les photos, 4 Go pour les vidéos.**

Certaines spécifications des stories publicitaires sont différentes :

- » **Proportions de l'image : 4:5 (vertical) ou 6 pour les photos.**
- » **Taille minimale de l'image : 600 × 1 067 pixels.**
- » **Taille maximale de l'image : 1 080 × 1 920 pixels.**
- » **Longueur des vidéos : 15 secondes.**
- » **Type de fichier : .png ou .jpg pour les photos, et .mp4 H.264 pour les vidéos.**
- » **Taille maximum des fichiers : 30 Mo pour les photos, 4 Go pour les vidéos.**

Identifier votre auditoire cible

Une grande variété d'options sont disponibles pour cibler précisément votre auditoire. Vous disposez de choix basiques comme le lieu et l'âge, mais aussi de plus particuliers comme les centres d'intérêt, les likes sur les pages, le niveau des revenus, et bien plus encore. Voici les options les plus importantes :

- Lieu
- Genre
- Tranche d'âge
- Langue
- Centres d'intérêt (santé, porcs guinéens, jeux vidéo, décoration florale, pages Facebook particulières)
- Employeurs
- Niveau des revenus
- Propriétaire ou locataire
- Célibataire, marié(e), divorcé(e), veuf(ve), en couple
- Avec ou sans enfant

Dressez une liste de votre audience cible en utilisant tout d'abord les critères de lieu, de genre, et d'âge. Ensuite, ajoutez quelques critères pour réduire cet auditoire comme les centres d'intérêt et la répartition démographique.

Lorsque vous concevez la promotion dans le gestionnaire de publicités Facebook ou avec Power Editor, vous verrez si votre choix est trop vaste ou bien ciblé en vérifiant un indicateur qui se met à jour chaque fois que vous ajoutez ou retirez des caractéristiques, comme sur la Figure 11.7.

Si votre auditoire est large, ajoutez un centre d'intérêt spécifique. S'il vous semble trop restreint, un nombre insuffisant de personnes verra votre publicité. Dans ce cas, éliminez des centres d'intérêt qui ne concernent qu'un nombre trop réduit de personnes.

Le Chapitre 12 détaille la détermination d'une cible publicitaire avec le gestionnaire de publicités Facebook ou Power Editor.

Figure 11.7 L'indicateur estime le nombre de personnes atteintes quotidiennement par votre publicité en fonction des critères définis.

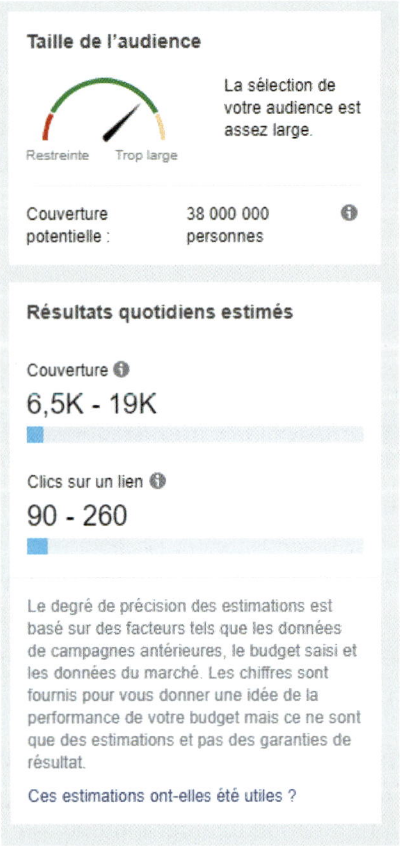

Choisir judicieusement les images de la pub

Si vous déambulez sur Instagram depuis un moment, vous avez probablement observé des comptes tout simplement incroyables. Les meilleurs comptes collent à un thème, utilisent une charte graphique riche, et définissent un style d'image afin d'obtenir un ensemble qui détermine le look unique de leur marque.

Une fois que vous avez créé la page de votre marque, choisissez une image qui représente le mieux son apparence générale. Il est essentiel que la publicité ne tranche pas avec les autres images et vidéos que vous utilisez. Dans cette section, nous verrons plusieurs manières de choisir les meilleures images pour votre promotion.

À retenir

Votre pub devra séduire des personnes qui ne connaissent pas la page de votre profil. Par conséquent, choisissez une image forte qui attirera l'attention du public sur votre compte et qui cherchera alors à en savoir plus.

Montrer des personnes

Montrer des personnes dans une publicité établit une connexion avec le public. Des études ont démontré que des photos naïves ont plus d'impact que des photos très travaillées. Et les clichés où une personne regarde l'objectif, comme sur la Figure 11.8, fonctionnent mieux que les autres. Pourquoi ? Parce que le public s'identifie à cette personne !

Choisir des couleurs vives

Votre image ne doit pas trancher avec celles que vous publiez habituellement sur votre profil. Mais il faudra tout de même que cette image sorte de l'ordinaire et force le public à s'arrêter dessus. Une des meilleures techniques pour obtenir cet effet consiste à introduire une couleur vive, comme sur la Figure 11.9. L'œil est irrémédiablement attiré par ce genre de teinte.

Créer une ambiance

Créer une ambiance avec votre photo aidera le public à se mettre en situation. Les images qui traduisent confiance, sécurité, et confort donnent d'excellents résultats (voir la Figure 11.10). Si ces termes ne coïncident pas avec le message que doit faire passer votre marque, choisissez des termes qui conviennent, et essayez de trouver une image qui exprime ce sentiment.

Figure 11.8
Prenez comme sujets des personnes auxquelles le public s'identifiera.

Figure 11.9

Une couleur vive attire l'attention.

Luminosité

Une photo trop sombre ou aux couleurs délavées n'est pas vendeuse, comme celle de la Figure 11.11. Heureusement, même des photos qui n'ont pas été prises dans des conditions optimales peuvent être améliorées et sans qu'il soit nécessaire d'être un spécialiste de Photoshop. Pour en savoir plus sur les outils d'édition, reportez-vous au Chapitre 4. Si vous ne parvenez pas à obtenir la bonne image, choisissez-en une qui ne présente aucun problème d'éclairage, et enregistrez-la pour votre fil d'actualité habituel.

Figure 11.10

Le sourire de ce docteur transmet chaleur et confiance.

Figure 11.11

Les photos mal éclairées doivent être bannies de vos pubs.

Clarté

Voici une chose encore pire que le manque de lumière : les photos floues ou comportant du bruit. Contrairement à une faible luminosité, il est quasiment impossible de corriger une photo floue ou contenant un bruit trop conséquent. Vos images doivent avoir une résolution de 72 ppp (ou dpi) pour une publication en ligne. Choisir une image en basse résolution pour une publicité communiquera une mauvaise image de votre marque. Il sera alors compliqué de convaincre quiconque de travailler avec vous ou d'acheter vos produits (voir la Figure 11.12).

Figure 11.12

Les photos floues ou granuleuses sont quasiment impossibles à corriger. Bannissez-les de vos pubs.

Astuce

Si vous avez le temps de faire un shooting photo, créez une image personnalisée qui représente bien votre marque. Si vous ne disposez pas des ressources nécessaires pour réaliser vos prises de vue, consultez des sites comme iStock (https://www.istockphoto.com/fr) ou Adobe Stock (https://stock.adobe.com/fr/) qui proposent des images libres de droits à prix raisonnable.

Une légende vaut (au moins) 1 000 mots

Une publicité impose un slogan. Par conséquent, limitez-vous à environ 300 caractères. En effet, seules les deux ou trois premières lignes sont visibles. Leur contenu doit donc inciter le public à cliquer sur Suite pour accéder à la fin du texte. Donc, placez votre message le plus important au début de cette légende.

Voici quelques astuces pour créer une légende publicitaire gagnante :

» **N'essayez pas de vendre tout de suite quelque chose.** Vous avez affaire à un nouvel auditoire. En conséquence, laissez-lui le temps de vous connaître. Pour cela, offrez quelque chose comme une check-list, un logiciel de messagerie, ou des échantillons de votre produit.

» **Posez des questions.** Créez encore plus d'interaction en posant des questions à votre auditoire qui aura alors envie de commenter.

» **Demandez de taguer un ami.** Une autre manière d'engager votre public est de lui demander de taguer un ami avec des termes comme «*regarde ça*, *gagne ceci*, *porte ça*, *etc.* Lorsque ce tag est associé à une bonne photo, votre cible partagera sans hésitation.

» **Donnez des détails.** Si l'image ne représente pas explicitement votre produit ou votre service, utilisez la légende pour créer un contexte plus compréhensible.

» **Appliquez quelques hashtags.** Il est habituel d'ajouter 30 hashtags dans un commentaire placé sous la légende initiale d'un post standard. Mais pour une pub, ne dépassez pas trois hashtags qui représenteront le cœur de votre message. C'est le moment ou jamais d'utiliser un hashtag que vous avez créé spécialement pour votre marque.

» **Insérez un appel à l'action.** Enfin, insérez toujours un appel à l'action (CTA). Votre objectif est que les instagrammeurs répondent à cet appel quand ils voient votre pub. Des phrases comme *Touchez le bouton En savoir plus pour télécharger gratuitement* ou *Inscrivez-vous cette semaine pour profiter de notre offre bonus* précisent à votre auditoire ce qui l'attend s'il tapote votre lien. N'omettez pas cette pièce essentielle du puzzle.

DANS CE CHAPITRE...

Les différentes manières de créer une pub Instagram

•

Tester les types de pubs, les images et les auditoires pour une efficacité maximale

•

Analyser les résultats de votre pub

Chapitre 12

Créer une pub Instagram efficace

Une fois que vous aurez évalué le meilleur type de publicité pour votre activité, le moment sera venu de passer à sa phase de création. Dans ce chapitre, nous étudierons les différentes manières de créer une pub Instagram avec son appli mobile et les deux possibilités de Facebook que sont le gestionnaire de publicités et Power Editor. Si vous envisagez de lancer également cette campagne sur Facebook, il sera indispensable de comprendre le fonctionnement du gestionnaire de publicités ou de Power Editor afin de synchroniser votre campagne sur ces deux réseaux.

Astuce

Facebook optimise ces campagnes sur les deux plateformes afin d'obtenir un maximum de performances.

Nous traiterons aussi de la phase de test et de l'analyse des résultats qui permettent d'apporter des corrections afin de lancer la campagne publicitaire la plus efficace qui soit.

Créer une pub avec l'appli mobile Instagram

Les photos et les vidéos destinées aux annonces peuvent être créées avec l'appli mobile Instagram. Les carrousels et les stories publicitaires doivent être créés avec le gestionnaire de publicités Facebook, Power Editor, ou l'API Instagram (réservée aux développeurs et dont l'utilisation dépasse le cadre de ce livre).

Voici les étapes de création d'une publicité avec l'application mobile Instagram :

1. **Publiez votre photo ou votre vidéo avec une légende, des hashtags, et un lieu comme vous le faites habituellement.**

2. **Cliquez sur le bouton bleu Promouvoir, comme sur la Figure 12.1.**

Figure 12.1 Cliquez sur le bouton bleu Promouvoir pour lancer le processus publicitaire.

Attention

Il vous sera demandé, si nécessaire, de vous connecter à votre compte Facebook et à une page Facebook. Si vous n'avez pas de page, profitez de cette procédure de promotion pour en créer une, ou bien accédez à votre compte Facebook (celui qui est lié à votre compte Instagram) et créez-y une page.

3. **Choisissez ensuite l'option Créer une promotion, comme sur la Figure 12.2.**

   En bas de la publication apparaît la section *Choisissez l'objectif de cette promotion.*

Figure 12.2 Choisissez Créer une promotion.

4. **Indiquez où vous souhaitez rediriger les personnes, et touchez la flèche en haut à droite.**

   Vous avez le choix entre Votre profil, Votre site Web et Vos messages Direct.

5. **Sélectionnez l'audience cible, puis touchez la flèche en haut à droite.**

   Vous avez le choix entre Automatique, où Instagram choisit des personnes identiques à vos abonnés, et Créer la vôtre, où vous aurez le choix des lieux de résidence, des centres d'intérêt, de l'âge et du genre.

6. **Dans l'écran Budget et durée (Figure 12.3), faites glisser les curseurs Budget et Durée pour définir votre budget quotidien et la durée de la promotion, puis touchez la flèche en haut à droite.**

   La couverture estimée se met à jour en temps réel. Le chiffre indique une fourchette de personnes qui seront touchées par votre campagne.

Figure 12.3 Définissez le budget quotidien et la durée de la publicité.

7. **Dans l'écran Tout est prêt, touchez le lien Aperçu de la promotion pour voir à quoi ressemblera votre publicité.**

   La Figure 12.4 montre une publicité avec un renvoi vers le profil. La mention Sponsorisé montre qu'il s'agit bien d'une publicité.

8. **Ajoutez un moyen de paiement, comme une carte bancaire, un compte bancaire ou un compte PayPal.**

9 Pour finir, touchez le bouton Créer une promotion.

Figure 12.4 Aperçu de la publicité.

Créer une pub avec Facebook

Facebook propose deux méthodes de création de publicités Instagram : le gestionnaire de publicités et Power Editor. Le gestionnaire de publicités Facebook est plus facile à utiliser que Power Editor. Si vous n'êtes pas un habitué des pubs Facebook, nous vous conseillons de commencer avec le gestionnaire.

À retenir

Pour démarrer des promotions sur Instagram, vous devez posséder une page commerciale Facebook et un compte publicitaire.

Créer une pub avec photo, vidéo, ou un carrousel dans le gestionnaire de publicités

Voici comment créer une pub Instagram intégrant une photo, une vidéo, ou un carrousel avec le gestionnaire de publicités Facebook :

1. **Connectez-vous à votre page commerciale Facebook. Cliquez sur le petit triangle bleu en haut à droite. Dans le menu local qui s'affiche, choisissez Publicités sur Facebook.**

2. **En haut à droite de la page Web qui apparaît, cliquez sur le bouton Créer une publicité.**

   La page Promouvoir apparaît, comme sur la Figure 12.5.

3. **Choisissez votre objectif parmi les cinq proposés.**

Figure 12.5 La première étape consiste à définir votre objectif.

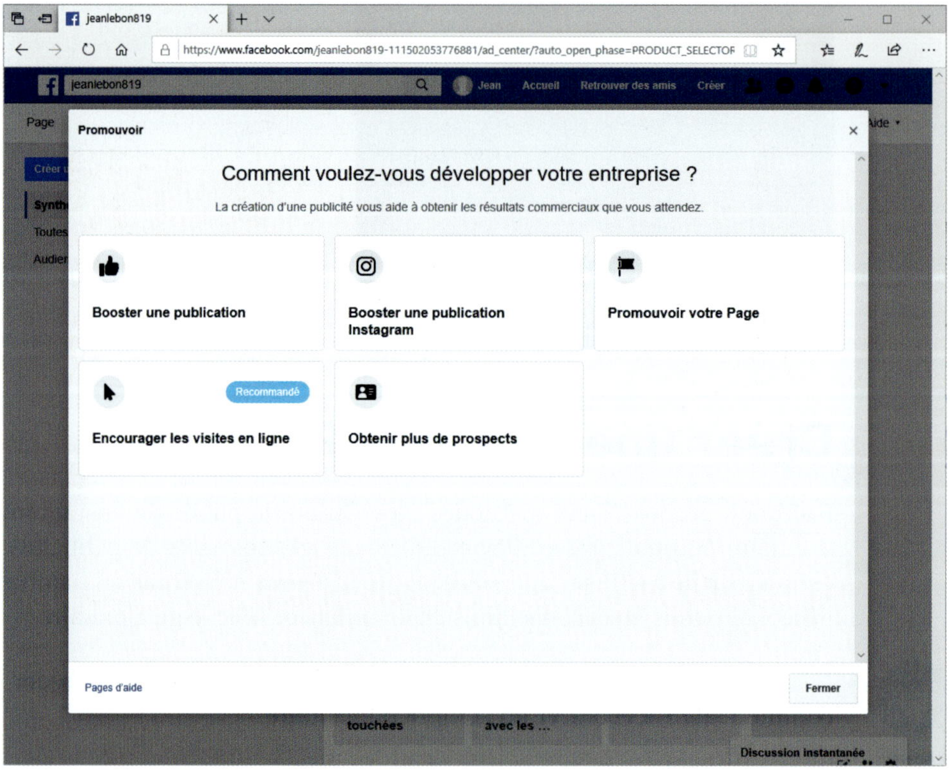

4. **Pour faire la promotion d'une de vos publications Instagram, cliquez sur Booster une publication Instagram.**

5 **Dans la liste des publications à booster, comme sur la Figure 12.6, cliquez sur le bouton Boostez la publication affiché à droite de la publication Instagram.**

Figure 12.6

Boostez une de vos publications Instagram.

6 **Dans la fenêtre Boostez la publication illustrée sur la Figure 12.7, définissez les paramètres suivants :**

Figure 12.7

Les paramètres de votre publicité.

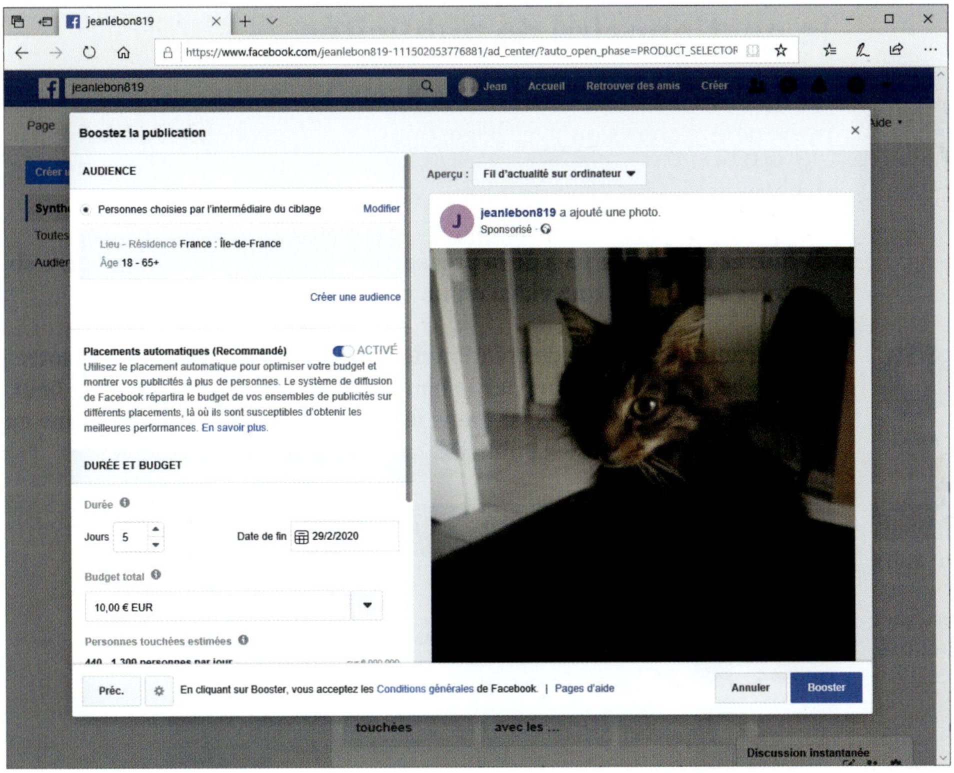

a. L'audience. Elle est définie par défaut dans votre région de résidence avec une tranche d'âge de 18 à 65+. Si cela ne vous convient pas, cliquez sur Modifier et précisez ces options. Vous avez même la possibilité d'ajouter des données démographiques, des centres d'intérêt, et bien d'autres critères. Une évaluation du nombre de personnes potentiellement touchées est actualisée en bas de cette fenêtre. Validez vos nouveaux critères avec le bouton Enregistrer.

b. Le budget. Comme sur Instagram, vous indiquez la durée de la publicité, puis son budget total (et non pas quotidien comme sur Instagram). En fonction de vos choix, une estimation du nombre de personnes touchées se met à jour sous cette section. Indiquez aussi la devise utilisée.

7. **Cliquez sur Booster en bas à droite.**

8. **Indiquez votre moyen de paiement, et cliquez sur Continuer.**

Une fois le paiement validé, la promotion de votre publication Instagram durera le laps de temps choisi pour la somme indiquée.

Lancer une story promotionnelle Instagram avec le gestionnaire de publicités

Au moment où nous écrivons ces lignes, les stories publicitaires Instagram ne peuvent être créées qu'avec le gestionnaire de publicités Facebook.

Voici comment lancer ce type de campagne :

1. **Suivez les Étapes 1 à 3 de la précédente section et choisissez votre objectif pour créer une photo, une vidéo ou un carrousel publicitaire.**

Astuce

Une autre technique de création de publicité consiste à afficher votre page Facebook, puis à cliquer sur le bouton Créer de la barre bleue en haut de la fenêtre du réseau social. Dans le menu local qui apparaît comme sur la Figure 12.8, choisissez Publicité.

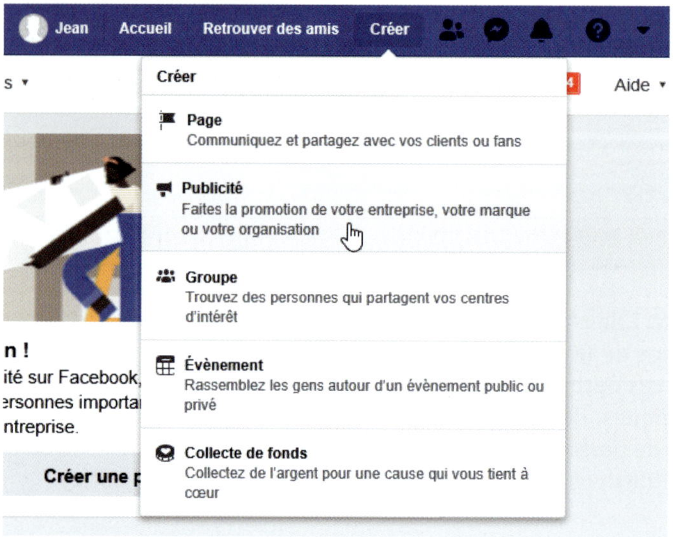

Figure 12.8 Une autre technique pour créer une publicité.

Vous accédez au gestionnaire de publicités Facebook.

2. **Dans le volet de gauche, cliquez sur Placements dans la section Ensemble de publicités, comme sur la Figure 12.9.**

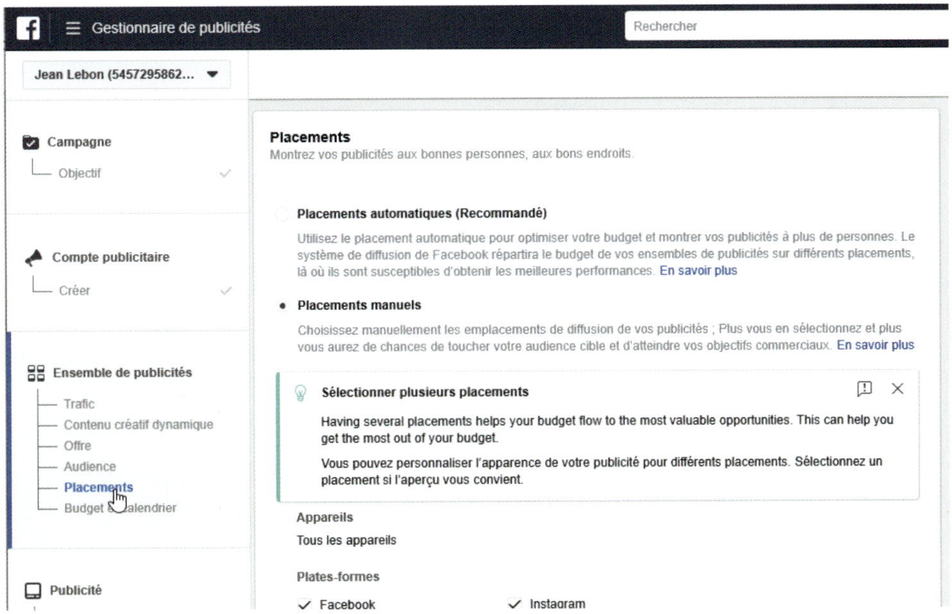

Figure 12.9
Pour sélectionner l'emplacement de diffusion de votre publicité.

3. **Dans le volet central, localisez la section Plateformes, et ne cochez que Instagram.**

4. **Dans l'encadré Stories, cochez si nécessaire Stories Instagram, comme sur la Figure 12.10.**

5. **Faites défiler la page pour accéder à la section Budget et calendrier.**

   Vous devez connaître votre budget total et la durée de cette campagne publicitaire.

6. **Cliquez sur Afficher plus d'options puis, dans le menu local Budget et calendrier, choisissez Budget quotidien (paramètre par défaut) ou Budget global, puis activez l'option Définissez une date de début et de fin.**

7. **Utilisez les champs des calendriers et des heures pour indiquer précisément la date de début et de fin de votre campagne.**

Figure 12.10

Pour lancer une story publicitaire, ne cochez que la case Stories Instagram.

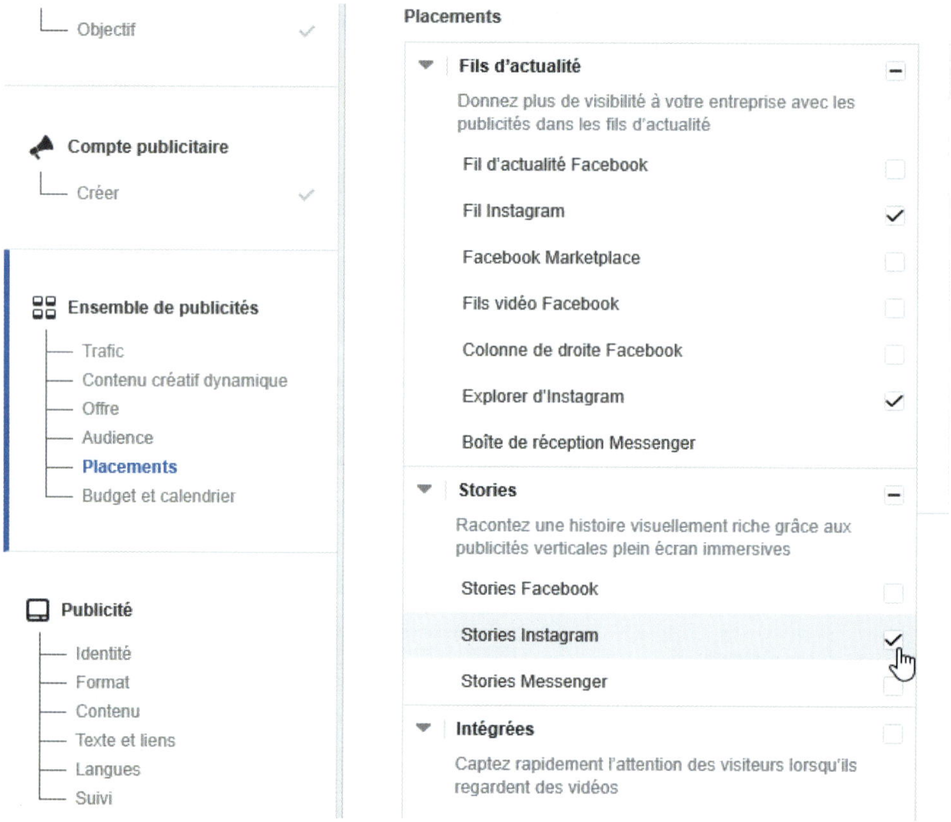

8 **Dans le menu local Optimisation de diffusion des publicités, choisissez Clics sur les liens.**

Laissez toutes les autres options sur leur valeur par défaut.

9 **Cliquez sur le bouton Continuer.**

10 **Dans la section Format, choisissez la structure de votre publicité : Carrousel, Image/Vidéo unique ou Collection selon que vous souhaitez intégrer une ou plusieurs images dans votre publicité.**

À retenir

Vous avez également la possibilité d'utiliser une publication existante et d'utiliser une maquette. Pour cela, cliquez sur l'onglet correspondant.

Comme les stories sont verticales, la taille conseillée des images est de 1 080 × 1 920 pixels pour une photo (ou une illustration) en évitant une dimension inférieure à 1080 × 1080. Pour les vidéos, vous devez filmer en positionnant le téléphone verticalement, façon Périscope.

⑪ Dans la section Contenu, ouvrez le menu local Ajouter du contenu multimédia, et choisissez Ajouter une image, comme l'illustre la Figure 12.11.

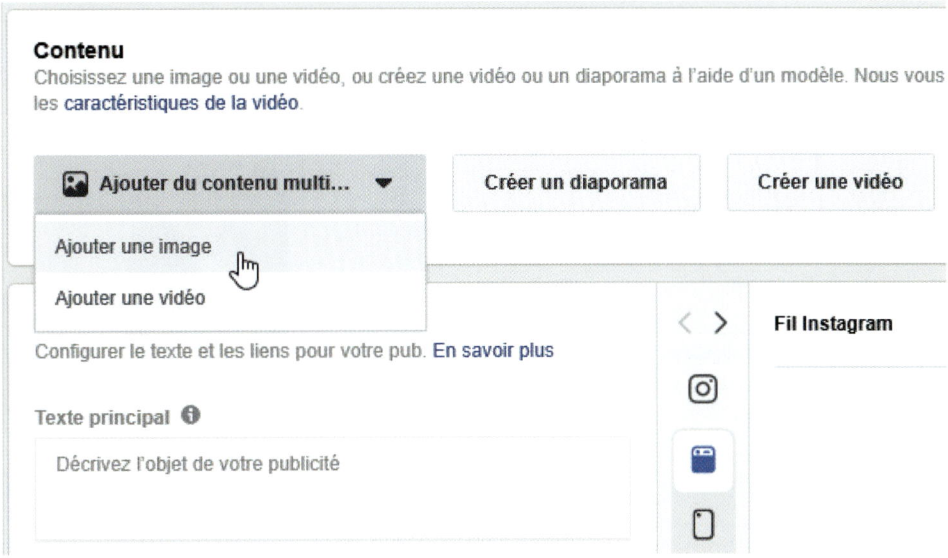

Figure 12.11 Téléchargez votre image.

⑫ Si vous avez déjà fait des publicités, les publications concernées s'affichent. Pour utiliser une autre image, cliquez sur le bouton Importer.

Astuce

Le menu local Images du compte permet de trier les images de la page, d'Instagram, et des stocks photos, en fonction de votre activité réalisée sur Instagram et Facebook.

⑬ Dans la boîte de dialogue Ouvrir, choisissez l'image à utiliser pour votre story publicitaire, et cliquez sur le bouton Ouvrir.

Vous avez alors la possibilité de recadrer votre image selon que vous la diffusez dans le fil d'actualité ou dans une story.

Sachez que, par défaut et automatiquement, le gestionnaire de publicités ajuste les dimensions de votre image à celle des stories, c'est-à-dire 1024 × 768 pixels.

⑭ Cliquez sur Continuer en bas à droite.

⑮ Dans la section Texte et lien, tapez votre légende, choisissez un bouton d'appel à l'action dans le menu local Call to action, et indiquez éventuellement le site Web vers lequel renvoie le lien publicitaire.

16. **Si l'aperçu illustré sur la Figure 12.12 correspond à vos attentes, cliquez sur le bouton Confirmer (tout en bas à droite de la page) pour valider cette pub.**

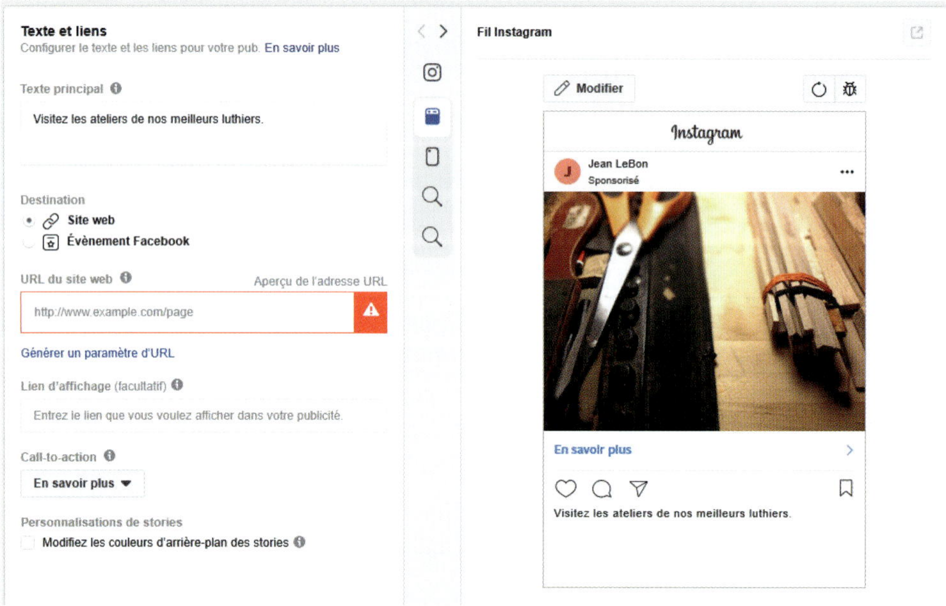

Figure 12.12 Un aperçu donne une idée précise de l'apparence qu'aura votre story publicitaire.

Lancer une publicité avec Power Editor

Power Editor de Facebook a été conçu pour donner aux gros annonceurs la possibilité de télécharger et de gérer plusieurs publicités en même temps. Si vous débutez dans les promotions Instagram, nous vous conseillons d'utiliser l'appli mobile Instagram ou le gestionnaire de publicités Facebook.

En revanche, si vous maîtrisez bien le gestionnaire de publicités Facebook, essayez Power Editor en vous conformant aux instructions suivantes :

1. **Rendez-vous sur** https://www.facebook.com/adsmanager**, et cliquez sur l'onglet Campagnes, puis sur le bouton Créer.**

   Vous accédez à un assistant illustré sur la Figure 12.13.

2. **Effectuez les opérations suivantes dans la première section de cet assistant :**

   a. Dans le champ Nom de la campagne, donnez un nom à cette campagne publicitaire.

   b. Dans le menu local Type d'achat, laissez Enchères de manière que Facebook vous propose le meilleur prix pour cette pub.

c. *Choisissez l'objectif de votre campagne.* Vous disposez des propositions suivantes : Notoriété de la marque, Couverture, Trafic, Installations d'apps, Vues de vidéo, Générations de prospects, Interaction avec une publication, Mentions J'aime la page, Réponses à un évènement, Messages, Conversions, Ventes de catalogue, et Trafic en point de vente. Pour les besoins de notre exemple, choisissez Trafic.

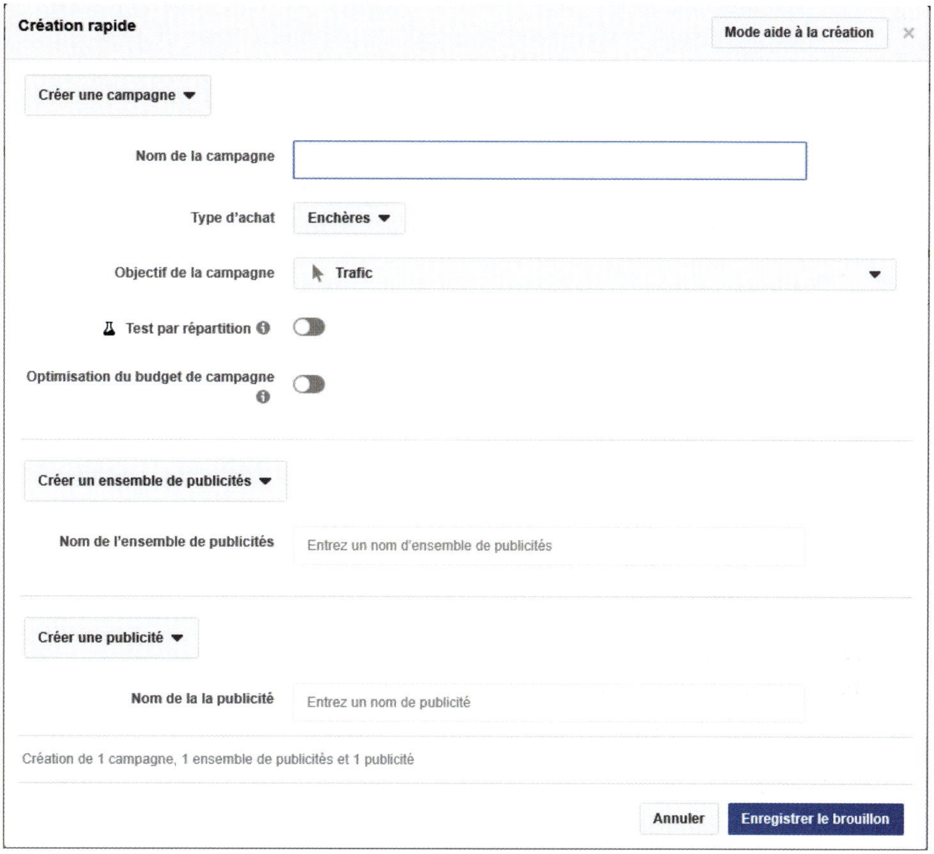

Figure 12.13 Nommez votre campagne, définissez un ensemble, et annoncez !

3 Donnez un nom d'ensemble de publicités.

Si vous ne gérez qu'un seul ensemble de publicités, donnez-lui le même nom que votre campagne. Si vous gérez plusieurs ensembles, trouvez un nom générique. Par exemple, si la campagne se nomme « Campagne de collecte de fonds pour l'anniversaire de Jenni », le nom de l'ensemble pourra inclure la cible, le placement, le budget, et le calendrier. Vous pouvez aussi avoir plusieurs ensembles avec différentes cibles, placements, budgets, et calendriers, mais tout en restant sous la même campagne. (Vous pouvez revenir sur Créer une campagne à n'importe quel moment, puis opter pour Utiliser une campagne existante, choisir Créer un ensemble de publicités, et indiquer un nouveau nom.)

4. **Donnez un nom à votre pub.**

   Si vous avez plusieurs publicités dans une seule campagne ou un ensemble de campagnes, soyez précis dans cette dénomination. Comme pour un ensemble de publicités, vous pouvez disposer de plusieurs noms de pubs qui peuvent comprendre différents éléments créatifs ou textes de publications.

5. **Cliquez sur le bouton Enregistrer le brouillon.**

   Un nouvel écran apparaît. Il confirme vos choix et vous demande d'indiquer, si vous le souhaitez, un plafond de dépense de campagne.

6. **Cliquez sur le lien Afficher plus d'options de l'encadré Détails de la campagne. Placez le pointeur de la souris sur Plafond dépense campagne, puis sur le lien Modifier qui apparaît. Enfin, cliquez sur le lien Définir plafond.**

7. **Saisissez la somme maximale au-delà de laquelle vous ne souhaitez pas aller.**

8. **Dans l'encadré Optimisation du budget de la campagne, basculez le curseur en mode Activé.**

9. **Dans le menu local Budget de la campagne, choisissez entre Budget quotidien et Budget global.**

10. **Si vous optez pour Budget global, planifiez la publicité en activant Diffuser les publicités selon un calendrier. Vous aurez alors la possibilité de définir un calendrier de la diffusion de vos publicités.**

11. **Revenez à l'onglet Campagnes par un clic sur Gestionnaire de publicités.**

12. **Placez le pointeur de la souris sur le nom de votre campagne, et cliquez sur le lien Modifier qui s'affiche.**

13. **Dans le volet de gauche, cliquez sur le nom de votre campagne.**

14. **Faites défiler le volet central jusqu'à la section Contenu, puis cliquez sur Ajouter du contenu multimédia, et choisissez Ajouter une image.**

15. **Utilisez une image existante ou bien cliquez sur Importer.**

16. **Une fois l'image téléchargée, cliquez sur Continuer.**

⑰ Vérifiez l'aperçu et, si tout vous convient, cliquez sur Publier.

⑱ Enfin, configurez votre compte publicitaire.

Astuce

Vous pouvez désactiver une pub dans le tableau de bord en faisant simplement glisser son curseur blanc sur fond bleu vers la gauche. Ce curseur se grise.

Contrôler votre publicité Instagram

Une fois que vous avez terminé le placement de votre pub, vérifiez vos notifications Instagram et interagissez avec votre audience.

Il y a fort à parier que vous ayez beaucoup plus de notifications qu'à l'habitude – ne les ignorez pas ! Tapotez l'icône du cœur en bas de votre écran pour afficher toutes vos notifications. Ensuite, tapotez l'image de votre publicité pour accéder à vos posts publicitaires. À partir de là, vous pouvez répondre aux commentaires et aux questions. Nous vous conseillons d'ajouter systématiquement un petit commentaire. Cela crée un lien avec votre audience qui cherchera à en savoir plus sur votre produit et sur la manière dont il pourra leur rendre service.

Test A/B

Après avoir créé votre première pub et écrit une légende parfaite, envisagez un test A/B. L'*A/B testing* consiste à planifier au moins deux annonces pour tester l'impact de modifications sur une des deux versions, et ainsi évaluer celle qui donne les meilleurs résultats. Les entrepreneurs consacrent un petit budget et définissent un calendrier très court à leurs tests A/B. Ensuite, ils allouent davantage d'argent et de temps au grand vainqueur du test.

Voici quelques exemples de tests A/B :

- **Utiliser la même image dans deux annonces, et permutez les légendes. Vous pouvez limiter ce changement à quelques hashtags, ou ne permuter que l'appel à l'action, ou bien interchanger une question posée et une demande d'identification d'un ami dans un commentaire.**
- **Utiliser différentes images dans deux pubs mais en gardant la même légende.**
- **Utiliser la même image et la même légende, permuter le lien d'appel à l'action, par exemple En savoir plus en S'inscrire ou en Réserver.**
- **Utiliser la même image, légende et appel à l'action, mais permuter votre audience pour savoir qui répond le plus fréquemment à la publicité.**

Tous les éléments qui peuvent être assignés à une pub ou à une autre sont des candidats idéaux à des tests. Il suffit de bien identifier le type de résultats que vous recherchez. L'objectif du test est d'apprécier quelle combinaison image, légende, appel à l'action, et audience a les meilleures performances.

Astuce

Exécutez ce test sur une même période avec une audience similaire pour éviter l'incidence saisonnière, comme les périodes de vacances qui peuvent avoir une influence anormale sur les résultats obtenus.

Vous pouvez lancer le test A/B avec un calendrier différent pour chacune des deux publicités dans l'appli mobile Instagram, puis en analysant les résultats. La création de la pub dans l'appli mobile est traitée en détail dans la section « Créer une pub avec l'appli mobile Instagram ». L'analyse des résultats est étudiée dans la prochaine section.

Mesurer les résultats de votre pub

Après avoir créé et publié une publicité, vous devez en mesurer les performances. Beaucoup d'entrepreneurs négligent cette étape cruciale. Mais je sais que vous êtes plus malins qu'eux ! Évaluer l'efficacité d'une campagne déterminera vos succès futurs et vous fera économiser pas mal d'argent et de temps. En effet, qui préférera une pub qui n'entraîne quasiment aucune vente à une annonce couronnée de succès commercial ?

Dans cette section, découvrez comment mesurer les résultats de votre pub en utilisant Instagram et le gestionnaire de publicités Facebook.

Afficher les statistiques avec Instagram

Les statistiques comprennent des données provenant de vos posts. Elles concernent des impressions, la portée, les likes, les commentaires, et bien d'autres choses encore. Voici comment en avoir connaissance *via* l'appli mobile :

1. **Sur votre page de profil Instagram, tapotez l'icône du graphique située en haut et au centre de l'écran.**

2. **Faites défiler le contenu de la page pour accéder à la section Promotions.**

3. **Cliquez sur le lien Voir la suite pour afficher vos résultats.**

Si votre campagne est toujours active, cliquez sur le lien Voir la suite. Toutes les promotions que vous avez lancées sont listées sous la forme d'une vignette identifiant chaque pub.

4. **Vérifiez les clics sur les liens (à droite de la vignette), et notez cette information que vous stockerez plus tard avec d'autres données.**

5. **Tapotez n'importe où dans le champ où votre promotion est listée afin de voir comment la publicité est proposée à votre audience (voir la Figure 12.14).**

Figure 12.14 Instagram montre l'aspect de votre pub à l'écran.

6. **Tapotez Voir les résultats.**

La page des résultats apparaît comme sur la Figure 12.15, avec une version réduite de l'image, vos impressions, la portée de la pub, les J'aime, les commentaires, et les enregistrements. Elle indique le total des interactions de la pub et la compare aux performances que vos publications gratuites ont en moyenne.

Figure 12.15 La page des résultats indique des informations clés sur les performances de votre promotion.

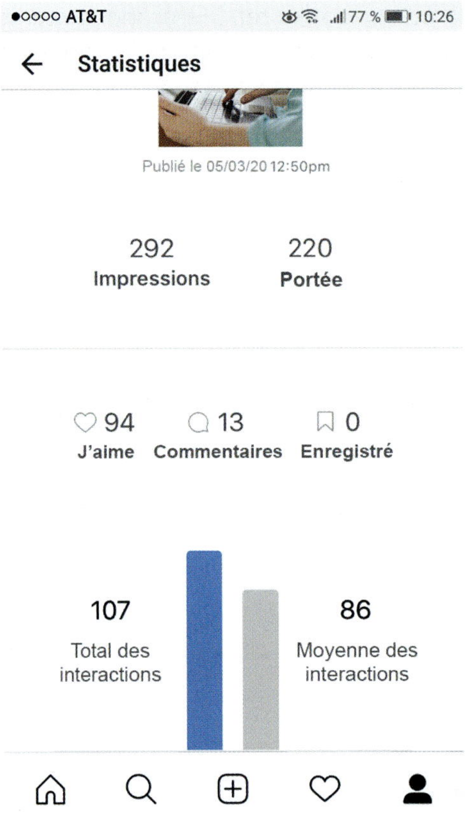

À retenir

Instagram et Facebook étant des médias qui évoluent en permanence, les termes utilisés au moment de l'écriture de ce livre auront pu connaître des changements lorsque vous le lirez.

Astuce

Maintenant que ces données sont collectées, stockez-les dans une feuille de calcul afin de les comparer avec les résultats de vos publications standard. Elles vous serviront pour parfaire vos futures publicités. Toutes ces informations sont essentielles pour mener un test A/B performant avec d'autres images, légendes, texte, audience, ou même type de pubs.

Afficher des statistiques avec le gestionnaire de publicités Facebook

Le gestionnaire de publicités fournit plus de données sur votre pub Instagram que l'application mobile. Ces résultats sont disponibles dans ce gestionnaire que vous ayez créé la promotion dans le gestionnaire de publicités Facebook ou dans

Instagram. Si vous observez de près vos résultats, le gestionnaire de publicités Facebook vous donnera plus d'informations sur l'argent que vous avez dépensé et le coût par résultat obtenu. Il donne aussi la possibilité d'exporter les données en fichier .csv ou .xls.

Suivez ces étapes pour consulter des résultats dans le gestionnaire de publicités Facebook :

1. **Dans Facebook, cliquez sur Créer, puis sur Publicité.**

   Toutes les publicités actives ou terminées apparaissent dans le tableau de bord.

2. **Affichez un résumé en consultant les données de l'onglet Campagnes, comme sur la Figure 12.16.**

   Faites défiler le contenu de cette page pour accéder à toutes les données et aux autres campagnes.

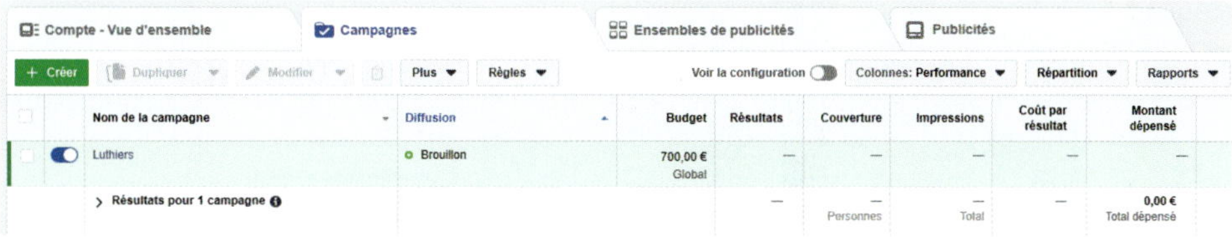

Figure 12.16 Le tableau de bord du gestionnaire de publicités Facebook affiche un récapitulatif de vos résultats publicitaires.

3. **Sous le nom d'une campagne, cliquez sur le lien Voir les graphiques.**

   Vous obtenez une représentation graphique identique à celle de la Figure 12.17.

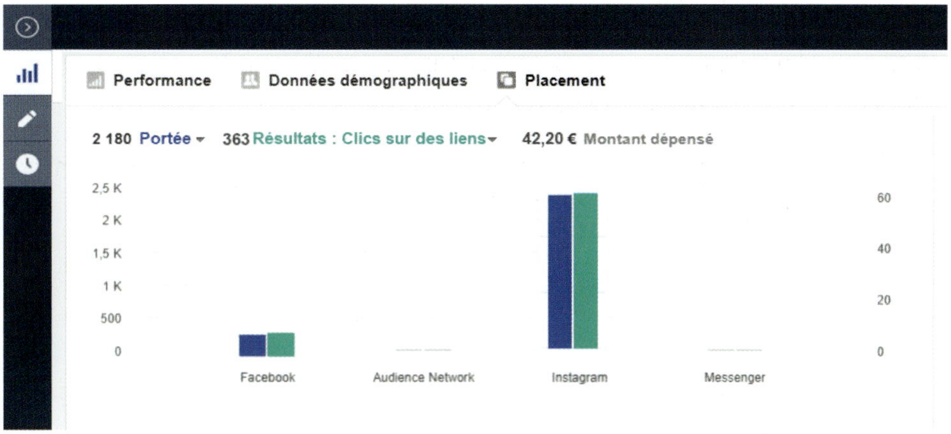

Figure 12.17 Cliquez sur le lien Voir les graphiques pour analyser les résultats plus profondément.

4. **Analysez les trois graphiques en passant d'un onglet à l'autre (Performance, Données démographiques, et Placement) afin d'obtenir les informations que vous cherchez.**

5. **(Facultatif) Pour exporter les résultats de votre campagne :**

   a. Cochez la case située à gauche du nom de votre campagne.

   b. Ouvrez le menu local Plus, et choisissez Exporter les données sélectionnées (Figure 12.18).

   C'est tout ! Vérifiez votre trafic Web et toutes les autres conversions qui se sont passées sur votre site. Ajoutez cette information dans les résultats de vos autres campagnes Instagram pour les intégrer dans votre analyse globale.

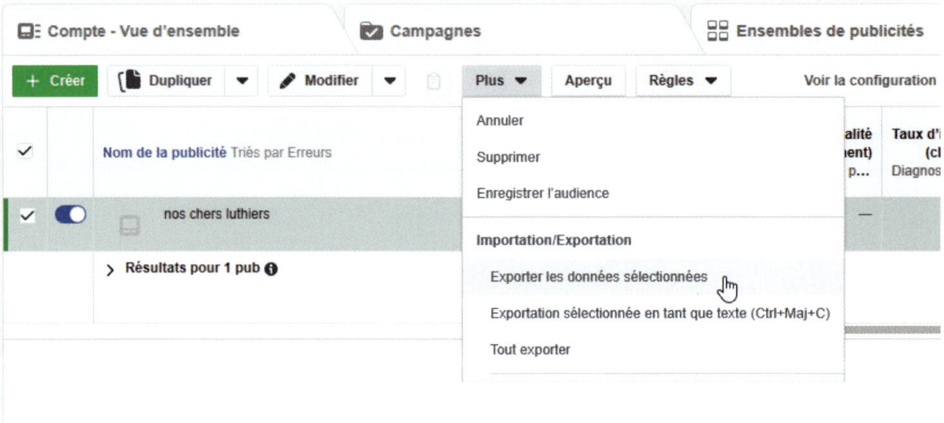

Figure 12.18 Exportez les résultats d'une campagne.

DANS CE CHAPITRE...

Comprendre les avantages d'un concours

Apprendre les règles imposées par un concours

Suivre les étapes d'un concours intéressant

Lancer un concours avec succès

Clôturer le concours

Chapitre 13

Organiser un concours

Maintenant que l'utilisation d'Instagram n'a plus beaucoup de secrets pour vous, intéressons-nous à l'augmentation de votre audience et à l'obtention de meilleures performances pour votre activité commerciale. Une des techniques les plus efficaces en la matière consiste à organiser des concours.

Dans ce chapitre, nous expliquons comment les concours Instagram peuvent profiter à votre activité. Nous vous présenterons également les étapes à suivre pour mettre en œuvre un tel évènement de A à Z.

Les avantages d'un concours

Les concours sont très répandus sur les médias sociaux, et vous avez probablement dû en voir passer un certain nombre dans votre fil d'actualité. Si autant d'entreprises lancent des concours, c'est bien parce qu'ils représentent une plus-value certaine pour leur activité.

Instagram a l'un des niveaux d'interaction les plus élevés des réseaux sociaux. De ce fait, organiser des concours et des promotions sur cette plateforme peut augmenter considérablement un trafic qui profitera inévitablement à votre activité commerciale. Un concours Instagram nécessite des participants qui vont liker et commenter une photo, augmentant *de facto* l'interaction avec ce post.

Cette interaction vous profitera, car lorsque des abonnés interagissent avec votre contenu, les algorithmes d'Instagram les font monter dans la hiérarchie du fil d'actualité.

Conseil

Instagram utilise un algorithme qui trie tout contenu créé par chaque personne qu'un utilisateur suit sur le réseau. Le contenu de l'utilisateur suivi est à son tour trié parallèlement au contenu de ce même utilisateur qui produit le plus d'interactions. De nombreuses composantes affectent l'algorithme, dont le nombre d'interactions d'un utilisateur avec le contenu d'un compte, le type de contenu avec lequel l'utilisateur interagit, le temps que l'utilisateur passe sur Instagram, et le niveau de popularité qu'il a auprès des autres instagrammeurs.

Nous parlons des inscriptions au concours un peu plus loin dans ce chapitre. Pour le moment, nous allons voir comment certaines exigences de l'évènement peuvent bénéficier à votre activité.

Les concours Instagram exigent souvent des participants qu'ils s'abonnent à votre compte, ce qui augmente mécaniquement le nombre de vos followers. Ensuite, sachez que certains concours demandent aux participants de prendre et de télécharger des photos sur leur compte. Du fait que ces personnes publient un contenu parlant de votre société, vous multipliez les chances d'atteindre de nouvelles audiences. Votre société aura également accès à une grande variété de contenus générés par l'utilisateur que vous pourrez alors republier. (Pour plus d'informations sur le contenu généré par les utilisateurs, consultez le Chapitre 8.)

Enfin, les concours Instagram sont faciles à mettre en place et à administrer. Ils permettent d'obtenir des résultats très positifs sans y consacrer un temps fou ou des sommes d'argent considérables. Le retour sur investissement est donc très rarement décevant.

Respecter les règles et les restrictions des concours

Lorsque vous lancez un concours, vous devez respecter un certain nombre de règles. Nous vous conseillons donc de lire les réglementations locales et nationales en la matière pour ne pas organiser un concours hors la loi.

» **En France, vous trouverez de nombreuses informations sur les concours et autres jeux sur des sites tels que** https://www.village-justice.com/articles/Pas-jeux-concours-sans-respect-loi,19354.html **et sur** https://www.reglementdejeu.com/.

Consultez régulièrement ces textes car ils peuvent être révisés à n'importe quel moment. Il serait dommage qu'une réclamation soit lancée conte vous et que votre réputation en soit ternie.

Au-delà des règles nationales et/ou locales, chaque réseau social a son propre règlement. Instagram ne fait pas exception à cette... règle ! Nous mettons en évidence les détails que vous devez impérativement connaître pour organiser des concours sur Instagram.

Attention

Bien que ces règles étaient en vigueur au moment de la rédaction de ce livre, soyez conscient qu'elles peuvent évoluer à tout moment. Lisez les règles actuelles à l'adresse https://help.instagram.com/179379842258600.

Les règles officielles d'un concours

Instagram exige que vous intégriez les règles officielles du concours dans votre publication de l'évènement. Cela entend les règles de participation, la date et la durée (y compris le fuseau horaire), le choix des gagnants et la notification de leur victoire, et toutes les restrictions applicables aux candidats.

Vous pouvez inclure une liste de ces règles de participation directement dans le commentaire de votre post sur Instagram. La Figure 13.1 montre un exemple d'affichage d'une légende de concours incluant ces informations.

Figure 13.1

Incluez, dans la légende du post, les règles et les conditions de participation au concours.

Si vos règles et les conditions d'inscription sont détaillées, vous pouvez insérer un lien vers une page Web qui les affiche, comme sur la Figure 13.2.

Figure 13.2
Des règles détaillées sont publiées sur un site Web.

Dégager Instagram de toute responsabilité

Instagram impose que vous incluiez un bref paragraphe dans le post du concours qui le dégage de toute responsabilité dans l'organisation de votre concours.

Voici un exemple de texte à inclure : « Selon les conditions d'Instagram, ce concours n'est en aucune manière sponsorisé, administré, ou associé à Instagram, Inc. En participant, les candidats confirment être âgés de plus de 13 ans, de dégager Instagram de toute responsabilité, et qu'ils sont en accord avec les termes d'utilisation d'Instagram. »

Organiser un concours à succès

Personne ne souhaite passer du temps et dépenser de l'énergie dans quelque chose qui tombe à plat. La recette d'un concours à succès dépend de 11 ingrédients de base.

- » Définir les objectifs du concours.
- » Choisir un prix.
- » Établir les conditions de participation.
- » Définir les règles et les conditions.
- » Déterminer la durée du concours.
- » Fixer le calendrier du concours.
- » Choisir un hashtag.
- » Créer les images du concours.
- » Préparer les légendes de la publication.
- » Décider comment seront choisis et notifiés les gagnants.
- » Indiquer qui répondra aux inscriptions.

Nous traitons de ces 11 conseils dans cette section afin que vous compreniez bien comment organiser un concours séduisant.

Définir les objectifs du concours

Votre concours Instagram doit servir votre activité commerciale. De ce fait, pour organiser un concours avec succès, vous devez savoir quel objectif vous poursuivez avec cet évènement.

Voici les raisons qui poussent une marque à lancer un concours :

- » augmenter les interactions avec ses publications ;
- » augmenter le nombre de ses followers ;
- » augmenter le nombre des visites sur son site Web, ou des inscriptions quelconques ;
- » récupérer du contenu généré par les utilisateurs afin de le republier.

Il est important de définir un objectif principal. Toutefois, certaines sociétés en déterminent plusieurs. Par exemple, l'objectif principal peut être l'augmentation du nombre d'abonnés, mais avec comme but secondaire d'augmenter les interactions.

Une fois que vous savez précisément pourquoi vous organisez un concours, vous pouvez vous pencher sur son calendrier.

Choisir un prix

Pour inciter les gens à participer, vous devez proposer un prix. Sans prix, l'intérêt d'un concours est inexistant. Les prix seront croissants, c'est-à-dire s'échelonneront de valeurs faibles à des valeurs élevées, en passant éventuellement par des valeurs moyennes. Tout dépendra de vos objectifs, mais surtout du budget que vous pourrez y consacrer.

Vos prix doivent bien évidemment être en rapport avec votre activité. Ainsi, faire gagner un iPad risque d'entraîner un désintéressement de vos followers. Préférez toujours un cadeau qui soit un produit de votre société et pas celui d'une autre.

De plus, la valeur de votre prix doit être en adéquation avec les exigences de votre concours. Par exemple, si vous donnez un prix d'une valeur de 10 euros, n'exigez guère plus qu'un simple « J'aime sur une photo ». En revanche, le prix devra être plus élevé si vous demandez aux participants de prendre une photo, de la publier sur votre compte, et d'utiliser votre hashtag pour promouvoir votre marque. En effet, cela demande plus d'efforts et d'investissements de la part des concurrents.

Vous devez également définir le nombre de gagnants et comment ils seront avertis de leur gain. Est-ce que plusieurs personnes peuvent gagner le premier prix ? Ou bien y'aura-t-il un seul vainqueur du grand prix et plusieurs lots de consolation ? Si vous envisagez une gamme de prix, vous devez impérativement les déterminer et les indiquer aux participants.

Établir les conditions de participation

Pour s'inscrire (ou participer) à un concours, les participants doivent se soumettre à quelques conditions et actions :

- s'abonner à votre compte ;
- liker la photo que vous avez publiée ;
- mentionner une ou plusieurs personnes dans leur commentaire ;
- publier une photo avec un hashtag spécifique ;
- remplir un formulaire sur votre site Web.

Vous pouvez exiger que plusieurs des conditions ci-dessus soient remplies pour participer au concours. La Figure 13.3 montre un concours qui exige plusieurs conditions.

Astuce

Il est conseillé de ne pas dépasser trois démarches à accomplir. Sinon, vous risquez de décourager les potentiels participants.

Figure 13.3 Un concours peut exiger plusieurs critères de participation.

Définir les règles et les conditions

Les règles d'Instagram en matière de concours doivent être spécifiées, ainsi que toutes les réglementations locales et nationales. Vous pouvez bien entendu édicter vos propres règles de participation.

Ajoutez n'importe quel critère relatif à la limite d'âge, l'emplacement géographique, le contenu photographique partagé, et le nombre de prix attribués.

Déterminer la durée du concours

La durée d'un concours dépend de plusieurs choses. Combien de jours ou de semaines va-t-il durer ? Pour obtenir les meilleures performances, les concours doivent être supérieurs à 3 jours et inférieurs à 2 semaines.

Pour les concours qui demandent aux participants de publier une photo ou de créer du contenu, il est judicieux de définir une durée supérieure afin de leur donner le temps de concevoir ces éléments.

Une fois la durée de votre concours déterminée, vous devez définir le jour et l'heure de son lancement et de sa fin pour l'indiquer dans les détails du concours et en définir le calendrier.

Fixer le calendrier du concours

Maintenant que vous connaissez la durée du concours, son début et sa fin, vous devez déterminer la fréquence de sa promotion sur Instagram.

Vous assurerez cette promotion le premier et le dernier jour du concours afin de rappeler aux utilisateurs qu'ils arrivent au terme de l'évènement. En fonction de la durée du concours, vous pourrez planifier des rappels à intervalles réguliers afin de toucher davantage de personnes.

Choisir un hashtag

Il est conseillé d'utiliser un seul hashtag pour chaque concours afin de mieux analyser ses performances sur Instagram et permettre à votre audience d'y participer facilement.

Lorsque chaque abonné utilise le même mot-dièse pour identifier son post ou sa participation, vous pourrez afficher les candidatures dans une recherche sur ledit hashtag, ou en utilisant un outil tierce partie comme Tagboard (http://tagboard.com).

Un hashtag unique à chaque concours permet d'analyser séparément les participations et de comparer leurs performances. Ainsi, vous verrez quel concours à obtenu les meilleurs résultats ou à générer le plus d'interactions.

Choisir le bon hashtag peut demander du temps et nécessite de réfléchir sur les points suivants :

» le hashtag doit être spécifique au concours ;

» le hashtag doit être en relation avec votre marque ou le sujet de votre concours (ou les deux) ;

» le hashtag peut être plus long qu'à l'accoutumée afin d'ajouter un contexte bien particulier.

La Figure 13.4 donne trois exemples de hashtags uniques utilisés par différents comptes pour leurs concours. Voyez comment chacun utilise un hashtag en relation avec le thème de son concours.

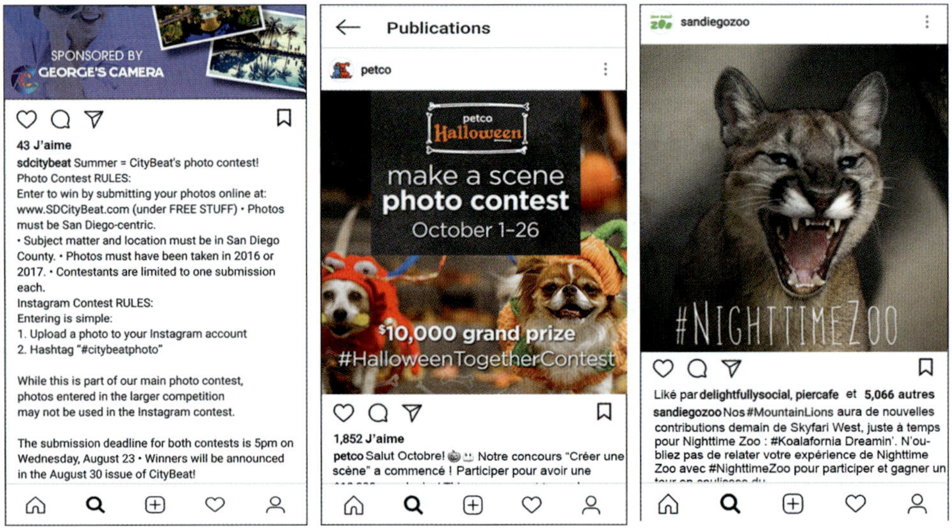

Figure 13.4 Des hashtags de concours pour différentes marques soulignent la singularité de chaque évènement.

Astuce Vous optimiserez la promo de votre concours en incluant un hashtag dans un texte incrusté sur l'image. En procédant ainsi, vous mettez en avant l'image de la publication sur Instagram et œuvrez pour une meilleure diffusion du concours.

Créer les images du concours

Pour promouvoir votre concours sur Instagram selon le calendrier que vous avez établi dans les précédentes étapes, vous devez créer au moins une image qui servira à faire connaître l'existence de votre concours. Vous pouvez créer plusieurs images pour dynamiser l'évènement et proposer un contenu plus riche dans le fil d'actualité d'Instagram.

Les images représenteront bien le thème du concours. Par exemple, si vous créez un concours pour la rentrée scolaire, l'image pourra représenter des fournitures. Les photos donneront le ton du thème et symboliseront l'objectif du concours, comme sur la Figure 13.5.

Une des images peut aussi représenter le prix à gagner. Par exemple, si le prix est un coffret contenant des produits, une belle photo de ce prix suscitera l'intérêt de votre audience, l'encourageant par là même à s'inscrire au concours.

À retenir

Vous pouvez également inclure une zone de texte sur votre image pour bien souligner qu'il s'agit d'un concours ou pour communiquer des détails à son sujet. La Figure 13.5 montre que la publication du concours @Petco indique la date, le prix, et le hashtag de l'évènement.

Figure 13.5 Vos images doivent correspondre au thème du concours.

Préparer les légendes de la publication

La légende de votre post permet aux utilisateurs de savoir que vous organisez un concours et doit les inciter à participer. Écrivez à l'avance une légende pour chaque post du concours. Cela permet de garder une cohérence rédactionnelle pendant toute la durée du concours et vous assure de n'avoir omis aucune information importante.

Astuce

Si vous planifiez fréquemment des concours, préparez un modèle de légende pour vos futures publications et enregistrez-le sur votre périphérique mobile. Ainsi, vous l'ouvrirez chaque fois que vous envisagerez d'organiser un concours, et vous mettrez à jour les informations du concours actuel.

Votre légende doit inclure :

» **l'annonce de l'organisation d'un concours ;**

» **les détails du prix ;**

» **les conditions de participation ;**

» **les informations légales.**

Nous avons parlé des exigences légales plus haut dans ce chapitre. Vous pouvez inclure tous ces détails dans les légendes de votre publication, comme sur les Figures 13.1 et 13.3.

Décider comment seront choisis et notifiés les gagnants

La détermination des gagnants dépendra de la structure de votre concours et de la manière dont les inscriptions ont été réalisées. Le choix d'un gagnant se fait de deux manières : par un jury ou par tirage au sort.

Si vous envisagez de faire juger les participants, indiquez-le clairement dans le règlement de votre concours. Par exemple, il faudra que les participants répondent aux exigences du concours comme publier une photo de leur animal domestique dans laquelle votre produit sera bien représenté. Ils seront alors jugés sur leur créativité, et le gagnant sera celui dont la proposition se rapprochera le plus de la philosophie et du style de votre marque.

Après avoir décidé de la manière dont le gagnant sera déclaré, indiquez comment sa victoire lui sera notifiée. Par exemple, vous pourrez lui envoyer un message direct sur Instagram (comme expliqué au Chapitre 6). Ou bien, si les participants devaient communiquer une adresse mail, vous enverrez une notification par e-mail. Vous pourrez également commenter leur post d'origine directement sur leur compte Instagram.

Une fois les gagnants notifiés en privé, vous pouvez publier l'annonce des vainqueurs du concours sur leur compte Instagram. Cette étape est facultative et de nombreuses marques n'y procèdent pas. Pour les activités plus modestes, l'annonce des vainqueurs établira le sérieux de l'entreprise et aidera à gagner la confiance de votre audience.

Indiquer qui répondra aux inscriptions

Si vous êtes la seule personne à gérer votre compte Instagram, la gestion du concours risque de vous incomber en totalité. En revanche, si plusieurs personnes composent votre équipe, indiquez clairement qui vérifiera et répondra aux participants à ce concours.

Pendant toute la durée du concours, les utilisateurs peuvent demander des explications sur les conditions d'inscription, sur le prix à gagner, ou bien d'autres informations qui ne vous viendrez même pas à l'esprit. Un membre de votre équipe prendra en charge ces tâches le plus rapidement et le plus précisément possible.

Vous aurez aussi besoin de quelqu'un qui vérifiera les participations pour les valider. En fonction du règlement de votre concours, cette personne devra :

- **vérifier les commentaires et les noms d'utilisateur qui y sont listés ;**
- **contrôler le hashtag du concours inséré dans les publications faites sur les comptes des différents participants ;**
- **vérifier que chaque participant est bien abonné à votre compte.**

Astuce

Contrôler et valider est chronophage. Par conséquent, veillez à dégager suffisamment de temps pour vérifier les participations avant d'annoncer le grand gagnant.

Lancer un concours

Tout est en place pour lancer ce superbe concours.

Si vous avez mené à terme toutes les étapes préparatoires indiquées dans ce chapitre, l'exécution du concours sera très simple. Toutefois, les choses ne se passent pas toujours comme on le souhaiterait. Par conséquent, soyez souple pendant toute la durée du concours.

Commencez par publier la première image qui annonce le lancement du concours. Une fois la publication réalisée sur Instagram, effectuez une promotion croisée avec d'autres médias sociaux, et encouragez ainsi leurs followers à vous rejoindre sur Instagram et à participer au concours. Envoyez un e-mail à votre liste de mailing pour informer les destinataires de la tenue du concours et leur demander de soumettre leur candidature sur Instagram. Si vous avez une boutique physique, encouragez vos clients à participer.

Pendant le concours, n'oubliez pas de lire et de répondre aux commentaires et aux questions.

En fonction du cadre dans lequel se déroule le concours, publiez des posts et des rappels sur votre compte Instagram, et cela pendant toute la durée du concours. Publiez votre dernier post le dernier jour du concours et préparez-vous à le clôturer.

Clôturer le concours

Une fois le concours terminé, vous devez le clôturer, annoncer les gagnants, et vérifier la totalité du concours.

Astuce

Une fois le concours officiellement clos, consultez de nouveau les publications du concours sur Instagram. Modifiez la légende pour y ajouter « Concours terminé » ou quelque chose de similaire en en-tête. Cela évitera que d'autres personnes cherchent à participer.

Maintenant que vous avez la liste de vos participants et le contenu de leur participation, déclarez un gagnant. Qu'il soit tiré au sort ou désigné par un jury, désignez le grand vainqueur, des vainqueurs *ex aequo*, ou chaque vainqueur dans différentes catégories de prix.

Ensuite, vous devez notifier sa victoire au gagnant. Suivez votre calendrier, et adressez cette notification en privé. Ensuite, faites une publication publique pour annoncer le vainqueur.

Astuce

Si vous devez envoyer les prix aux gagnants, essayez de coordonner les livraisons. Si vous expédiez un colis, envoyez le numéro de suivi pour que le destinataire puisse en confirmer la réception.

Une fois le concours clos, consultez ses statistiques. Voici quelques informations à vérifier :

» le nombre de nouveaux followers ;
» le nombre de participants ;
» le nombre de likes et de commentaires sur les publications du concours ;
» le trafic généré vers votre site Web pendant toute la durée du concours ;
» le nombre de conversions ou de ventes durant le concours ou comme résultat du concours.

Pour identifier les stratégies et les tactiques qui ont le mieux performé, comparez les résultats de plusieurs concours. Chaque fois que vous lancez un concours, suivez ses statistiques et comparez-les avec celles des concours précédents.

Voyez si les facteurs suivants ont contribué à l'augmentation des participations ou des conversions :

» durée du concours ;
» nombre de posts pour la promotion du concours ;
» prix ;
» types d'images pour la promotion du concours.

Les concours Instagram peuvent procurer de nombreux avantages lorsque vous les menez correctement à terme. N'oubliez pas que la durée et les concours prolongés sont nécessaires pour obtenir des résultats significatifs. Pour cette raison, il est indispensable de planifier et de bien suivre chacun de vos concours.

DANS CE CHAPITRE...

Utiliser Instagram avec d'autres stratégies marketing

•

Intégrer Instagram à votre site Web

•

Annoncer des évènements et des promotions

•

Suivre votre progression avec des outils d'analyse

Chapitre 14

Intégrer Instagram à d'autres médias

Si vous avez lu les précédents chapitres, vous connaissez maintenant des astuces d'expert pour consacrer un compte Instagram à votre activité commerciale. Cependant, le succès d'Instagram dans ce secteur dépendra de votre capacité à en élargir la portée. Dans ce chapitre, nous traitons de l'intégration d'Instagram avec d'autres réseaux sociaux, sites Web, et des activités hors ligne. Nous verrons également comment analyser vos statistiques Instagram pour s'assurer que vous êtes sur la bonne voie.

Intégrer Instagram à votre marketing mix

Instagram est incroyable, n'est-ce pas ? Nous en sommes convaincus. Mais ce média social n'est qu'une stratégie parmi tant d'autres sur lesquelles vous devez également asseoir votre activité commerciale. Les entreprises qui réussissent sont celles qui utilisent Instagram comme un des éléments d'une stratégie plus globale.

Voici quelques possibilités à considérer :

- Facebook, Twitter, LinkedIn, Pinterest et YouTube ;
- e-mail et blogs ;
- webinaires ;
- référencement ;
- Google AdWords ;
- visiter des sites comme Yelp, Angies's List, et TripAdvisor ;
- les forums commerciaux, les conférences, les allocutions, et les évènements ;
- les évènements locaux (chambre de commerce, rotary, voisinage) ;
- les consultations individuelles ;
- publipostage et téléventes.

Cette liste n'est pas exhaustive, mais elle vous donne des éléments de réflexion. Votre secteur industriel ou votre société peut offrir différentes manières de développer votre commerce. Le point le plus important est de choisir le meilleur véhicule pour atteindre l'audience que vous ciblez. Instagram peut être un viseur parfait, mais vous pouvez développer son trafic sur d'autres médias, qu'ils soient en ligne ou non. Voyons de quoi il retourne !

Connecter Instagram à d'autres réseaux sociaux

Une des meilleures manières d'obtenir plus de vues sur un contenu Instagram est de connecter votre compte à d'autres réseaux sociaux. Les réseaux par défaut que vous propose Instagram sont Facebook, Twitter et Tumblr. Lier des comptes est assez élémentaire :

1. **Depuis votre page de profil Instagram, tapotez l'icône des trois petits traits horizontaux situés en haut à droite.**

2. **Touchez Paramètres en bas de l'écran, puis Comptes.**

3. **Dans le contenu de cette page, tapotez Comptes liés, comme le montre l'illustration de gauche sur la Figure 14.1.**

   L'écran Comptes liés apparaît comme sur l'illustration de gauche de la Figure 14.1.

4. **Tapotez Facebook.**

5. **Dans le message qui apparaît, tapotez Partager sur Facebook pour autoriser Instagram à partager des photos sur votre page Facebook.**

   Vous revenez dans la page Comptes liés. Vous notez que Facebook est coché et s'affiche en bleu, preuve que le lien est créé.

6. **Pour définir d'autres options pour ce lien établi avec Facebook, touchez de nouveau la mention Facebook de l'écran Comptes liés.**
7. **Dans l'écran Options Facebook, choisissez où vous souhaitez partager vos publications Instagram : le profil Facebook ou une de vos pages.**
8. **Pour partager automatiquement vos stories Instagram dans vos stories Facebook, activez Partage de story sur Facebook.**
9. **Pour partager vos autres publications, activez l'option Partager vos publications sur Facebook.**

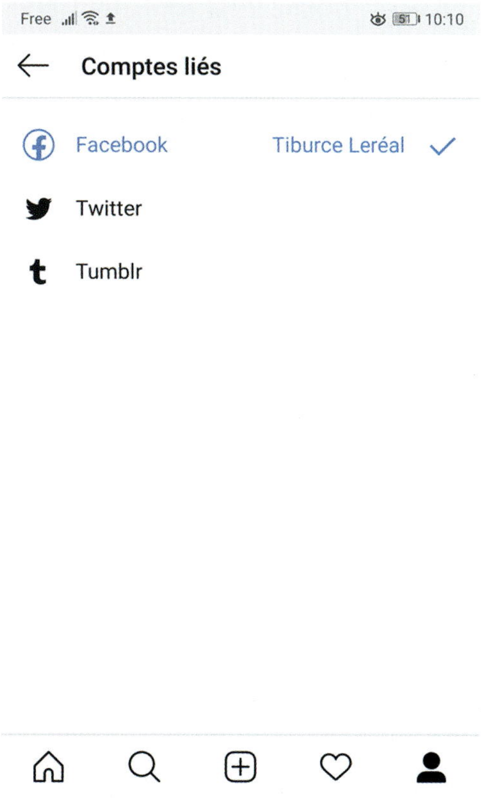

Figure 14.1 Liez Instagram et Facebook.

10. **Répétez cette procédure pour lier d'autres comptes avec Instagram.**

11. **Pour revenir à votre page de profil, tapotez l'icône de votre profil en bas à droite de l'écran.**

Astuce

C'est aussi dans cet écran que vous pouvez choisir de dissocier Instagram et Facebook.

Une fois que vous avez sauvegardé les Comptes liés, vous ne reviendrez sur ce paramètre que pour ajouter un autre réseau social. Vous pouvez désormais partager, directement sur ces réseaux, une image ou une vidéo publiée sur Instagram. Voici comment procéder :

1. **Téléchargez votre image ou votre vidéo avec sa légende, comme vous avez l'habitude de le faire sur Instagram.**
2. **Si vous le souhaitez, identifiez des personnes ou ajoutez un lieu.**
3. **En bas de la page, faites glisser vers la droite le curseur situé à droite du ou des réseaux sociaux où vous souhaitez également la partager.**

   La glissière de ce curseur devient bleue, comme sur la Figure 14.2.

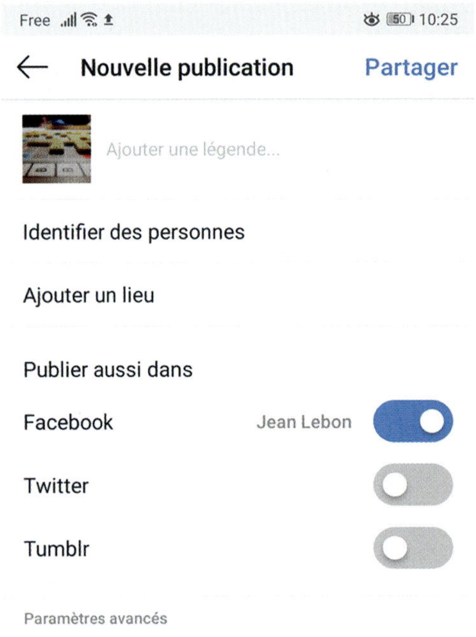

Figure 14.2 Partagez votre publication Instagram sur le réseau activé.

4 Tapotez Partager en haut à droite.

Le post est publié à la fois sur Instagram et sur le réseau sélectionné.

C'est tout !

Intégrer Instagram dans votre site Web

Vous pouvez incorporer Instagram dans votre site Web de plusieurs manières. Les trois principales techniques sont :

- intégrer un bouton sur votre site Web qui renvoie vers Instagram ;
- autoriser les utilisateurs à partager vos articles ou les posts de votre blog sur leurs comptes de réseaux sociaux ;
- intégrer votre fil Instagram à votre site Web.

Astuce

Les instructions pour incorporer ces éléments dans votre site Web dépendent de la technique utilisée pour concevoir le site en question. Si vous n'avez pas conçu le site vous-même, demandez l'aide de votre webmaster.

Lier votre site Web à votre page Instagram

Si vous avez un site Web, tous vos réseaux sociaux peuvent y être liés. Ainsi, vos prospects pourront facilement vous suivre sur Instagram, Facebook et bien d'autres médias, comme le montre la Figure 14.3. La majorité des services de conception Web en ligne comme Wix, SquareSpace, et GoDaddy proposent des icônes pour identifier les médias sociaux sur vos pages. Cette icône devra ensuite être liée à l'adresse de votre compte Instagram sous la forme suivante : http://www.instagram.com/*votrenomutilisateur*.

Figure 14.3 Ajoutez des icônes de vos réseaux sociaux pour les lier à votre page Web.

Si votre site Web n'a pas été conçu sur une plateforme de ce type, vous pouvez ajouter un lien vers Instagram de la manière suivante :

1. **Dans Google, lancez une recherche sur une icône Instagram.**

   La plupart sont gratuites.

2. **Téléchargez l'icône qui correspond au design de votre site Web, et enregistrez-la sur votre ordinateur.**

3. **Éditez la page Web où vous souhaitez insérer l'icône.**

   Cette édition dépend du logiciel que vous utilisez. Son étude dépasse donc le cadre de ce livre. Si besoin, demandez à votre webmaster.

4. **Ajoutez l'icône d'Instagram sur votre page comme vous le faites pour d'autres images uploadées sur votre site.**

5. **Liez l'icône Instagram à** http://www.instagram.com/*votrenomutilisateur*.

C'est tout ce qu'il y a à faire. Répétez cette procédure pour tous vos autres comptes ouverts sur des réseaux sociaux.

Astuce

Dimensionnez correctement les icônes de vos réseaux sociaux, et assignez-leur une taille identique avant de les télécharger sur votre site. La taille standard des icônes est de 32 × 32 pixels.

Autoriser d'autres personnes à partager votre contenu *via* Instagram

Vous avez sans doute déjà utilisé des boutons de médias sociaux qui apparaissent généralement en haut ou en bas d'un article Web ou d'un blog, comme sur la Figure 14.4. Les boutons de partage permettent de partager le contenu sur Facebook, Twitter, LinkedIn, Pinterest, et plusieurs autres réseaux sociaux – à l'exception d'Instagram. Malheureusement, les termes actuels d'utilisation d'Instagram ne permettent pas d'ajouter un bouton Partager ceci sur votre site Web.

Nous vous encourageons à ajouter tous vos réseaux sociaux afin de diffuser plus amplement votre contenu. La plupart des concepteurs de sites Web mettent en place des widgets de bouton qui facilitent le partage de votre contenu. Si vous possédez un site Web personnalisé, voici quelques sites qui fonctionnent de manière similaire et qui proposent des solutions de partage à faible coût, voire gratuitement :

- AddThis, à www.addthis.com ;
- AddToAny, à www.addtoany.com ;
- ShareThis, à www.sharethis.com.

Figure 14.4

Les boutons de partage sur des réseaux sociaux ont été insérés en bas de cet article Web.

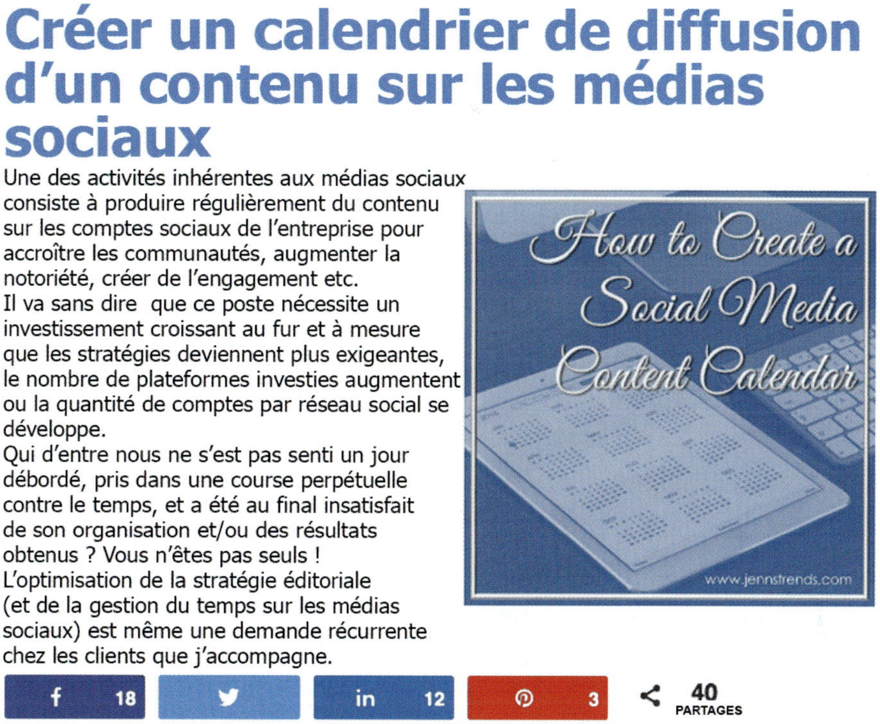

Créer un calendrier de diffusion d'un contenu sur les médias sociaux

Une des activités inhérentes aux médias sociaux consiste à produire régulièrement du contenu sur les comptes sociaux de l'entreprise pour accroître les communautés, augmenter la notoriété, créer de l'engagement etc.
Il va sans dire que ce poste nécessite un investissement croissant au fur et à mesure que les stratégies deviennent plus exigeantes, le nombre de plateformes investies augmentent ou la quantité de comptes par réseau social se développe.
Qui d'entre nous ne s'est pas senti un jour débordé, pris dans une course perpétuelle contre le temps, et a été au final insatisfait de son organisation et/ou des résultats obtenus ? Vous n'êtes pas seuls !
L'optimisation de la stratégie éditoriale (et de la gestion du temps sur les médias sociaux) est même une demande récurrente chez les clients que j'accompagne.

Incorporer votre fil Instagram sur votre site Web

Comment inciter les visiteurs de votre site Web à visiter votre profil Instagram ? Ajoutez votre fil Instagram sur l'une de vos pages Web, comme sur la Figure 14.5. Les utilisateurs cliquent sur une image individuelle qui est un lien vers votre profil Instagram. C'est une super technique pour que vos visiteurs viennent sur votre compte.

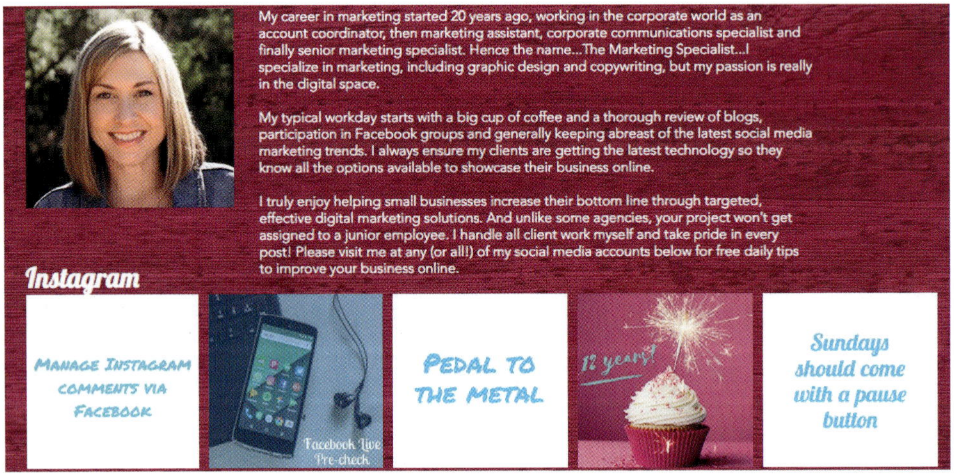

Figure 14.5 Ce site Web intègre son fil Instagram sur l'une de ses pages Web.

Astuce Avant d'incorporer votre fil Instagram sur votre site Web, pensez à votre stratégie. Souhaitez-vous que le visiteur reste sur votre site ou bien accède à votre compte Instagram ? Ne vous trompez pas d'objectif !

Vous trouverez également sur le Net de nombreuses sociétés qui proposent des widgets ou des applications pour faciliter l'insertion de votre fil d'actualité Instagram sur votre site Web. Conformez-vous à leurs instructions pour ajouter ce widget. Pour cela, vous devez connaître l'adresse Web de votre compte Instagram qui a la forme http://www.instagram.com/*votrenonutilisateur*.

Si vous avez un site Web personnalisé ou WordPress, vous pouvez ajouter votre contenu Instagram en utilisant un des widgets que vous trouverez ici :

- Juicer, à www.juicer.io ;
- POWr, à www.powr.io/plugins/instagram-feed ;
- SnapWidget, à https://snapwidget.com/.

Vous y trouverez des options gratuites pour des comptes de petite dimension. Suivez les instructions ci-après :

1. **Inscrivez-vous sur un de ces sites en indiquant une adresse mail et un mot de passe.**
2. **Choisissez Instagram comme réseau social.**
3. **Connectez-vous sur votre compte Instagram et autorisez les applis à accéder à votre compte.**

4. **Indiquez l'adresse Web de votre compte Instagram :** http://www.instagram.com/*votrenomutilisateur*.

5. **Cliquez sur Embed in Your Site (Incorporer dans votre site Web ou équivalent), afin de générer le code HTML.**

6. **Copiez et collez ce code dans celui de la page Web où doit apparaître ce contenu *via* un logiciel d'édition Web (ou la fonction d'édition en ligne).**

Astuce

Si vous n'êtes pas un habitué de la manipulation du code HTML, communiquez ce code à votre webmaster qui le collera au bon emplacement du code en question.

Promouvoir Instagram sur des documents imprimés

La promotion en ligne est la nature même d'Instagram pour amener des personnes à découvrir votre profil. Cependant, il est important d'assurer la publicité de votre compte sur des documents imprimés identiques à celui de la Figure 14.6. Vous ne saurez jamais si un flyer ou une brochure augmentera le trafic sur votre compte Instagram.

Figure 14.6 Ce flyer indique plusieurs moyens de contacter l'entreprise, y compris sur Instagram.

Utilisez l'icône officielle d'Instagram (une version en haute résolution est disponible gratuitement sur https://en.instagram-brand.com/) avec *@votrenomutilisateur* sur des documents imprimés comme :

- des cartes de visite ;
- des cartes postales ;
- des flyers ;
- des brochures ;
- des affiches ;
- des affichages en magasins.

Astuce

Vérifiez bien que les icônes des médias sociaux que vous utilisez sont des fichiers en haute résolution afin que leur impression soit de grande qualité. N'utilisez jamais d'icônes floues ou pixellisées. Si vous avez besoin d'aide pour créer un document imprimé, recourez aux services d'un infographiste expérimenté.

Intégrez le logo Instagram et votre nom d'utilisateur aussi souvent que vous le pouvez afin de rappeler aux potentiels clients où ils peuvent vous trouver. Dans la prochaine section, nous verrons comment vous pouvez intégrer Instagram dans vos supports promotionnels, aussi bien en ligne que hors ligne.

Incorporer Instagram dans un évènement ou une promotion

Pour faire la publicité d'un futur évènement ou d'une promotion quelconque, appuyez-vous sur la force de diffusion d'Instagram. Mais avant d'aller plus loin dans cette section, nous vous conseillons de lire le Chapitre 13. Tous les détails légaux et les restrictions des concours organisés sur Instagram y sont traités.

Une fois que vous connaîtrez les tenants et les aboutissants d'un concours organisé sur Instagram, vous pourrez l'envisager sous des angles très différents. Parfois, vous utiliserez Instagram comme complément d'autres stratégies marketing telles que le publipostage ou le mailing direct afin d'assurer la publicité de votre évènement ou de votre promotion.

Voici quelques méthodes pour augmenter les participations à un évènement :

- **Créez un hashtag officiel pour l'évènement que vous utiliserez afin d'en assurer la promotion. (Voir le Chapitre 8 pour plus de détails sur les hashtags à utiliser.)**
- **Créez des graphiques personnalisés avec des incrustations de texte annonçant l'évènement, et donnant des détails dans la légende, comme sur la Figure 14.7. Utilisez le lien inséré dans la bio de votre profil comme lien renvoyant à davantage d'informations ou pour des inscriptions. Demandez aux utilisateurs d'indiquer dans un commentaire s'ils y participeront, et d'identifier un ami qui pourrait être intéressé.**
- **Publiez des photos ou des vidéos de certaines facettes de l'évènement comme celles des conférenciers, des invités de marque, et des activités ludiques, comme sur la Figure 14.8.**

» Publiez des photos ou des vidéos des coulisses de la préparation de l'évènement, comme l'empaquetage des objets promotionnels, l'installation de la décoration, ou la livraison du repas au petit matin après avoir trimé toute la nuit.

» Publiez des affiches, achetez un espace sur des panneaux d'affichage, ou réservez une camionnette publicitaire qui parcourra les rues de la ville. Donnez des instructions précises pour demander aux gens de prendre une photo de la pub, puis de la publier sur leur compte Instagram en insérant le hashtag de l'évènement.

» Utilisez un influenceur dans votre société pour vous aider à relayer l'information sur cet évènement. Attendez-vous à payer pour ce service !

» Demandez aux instagrammeurs de publier une photo ou une vidéo qui relate votre évènement (contenu généré par l'utilisateur) en insérant son hashtag et pour gagner éventuellement des entrées gratuites.

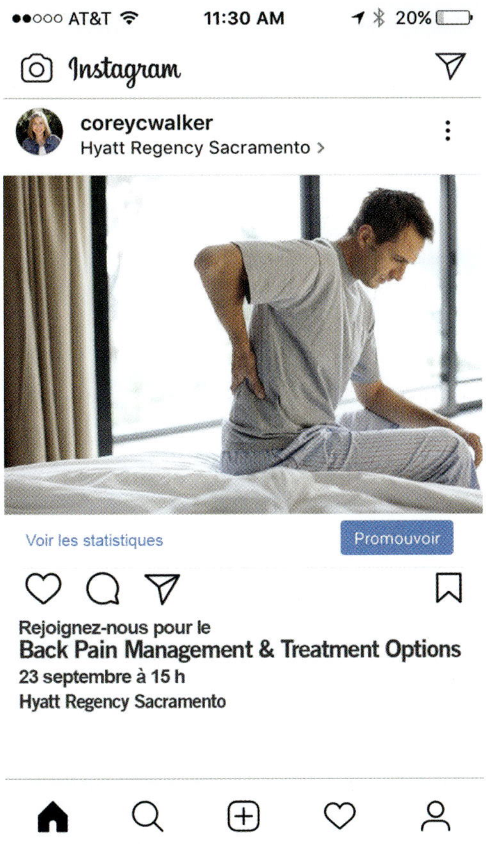

Figure 14.7 Les graphiques avec incrustation de texte peuvent optimiser la portée de l'annonce d'un évènement sur Instagram.

Figure 14.8 Publier des photos d'un conférencier peut inciter le public à participer à l'évènement.

Astuce

Pour augmenter la portée des publications sur votre évènement, utilisez les promotions Instagram. Vous pouvez cibler une audience spécifique plutôt que de vous limiter à vos abonnés. Pour plus d'informations sur la création et le calendrier des publicités, consultez les Chapitres 11 et 12.

Au moment de l'évènement, utilisez une signalétique comme celle de la Figure 14.9, demandant aux utilisateurs de télécharger des photos de l'évènement en utilisant son hashtag spécifique. Republiez leurs photos, vérifiez que vous les avez correctement identifiés, et indiquez qu'ils en sont les auteurs.

Vous pouvez également engager un photographe professionnel pour obtenir des images de qualité sur les aspects essentiels de l'évènement. Publier ces photos au début de l'évènement peut générer davantage d'audience si vous acceptez les entrées de dernière minute. Postez également plus de photos dans la semaine qui suit pour maintenir le buzz sur votre marque. Et si vous organisez cet évènement tous les ans, utilisez ces photos pour en assurer la promotion l'année suivante.

Instagram peut aussi être utilisé pour assurer la publicité de promotions, comme des ventes flash sur votre boutique, ou des produits gratuits :

Figure 14.9 Insérez des indications comme le hashtag de votre évènement pour inciter le public à poster des photos pendant l'évènement.

- Comme pour la publicité d'un évènement, publiez des graphiques personnalisés avec incrustations de texte annonçant une promotion et fournissant des détails dans la légende comme sur la Figure 14.10. Le lien inséré dans votre bio peut renvoyer à plus d'informations ou à une page de ventes.
- Demandez aux followers Instagram de republier vos posts promotionnels et de vous identifier en échange d'une réduction sur le prix d'un produit ou d'un service.
- Créez une opération réservée à Instagram par laquelle vous donnerez un code ou des coupons de réduction aux personnes qui regarderont ladite opération sur ce média social. Cette technique permet de distinguer facilement les utilisateurs qui viennent de ce média social des autres.

» Envoyez un message aux nouveaux followers avec un cadeau ou une réduction sur vos produits ou services.

» Demandez aux followers Instagram de publier une photo ou une vidéo de votre produit, de vous y identifier et d'utiliser le hashtag indiqué afin de recevoir un cadeau ou une réduction.

» Pour promouvoir votre vente, recourez à un influenceur de votre société ou à quelqu'un que votre audience identifiera. Cette personne doit offrir un code de réduction unique pour vous permettre de mesurer l'efficacité de cette stratégie.

Figure 14.10 Des graphiques personnalisés avec incrustations de texte peuvent attirer l'attention sur votre promotion.

» Utilisez des stories Instagram pour proposer des offres spéciales sur 24 heures, comme le montre la Figure 14.11. Publiez une annonce sur votre boutique, dans vos lettres d'informations envoyées par e-mail, et sur votre site Web pour faire connaître cette opération à vos clients.

Figure 14.11 Les stories Instagram sont idéales pour des promotions de 24 heures car elles disparaissent automatiquement une fois arrivées à ce terme.

Analyser vos statistiques Instagram

Un bon entrepreneur sait que les statistiques sont la clé de son succès. En suivant l'augmentation du nombre de followers, de celui des interactions (likes, mentions, et commentaires), des clics sur le site Web, et de la notoriété du hashtag de la marque, vous saurez ce qui marche et ce qui ne marche pas. Vous pouvez alors arrêter les stratégies qui ne fonctionnent pas !

Si vous disposez d'un profil Instagram professionnel, ce média social vous procurera quelques outils de suivi des statistiques directement *via* son appli mobile. Des applications tierces vous permettront d'obtenir des données un peu plus poussées que celles communiquées par Instagram. Nous allons traiter de ces deux aspects dans la prochaine section.

Utiliser les statistiques internes d'Instagram

Comme mentionné, Instagram fournit des statistiques que vous pouvez consulter avec l'application mobile. Ouvrez le menu local des options de votre profil en touchant les trois traits en haut à droite. Ensuite, touchez Statistiques, comme sur la Figure 14.12. Vous accédez à la page éponyme illustrée sur la Figure 14.13.

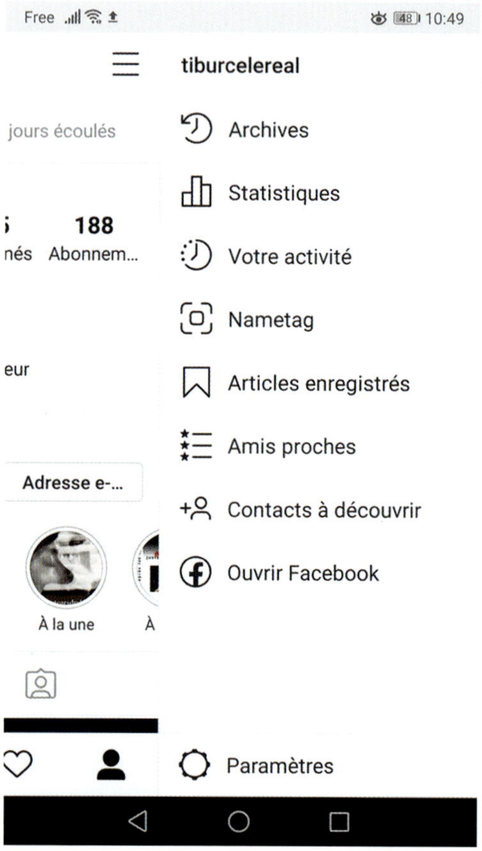

Figure 14.12 L'icône d'accès aux statistiques est localisée en haut à droite de votre page de profil.

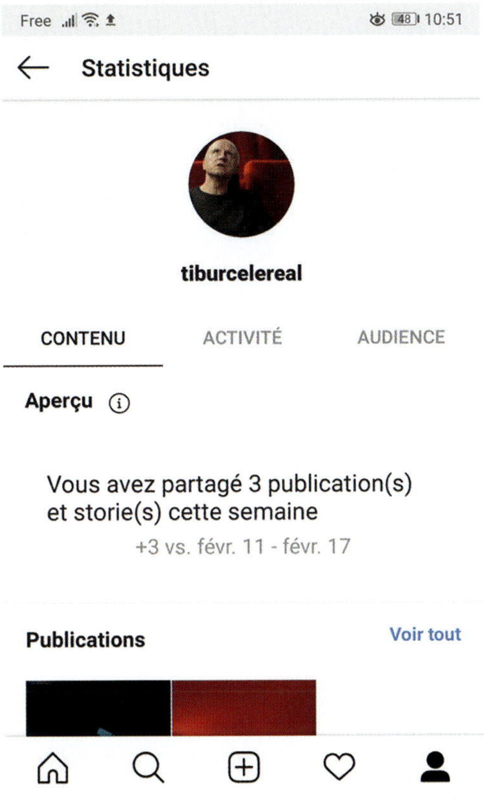

Figure 14.13 La page Statistiques affiche les résultats de la dernière semaine.

La page Statistiques communique un certain nombre de données sur votre compte sous trois onglets : Contenu, Activité et Audience. Ainsi, le Contenu résume vos publications de la semaine. Activité (Figure 14.14) indique les comptes touchés dans la dernière semaine d'activité. Vous découvrez aussi les Interactions, les Impressions et la Couverture (portée).

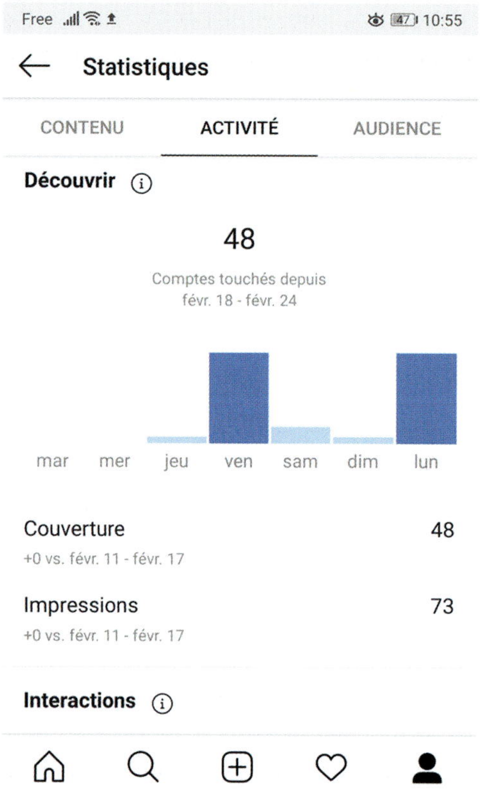

Figure 14.14 Les différentes données relatives à votre compte.

Un lien Voir tout permet d'obtenir toutes les statistiques sur chacune des catégories avec de multiples sous-catégories et détails.

En fonction de vos objectifs sur Instagram, vous contrôlerez tout ou partie de ces statistiques. Les plus faciles à analyser sont l'augmentation du nombre de vos followers, celle de vos impressions, ainsi que les publications et les stories qui ont obtenu le plus d'interactions. Une simple feuille de calcul Excel, mise à jour chaque semaine, permettra d'observer les tendances et d'ajuster votre stratégie et vos publications en conséquence.

Dans la prochaine section, nous traitons des applications tierces qui peuvent être utilisées pour analyser vos données Instagram.

Les meilleures applis d'analyse

Les statistiques internes d'Instagram sont idéales pour obtenir une vision globale des performances de votre compte et de vos posts. Toutefois, d'autres outils analytiques peuvent vous aider à obtenir davantage de détails. Dans cette section, nous parlerons des deux applis les plus populaires : Iconosquare et Sprout Social.

À retenir

Récemment, Sprout Social a racheté un autre service très connu appelé Simply Measured.

Iconosquare

Si vous passez plus de temps sur Instagram que sur n'importe quel autre réseau social, Iconosquare vous rendra bien des services, car il est spécialisé dans les analyses et la gestion du contenu Instagram. Sa force repose principalement sur les statistiques, tout en proposant un système de gestion du contenu assez robuste. Il permet de rechercher les hashtags, de télécharger du contenu, d'en planifier la diffusion et de le trier ultérieurement par sujets.

La zone d'analyse, illustrée sur la Figure 14.15, affiche des données détaillées sur votre compte Instagram. Iconosquare communique les données standard des statistiques internes d'Instagram, plus :

» les followers gagnés et perdus quotidiennement ;
» une comparaison des performances de vos posts en temps réel et de vos anciennes publications ;
» les performances de chacun de vos hashtags et des différentes manières de voir des données en fonction des zones géographiques qui utilisent vos mots-dièse et de l'heure à laquelle elles les utilisent ;
» les performances fondées sur le filtre utilisé ;
» une comparaison de vos performances avec celles de vos concurrents.

Vous pouvez également choisir les données à exporter sous la forme d'un rapport, ce qui vous fera gagner bien plus de temps que de créer votre propre feuille de calcul.

Figure 14.15
Des statistiques précises communiquées par Iconosquare.

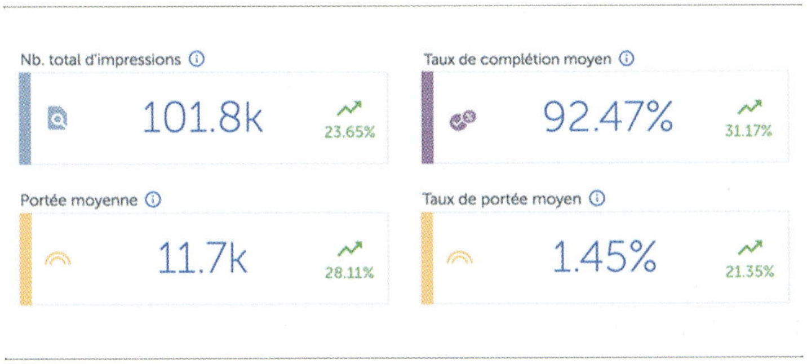

Iconosquare est payant. La version Pro coûte 29 €, et la version Advanced, 59 €. Pour plus d'informations sur ce service, visitez le site Web https://pro.iconosquare.com/.

Sprout Social

En décembre 2017, Sprout Social a fait l'acquisition de Simply Measured. Les deux ne faisant plus qu'un sous l'enseigne du premier nommé. Sprout Social peut vous communiquer des statistiques comme celles de la Figure 14.16.

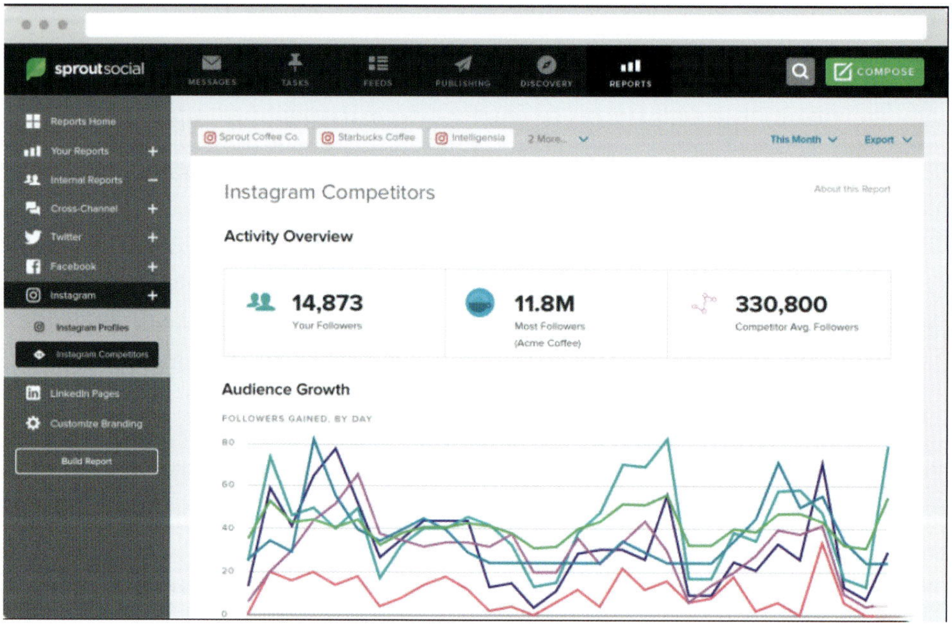

Figure 14.16
Les statistiques Instagram de Sprout Social.

Voici les services proposés pour Instagram, Facebook, Twitter, LinkedIn et YouTube :

» plan, calendrier, et publications ;
» stockage du contenu pour un usage ultérieur ;
» modification des images avec des filtres et des incrustations de texte ;
» suggestions du moment de publication optimal ;
» suivi des performances des publications par likes, partages et commentaires ;
» suivi des URL pour évaluation du trafic et des conversions ;
» analyse de l'augmentation du nombre de followers ;

- comparaison des profils Instagram avec celui de vos concurrents ;
- identification des influenceurs clés pour votre marque ;
- suivi et analyse des hashtags ;
- exportation illimitée des rapports et des PDF.

La version Standard de Sprout Social commence à 99 $ par mois. Consultez les autres tarifs sur le site https://sproutsocial.com.

Astuce

Avant d'investir dans un service d'analyses de vos données Instagram, évaluez vos besoins. Les statistiques supplémentaires offertes par ces services vous seront-elles vraiment utiles ? Nous vous suggérons de tester les statistiques gratuites d'Instagram afin d'évaluer vos résultats. Si les analyses vous suffisent, économisez votre argent en ne recourant pas à un service comme Iconosquare ou Sprout Social.

Partie 5

Résoudre les problèmes

Dans cette partie...

- » Trouver de l'aide pour régler des problèmes d'utilisation de l'appli mobile.
- » Rejoindre une communauté pour un soutien sur Instagram.

DANS CE CHAPITRE...

Enquêter sur les problèmes d'installation de l'appli

Régler les problèmes posés par l'appli Instagram

Supprimer les messages d'erreur

Chapitre 15

Au chevet d'Instagram

Heureusement que la perfection n'est pas de ce monde, sinon quel ennui cela serait ! D'accord, mais en matière de technologie, l'utilisateur aimerait tout de même vivre dans le meilleur des mondes. Dans ce domaine, c'est rarement le cas, et Instagram n'échappe pas à cette constatation. Parfois, l'application ne fonctionne pas comme vous le souhaiteriez. Ne vous inquiétez pas, car il existe toujours des solutions (enfin, nous espérons).

Dans ce chapitre, nous vous présentons des problèmes assez communs rapportés par les utilisateurs et auxquels nous donnons une solution. Comme Instagram, Facebook et les autres réseaux sociaux évoluent constamment dans leurs interfaces, les explications données ici nécessiteront peut-être une petite adaptation en fonction de la version de votre smartphone, iPad ou encore iPhone. *De facto*, ne soyez pas outré si des différences existent entre le moment où vous lisez ce livre et celui d'une potentielle mise à jour des applications dont nous traitons dans cet ouvrage. Si vous utilisez une version iOS et Android plus ancienne, vous serez peut-être confronté à d'autres soucis.

Problèmes d'installation

Lorsqu'Instagram ne s'installe pas, inutile de paniquer. Lisez ce qui suit pour comprendre les raisons qui entraînent ce refus d'installation de l'application. Ensuite, essayez nos solutions et, si cela ne fonctionne toujours pas, prenez une profonde respiration, et consultez la section « Rien ne fonctionne… je fais quoi ? » plus loin dans ce chapitre.

Gérer les problèmes de compatibilité

Si vous recevez des messages d'erreur de compatibilité, sans doute le moment est-il venu de mettre à jour votre système d'exploitation avant de tenter d'y installer Instagram. En effet, l'application nécessite iOS 11 ou ultérieur sur iPhone et iPad.

Pour les utilisateurs de périphériques Android, le Play Store indique que la compatibilité avec Instagram dépend du modèle de votre appareil. Lorsque vous téléchargez Instagram, le Play Store vérifie cette compatibilité.

Cela étant dit, Instagram observe que certains utilisateurs reçoivent un message du genre « Matériel incompatible ». Dans ce cas, Instagram recommande de supprimer toutes les données du Play Store stockées sur votre smartphone ou votre tablette, puis de réinstaller l'application. (Au moment où nous écrivons ces lignes, Instagram explique qu'une solution est recherchée avec Google. Lorsque vous lirez cette section, nous espérons que le problème aura été réglé.)

Voici comment effacer les données du Play Store sur votre appareil Android :

1. **Sur l'écran d'accueil ou dans celui des applications, tapotez l'icône Paramètres.**

2. **Tapotez Applications, puis de nouveau Applications.**

3. **Faites défiler le contenu de la page Applications et tapotez Google Play Store.**

   L'écran Informations sur l'application apparaît.

4. **Touchez Stockage.**

   L'écran éponyme apparaît comme sur la Figure 15.1.

5. **Touchez le bouton Effacer les données.**

6. **Dans le message de confirmation qui apparaît, optez pour Effacer.**

Maintenant, retournez dans le Play Store et essayez de réinstaller Instagram. Si l'opération échoue de nouveau, consultez le Chapitre 16 qui communique des informations sur l'assistance d'Instagram et indique des ressources en ligne.

Figure 15.1 Effacez les données du Play Store.

Vérifier votre espace

Si vous utilisez principalement votre smartphone ou votre tablette, vous savez que les problèmes de stockage sont assez fréquents. Vous pouvez donc vérifier l'espace disque disponible et voir combien Instagram en consomme.

iPhone et iPad

Il est facile de connaître l'espace de stockage occupé par Instagram sur un iPhone ou un iPad :

1. **Sur l'écran d'accueil, tapotez Réglages.**
2. **Tapotez Général.**

   L'écran du même nom apparaît.

3. **Tapotez Stockage local et iCloud (ou équivalent).**

   L'écran de gestion du stockage apparaît.

4. **Touchez Gérer le stockage.**
5. **Faites défiler le contenu de l'écran, et tapotez Instagram.**

Astuce

Si vous considérez qu'Instagram s'octroie trop d'espace, et que l'application affecte les performances de votre iPhone ou de votre iPad, touchez l'icône de l'application de manière prolongée sur l'écran d'accueil, puis Supprimer l'app. Ensuite, réinstaller Instagram peut apporter une solution. Instagram sauvegardera vos données afin que vous les retrouviez après la réinstallation.

Smartphone et tablette Android

À l'instar d'un iPhone ou d'un iPad, il est facile de savoir combien d'espace de stockage occupe l'application Instagram sur un smartphone ou une tablette Android :

1. **Sur l'écran d'accueil, tapotez l'icône Paramètres (ou Applications).**

   L'écran Paramètres apparaît.

2. **Tapotez Applications, puis de nouveau Applications.**
3. **Faites défiler le contenu de la liste Toutes les applications.**
4. **Localisez Instagram, et touchez son icône.**

   L'écran Informations sur l'application apparaît comme sur la Figure 15.2.

Figure 15.2 Les informations concernant Instagram.

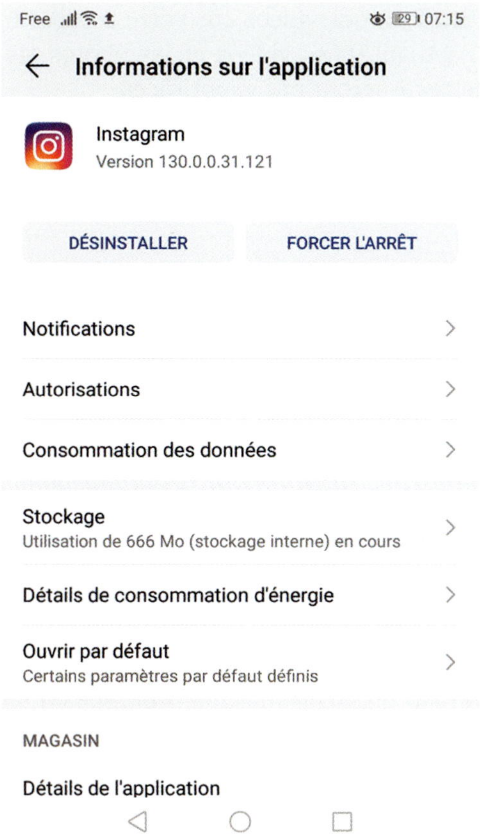

5 Tapotez Stockage.

Pour vider la mémoire occupée par Instagram, touchez le bouton, Vider le cache.

Si vous considérez qu'Instagram s'octroie trop d'espace de stockage au point d'affecter les performances de votre smartphone ou de votre tablette, touchez le bouton Effacer les données. Ensuite, confirmez votre intention en touchant OK.

Android efface les données de votre profil Instagram stockées sur votre smartphone ou votre tablette, toutes les photos ou les vidéos prises avec l'application et que vous n'avez pas encore publiées, ainsi que la mémoire occupée par l'appli. Si l'appli est ouverte, elle se fermera automatiquement.

À retenir

Si vous avez déjà publié des photos ou des vidéos sur votre compte Instagram, elles resteront dans votre fil d'actualité. Les vidéos et les photos stockées sur votre smartphone ou votre tablette ne seront pas supprimées.

Débloquer une installation sur votre iPhone ou votre iPad

Si la procédure d'installation se bloque et que vous ayez laissé suffisamment de temps à l'App Store pour vous convaincre qu'il y a bien un problème, redémarrez votre iPhone ou votre iPad.

Après le redémarrage, essayez de nouveau d'installer l'appli Instagram. En cas d'échec, contactez l'assistance Apple *via* le site Web de la marque à la pomme. Une fois sur le site Web, cliquez ou tapotez sur Assistance. Sur votre iPhone, touchez l'icône située dans le coin supérieur gauche de la page, puis tapotez Assistance.

Trouver une appli manquante sur un iPhone ou un iPad

Si l'App Store indique qu'Instagram est déjà installé sur votre appareil mais que vous ne le voyez pas, connectez votre iPhone à votre ordinateur et synchronisez vos applications avec la version iTunes de votre ordinateur.

Si iTunes ne coopère pas, contactez l'assistance Apple *via* son site Web.

Résoudre les problèmes d'un appareil Android

Si vous rencontrez des problèmes dans l'installation de l'application Instagram sur un appareil Android, peut-être il y a-t-il un souci entre le Play Store et votre smartphone ou votre tablette.

Dans ce cas, utilisez l'assistant de résolution des problèmes du Play Store. Si l'assistant ne vous est d'aucune aide, Google vous proposera de contacter son support technique. Pour accéder à l'assistant, rendez-vous à l'adresse https://support.google.com/googleplay/troubleshooter/6241347?hl=fr.

Problèmes de connexion

Si vous ne parvenez pas à vous connecter à votre appli Instagram, plusieurs problèmes peuvent être à l'origine de cette impossibilité. Peut-être avez-vous un souci avec votre nom d'utilisateur ou votre mot de passe. Peut-être Instagram a-t-il désactivé votre compte. Nous serons votre guide dans la résolution de ces difficultés.

Vérifier votre nom d'utilisateur

Si Instagram refuse votre nom d'utilisateur, sans doute avez-vous commis une erreur de frappe en le saisissant. Ne vous offusquez pas de cette supposition. Personne n'est à l'abri d'une erreur. En effet, si votre nom d'utilisateur est composé de caractères qui se répètent, peut-être en avez-vous oublié un.

Avez-vous ajouté le symbole @ à votre nom d'utilisateur ? Ce symbole n'est utilisé que pour identifier une personne dans un commentaire. Donc, lorsque vous saisissez votre nom d'utilisateur, n'employez pas @.

Si vous êtes certain de n'avoir commis aucune faute de frappe, alors quelqu'un d'autre a pu changer votre nom d'utilisateur. Normalement, vous devriez recevoir un e-mail d'Instagram vous indiquant ce changement.

Si vous n'avez pas reçu ce mail (vérifiez le dossier des indésirables ou des spams), demandez à un ami ou à un collègue de se connecter à Instagram, de consulter votre profil, et de vérifier si votre nom d'utilisateur a changé. Demandez-leur de capturer l'écran et de vous l'envoyer. Après vérification de votre part, envoyez cette capture à Instagram.

Astuce

Suspectez-vous un piratage de votre compte ? Instagram explique comment sécuriser votre compte sur https://help.instagram.com/149494825257596. Cette page contient également un lien pour contacter Instagram et expliquer ce qu'il se passe, comme sur la Figure 15.3.

Figure 15.3 Un lien pour contacter Instagram en cas de problème de sécurité.

Corriger les problèmes de mot de passe

Si vous avez oublié le mot de passe de votre compte Instagram, voici quelques idées pour le retrouver. En dernier recours, réinitialisez-le !

Si vous utilisez vos identifiants Facebook pour vous connecter à votre compte Instagram, accédez à Facebook et réinitialisez votre mot de passe.

Vérifier votre mot de passe

Si vous utilisez un gestionnaire de mot de passe, ouvrez-le pour retrouver votre nom d'utilisateur et votre mot de passe Instagram ou Facebook. Si vous utilisez votre compte Facebook pour vous connecter à Instagram, peut-être devez-vous préalablement vous connecter à Facebook (voire vous déconnecter et vous reconnecter) pour voir si votre mot de passe Facebook fonctionne.

Les applications de gestion des mots de passe ne fonctionnent pas toujours correctement. Par conséquent, lorsque la saisie d'un mot de passe Facebook ou Instagram ne permet pas de vous connecter à votre compte, vous disposez de plusieurs solutions :

- » Redémarrez votre application de gestion des mots de passe.
- » Redémarrez votre ordinateur, votre smartphone, ou votre tablette, puis essayez de vous connecter à Instagram pour voir si votre application de gestion des mots de passe fonctionne correctement.
- » Désinstallez et réinstallez l'application de gestion des mots de passe. Avant cela, notez tous vos noms de comptes, noms d'utilisateur, et mots de passe… et stockez-les dans un lieu sûr.

Trouver votre message d'inscription à Instagram

Lorsque vous vous inscrivez ou que vous modifiez les informations de votre compte, vous recevez un courrier électronique contenant un lien de connexion à votre compte, ainsi que l'adresse mail que vous avez utilisée au moment de votre inscription. Cliquez sur ce lien dans le message électronique pour vous connecter avec l'adresse mail Instagram que vous pensez être correcte. (Comme le lien contient votre mot de passe, inutile de le saisir.)

Si le message d'Instagram est absent de votre boîte de réception, vérifiez votre dossier des mails indésirables (spams). Si vous trouvez ce message, indiquez à votre logiciel de gestion de vos e-mails que les messages provenant d'Instagram ne sont pas frauduleux.

Réinitialiser votre mot de passe par e-mail

Si vous n'avez pas reçu le message électronique envoyé par Instagram et que vous ne vous souveniez pas de votre mot de passe (ou que vous ne le retrouvez pas dans votre application de gestion des mots de passe), vous devrez le réinitialiser en vous conformant à ces étapes :

1. **Ouvrez l'application Instagram.**

   Dans notre hypothèse, vous ne pouvez pas vous connecter faute de vous rappeler votre mot de passe.

2. **Sur l'écran de connexion, touchez Obtenez de l'aide pour vous connecter.**

   Vous accédez à la page Aide à la connexion illustrée sur la Figure 15.4.

3. **Indiquez votre nom d'utilisateur Instagram ou votre adresse mail de connexion, et touchez le bouton Suite.**

4. **Dans l'écran Accéder à votre compte (Figure 15.5), tapotez Envoyer un e-mail.**

   Quelques minutes plus tard, vous recevrez un courriel d'Instagram.

À retenir

Si vous avez commis une erreur de frappe dans votre adresse e-mail au moment de l'inscription à Instagram, vous ne recevrez pas de message de la part de ce réseau. Dans ce cas, réinitialisez les informations de votre compte en suivant les instructions de la prochaine étape.

Figure 15.4 L'écran d'aide à la connexion.

5. **Dans le mail que vous recevez, cliquez sur le lien invitant à réinitialiser votre mot de passe Instagram, comme sur la Figure 15.6.**

Figure 15.5

Optez pour Envoyer un e-mail.

Figure 15.6

Réinitialisez votre mot de passe *via* le mail envoyé par Instagram.

La page de saisie du nouveau mot de passe apparaît dans votre navigateur Web.

6. **Tapez votre nouveau mot de passe (ou New password).**

Trouver de l'aide pour les problèmes communs

Si vous rencontrez des problèmes dans le téléchargement de photos et de vidéos, pour partager avec d'autres utilisateurs d'Instagram, ou dans la réception des notifications, poursuivez votre lecture pour découvrir des solutions rapides.

Instagram ne partage pas

Instagram a observé des problèmes de partage de photos et de vidéos réalisées avec Facebook et Tumblr. Vous risquez aussi de rencontrer des problèmes lorsque vous partagez des publications Instagram sur Twitter.

Astuce

Pour en savoir plus sur les options de partage, y compris copier un lien que vous pouvez coller sur un autre réseau social, consultez le Chapitre 6.

Les problèmes de partage sur des réseaux comme Facebook, Twitter, ou Tumblr viennent souvent du fait que ces réseaux sont en panne. Dans ce cas, attendez qu'ils soient de nouveau opérationnels.

Si vous constatez sur un autre smartphone, tablette, ou ordinateur que Facebook, Twitter, ou Tumblr fonctionne normalement, la connexion entre Instagram et Facebook (par exemple) peut avoir été rompue. Vous pouvez réinitialiser le lien sur l'appli de votre smartphone ou de votre tablette en suivant les instructions de cette section.

Si la connexion reste impossible malgré la réinitialisation, l'application Instagram ou Facebook est peut-être corrompue. Dans ce cas, le mieux consiste à supprimer les deux applis et à les réinstaller. Comme Facebook et Instagram sauvegardent vos données, il n'est pas utile de vous connecter sur ces deux applications après les avoir réinstallées.

Voici comment réinitialiser vos comptes liés :

1. **Tapotez l'icône de votre profil en bas à droite de l'écran.**

   L'écran de la Figure 15.7 (iOS) ou de la Figure 15.8 (Android) apparaît.

Figure 15.7 L'écran Profil sur iPhone.

Figure 15.8 L'écran Profil sur Android.

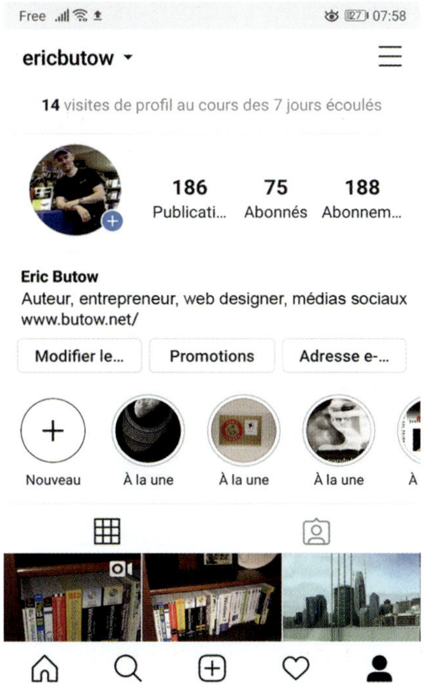

2. **Touchez les trois traits en haut à droite.**

3. **Dans le nouvel écran qui apparaît, touchez Paramètres.**

4. **Faites défiler le contenu de l'écran et tapotez Comptes, puis Comptes liés.**

   L'écran éponyme apparaît, comme sur la Figure 15.9.

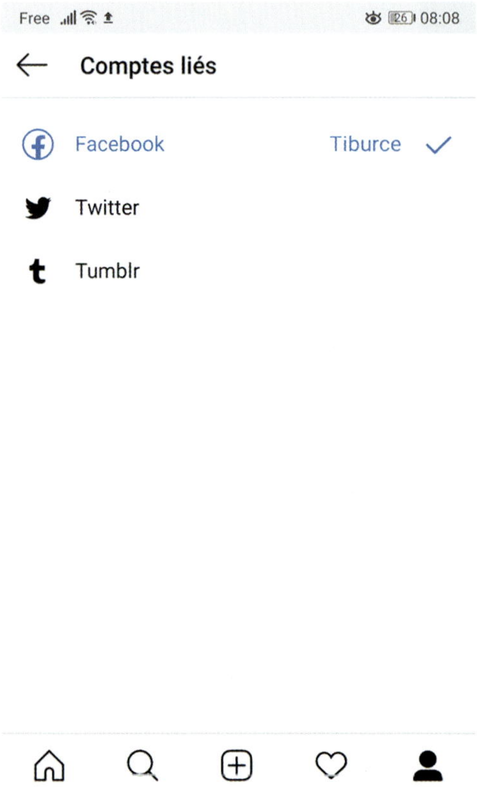

Figure 15.9 Les comptes liés à Instagram.

5. **Tapotez Facebook, Twitter ou Tumblr.**

6. **Tapotez Dissocier, comme le montre la Figure 15.10.**

7. **Confirmez votre choix dans le message qui s'affiche en touchant Oui, dissocier.**

   Instagram et l'autre application (Facebook, Twitter ou Tumblr) sont maintenant dissociés.

Figure 15.10 Dissociez un compte lié.

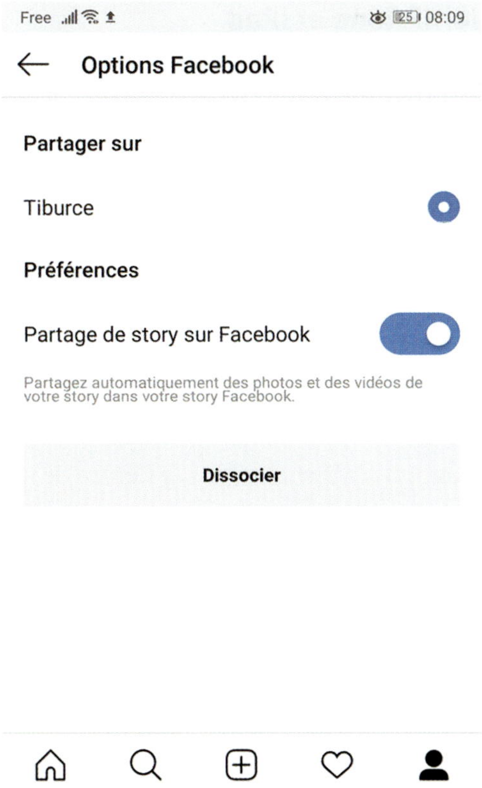

8. **Tapotez de nouveau Facebook, Twitter ou Tumblr, si vous souhaitez dissocier un autre compte lié.**

9. **Pour lier de nouveau un compte ainsi dissocié, il vous suffit de toucher Facebook, Twitter ou Tumblr.**

   Cette étape reconnecte de nouveau les comptes. Essayez de partager depuis Instagram.

Demander des notifications

Si vous avez activé les notifications Instagram sur l'application mobile et que vous n'en receviez pas, vérifiez bien si ce média social vous en envoie. Car, sincèrement, si Instagram n'envoie pas de notifications, il y a bien peu de chances que vous en receviez non ?

Vérifier les notifications sur iPhone et iPad

Voici comment vérifier et configurer les notifications sur iPhone et iPad :

1. **Sur l'écran d'accueil, tapotez Réglages, puis Notifications.**

   L'écran éponyme apparaît.

2. **Dans la liste des applis, localisez l'icône Instagram et touchez-la.**

3. **Ensuite, faites glisser vers la droite le commutateur de l'entrée Autoriser les notifications.**

   L'activation est identifiée par un curseur vert.

Par défaut, les notifications Instagram s'affichent dans le Centre de notifications et sur l'écran de verrouillage. Vous verrez également l'icône du badge de l'application et entendrez un signal sonore lorsque vous recevrez une notification de la part d'Instagram.

Vérifier les notifications sur un appareil Android

Sous Android, voici comment vérifier et activer les notifications Instagram :

1. **Depuis l'écran d'accueil, tapotez Paramètres.**

2. **Ensuite, touchez Notifications.**

3. **Faites défiler le contenu de l'écran Notifications jusqu'à ce que vous localisiez l'icône Instagram.**

   Astuce

   Pour aller plus vite, touchez la lettre « i » de l'alphabet affiché sur la droite de l'écran.

   Si les notifications sont actives, le mot *Activé* est affiché à droite de l'icône. Si elles ne le sont pas, vous lirez alors le mot *Désactivé*.

4. **Si les notifications sont désactivées, tapotez Instagram, puis faites glisser le curseur Autorisation de notifier vers la droite (Figure 15.11).**

   Vous pouvez également faire en sorte que les notifications soient silencieuses en désactivant les options Sonnerie et Vibreur.

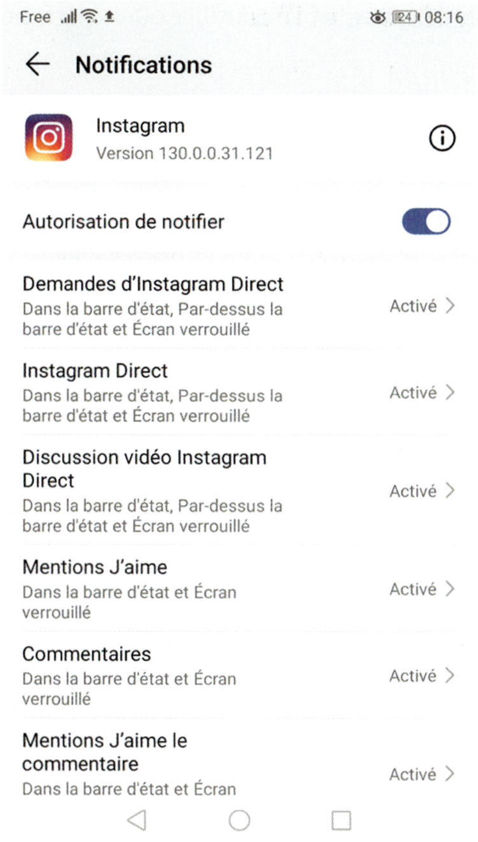

Figure 15.11 Autorisez les notifications d'Instagram sur votre téléphone.

Rien ne fonctionne… je fais quoi ?

Lorsque toutes les solutions envisagées jusqu'à présent échouent, vous devrez contacter Instagram pour signaler le problème. Pour vous aider, Instagram aura besoin des informations suivantes :

- le type de smartphone ou de tablette que vous utilisez ;
- le système d'exploitation et sa version installée sur votre smartphone ou votre tablette ;
- lorsque le problème survient et sa fréquence.

Voici comment signaler un problème lorsque vous utilisez un smartphone ou une tablette :

1. **Tapotez l'icône de votre profil.**
2. **Touchez les trois traits en haut à droite.**
3. **Faites défiler le contenu de la page, touchez Paramètres puis Aide.**
4. **Dans l'écran Aide, touchez Signaler un problème, comme sur la Figure 15.12.**

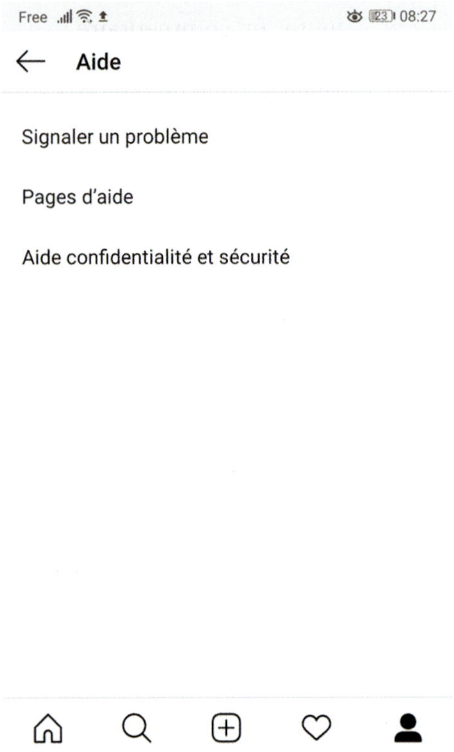

Figure 15.12 Signalez un problème.

5. **Dans le message qui apparait, touchez de nouveau Signaler un problème.**
6. **Décrivez votre problème dans le champ « Quel problème avez-vous rencontré ?».**
7. **Touchez l'illustration du cadre avec un signe + en son centre pour fournir une capture exposant votre souci.**
8. **Enfin, tapotez Envoyer en haut à droite.**

Éviter les messages d'erreur

Comme avec n'importe quelle appli, vous obtiendrez occasionnellement des messages d'erreur de l'application Instagram. Vous ne comprendrez pas toujours pourquoi vous recevez ces messages. Dans cette section, nous listons quatre messages et expliquons comment les éviter.

Impossible de commenter

Voici des raisons qui peuvent expliquer pourquoi vous recevez un message d'erreur indiquant que vous ne pouvez pas ajouter un commentaire :

- **Vous ne pouvez pas insérer plus de cinq tags dans un commentaire. (Vous identifiez d'autres utilisateurs Instagram en tapant le symbole @ avant son nom d'utilisateur.)**
- **Vous ne pouvez pas ajouter plus de 30 hashtags dans un commentaire.**
- **Vous ne pouvez pas publier le même commentaire plusieurs fois dans un post.**
- **Instagram filtre des mots et des phrases contenant des vulgarités et qui contreviennent donc aux règles communautaires.**
- **Vous n'avez pas mis à jour Instagram et vous n'utilisez donc pas sa version la plus récente.**

Si une de ces raisons peut expliquer votre problème, fermez l'appli Instagram et redémarrez-la. La prochaine étape consiste à éteindre puis à rallumer votre smartphone ou votre tablette. Ensuite, relancez l'appli Instagram. Cela ne fonctionne toujours pas ? Vous devez contacter le support Instagram comme expliqué dans la précédente section.

Impossible de supprimer des commentaires

Instagram rencontre quelques difficultés pour signaler à ses utilisateurs qu'un commentaire a été supprimé. Ce problème survient lorsque vous essayez de supprimer un commentaire et que vous recevez en retour un message d'erreur vous indiquant l'impossibilité de mener à terme cette opération.

Une solution consiste à fermer l'appli Instagram, à la redémarrer, puis à afficher votre publication à l'écran pour voir si le commentaire est toujours présent. Si c'est le cas, fermez l'application Instagram et effacez toutes ses données comme expliqué dans la section « Vérifier votre espace » un peu plus haut dans ce chapitre. Cette action peut supprimer le commentaire.

Si le commentaire est toujours là et que vous receviez encore ce message d'erreur lorsque vous tentez de la supprimer, votre meilleure option est de l'ignorer. Au moment où vous lirez ces lignes, nous espérons que le problème aura trouvé sa solution ou qu'il aura été supprimé.

À retenir

Vous ne pouvez supprimer que les commentaires que vous avez publiés et les commentaires laissés par les autres instagrammeurs sur vos publications.

Impossible de rafraîchir le fil d'actualité

Lorsque vous rafraîchirez votre fil d'actualité en faisant glisser l'écran vers le bas, vous ne verrez pas forcément les nouveaux posts. Cela peut simplement signifier que vos abonnés n'ont rien publié récemment. Cependant, si vous ne pouvez pas rafraîchir votre fil pendant une certaine période, vérifiez les points suivants :

- **Votre signal Wi-Fi est peut-être faible, ou bien vous êtes dans une zone où le trafic Wi-Fi est dense et qui affaiblit ainsi la connexion.**
- **Vous avez atteint les limites de vos données mobiles. Il vous faut alors trouver une connexion Wi-Fi ou bien accepter de payer l'utilisation de données mobiles supplémentaires.**
- **Instagram rencontre des problèmes. Dans ce cas, soyez patient.**

Si le problème persiste, signalez-le *via* l'appli Instagram comme expliqué dans la précédente section, et voyez si Instagram est capable de trouver ce qui ne fonctionne pas avec son application.

Impossible de suivre qui que ce soit

Si vous recevez un message expliquant que vous ne pouvez pas suivre un instagrammeur, vérifiez votre profil pour voir le nombre d'utilisateurs que vous suivez. Si ce nombre est de 7 500, vous ne pouvez plus en ajouter.

La majorité des gens n'atteint jamais cette limite. Si vous recevez ce message d'erreur alors que vous êtes en dessous des 7 500 abonnés, signalez le problème à Instagram.

Attention

Instagram pose une limite sur le nombre de personnes que vous pouvez suivre par heure et par jour. Cette limite est de 60 personnes par heure et de 500 par jour. Lorsque vous atteignez cette limite, vous devrait attendre le début de l'heure ou du jour suivant pour pouvoir suivre d'autres personnes.

DANS CE CHAPITRE...

Obtenir de l'aide avec l'appli et le site Web Instagram

Contacter Instagram sur son profil de média social et son blog

Rejoindre une communauté pour obtenir son aide

Chapitre 16
L'aide d'Instagram

Il existe de nombreuses ressources en ligne qui vous aideront à trouver des solutions à vos problèmes.

Si vous ne parvenez plus à exécuter l'appli Instagram, vous trouverez une assistance sur le site Web de ce média social, sur ses profils, et sur d'autres réseaux sociaux et sites Web communautaires.

Dans ce chapitre, vous commencerez par apprendre à utiliser l'aide en ligne d'Instagram *via* son application et son site Web. Ensuite, vous verrez comment contacter Instagram *via* ses profils et son blog. Enfin, nous apprendrons à rejoindre une communauté en ligne afin d'obtenir de l'aide des autres utilisateurs.

Les avantages de l'aide d'Instagram

Le Centre d'aide, illustré à la Figure 16.1, est le premier emplacement où vous chercherez une solution à vos problèmes. Pour y accéder, rendez-vous à l'adresse https://help.instagram.com.

Figure 16.1 Le Centre d'aide d'Instagram sur Internet.

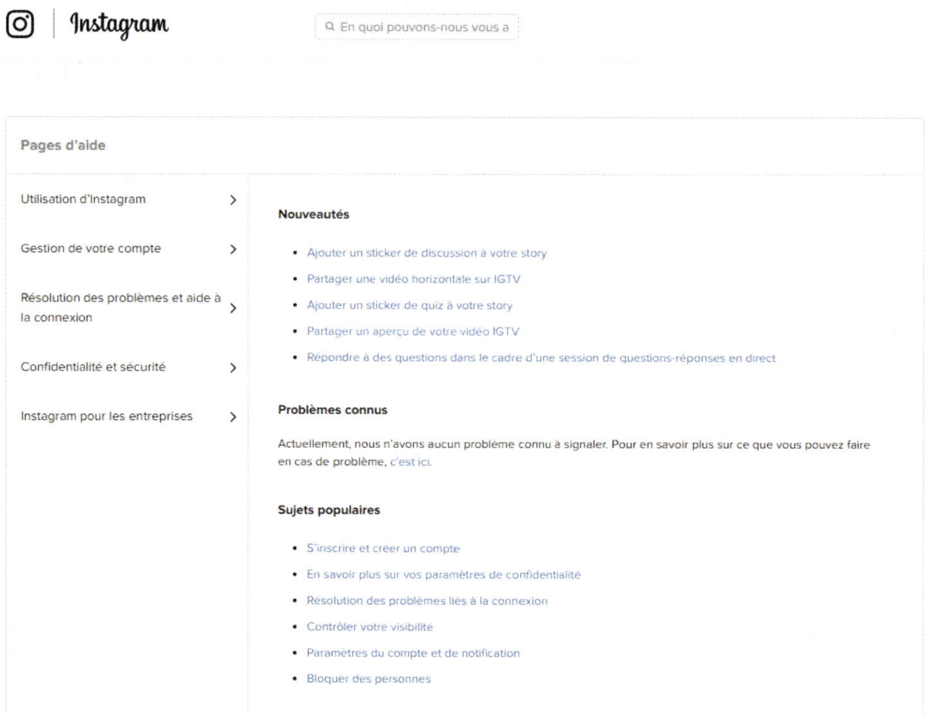

Accéder au Centre d'aide

Si l'application Instagram est installée sur un iPhone, un iPad, un smartphone ou une tablette Android, et qu'elle cesse de fonctionner, vous pouvez accéder au Centre d'aide sur le site Web, mais aussi dans l'application Windows d'Instagram si elle est installée sur votre ordinateur. Si votre smartphone ou votre tablette fonctionne, accédez au Centre d'aide avec l'application, et cela à n'importe quel moment.

Sur vos périphériques mobiles

Voici comment accéder au Centre d'aide depuis un périphérique mobile :

1. **Lancez l'application Instagram, et tapotez l'icône de votre profil dans l'angle inférieur droit de l'écran.**

2. **Tapotez les trois traits en haut à droite et, dans le menu local qui s'affiche, touchez Paramètres en bas de l'écran.**

3. **Faites défiler le contenu de l'écran et tapotez Aide.**

4. **Dans le nouvel écran, touchez Pages d'aide.**

   Le Centre s'affiche dans le navigateur Web de votre smartphone, comme sur la Figure 16.2.

Faites glisser le contenu pour accéder à toutes les rubriques, ou bien décrivez votre problème dans le champ « En quoi pouvons-nous vous aider ? ».

Figure 16.2 Le Centre d'aide d'Instagram dans le navigateur de votre smartphone.

Dans l'application Windows

Après avoir ouvert l'application Windows d'Instagram, voici comment accéder au Centre d'aide :

1. **Cliquez sur l'icône Profil en bas à droite.**

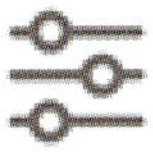

2. **Cliquez sur l'icône de l'engrenage illustrée ci-contre.**

   L'écran de modification du profil apparaît, avec une liste d'options sur la gauche.

3 **Faites défiler le contenu de la liste Options afin de localiser la section Support, et cliquez sur Pages d'aide, comme sur la Figure 16.3.**

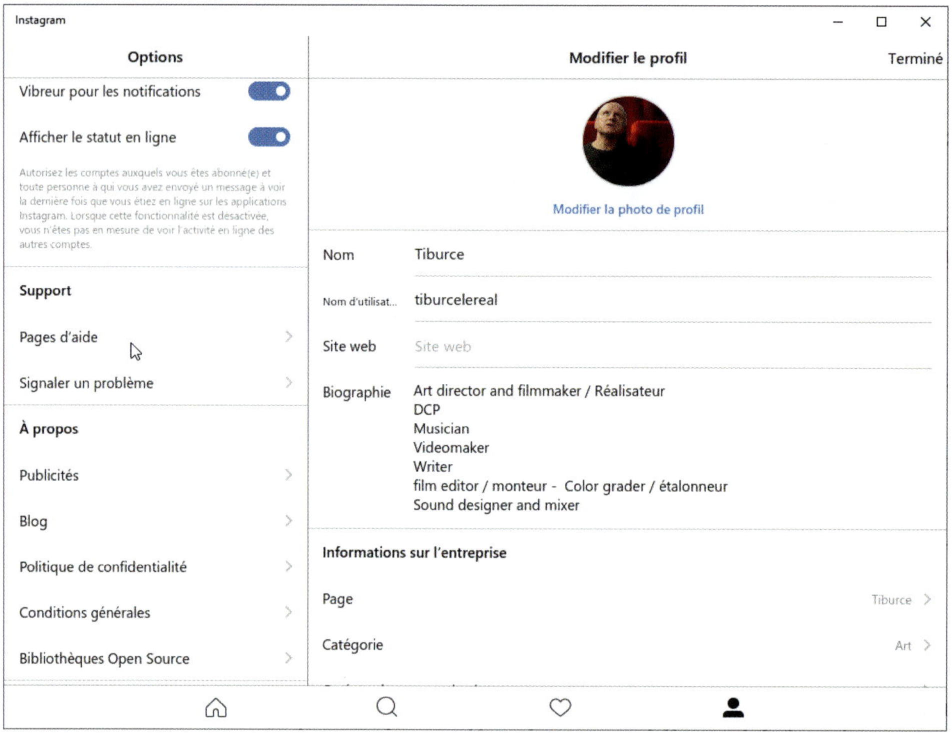

Figure 16.3

Accédez à la page d'aide avec l'application Windows.

Les pages d'aide Instagram apparaissent sur la droite, comme le montre la Figure 16.4.

Cliquez sur le titre du sujet à consulter pour en afficher les informations.

Lorsque vous aurez terminé de consulter ces pages d'aide, revenez sur votre profil par un clic sur l'icône < en haut à gauche.

Visiter le Centre de confidentialité et de sécurité

Le Centre de confidentialité et de sécurité Instagram permet de vous remémorer la manière dont ce média social fonctionne, notamment si vous pensez que quelqu'un l'utilise de la mauvaise manière.

Dans le Centre d'aide, ouvrez la rubrique Confidentialité et sécurité. La liste de ses sujets apparaît, comme sur la Figure 16.5.

Figure 16.4

Le Centre d'aide dans l'application Windows.

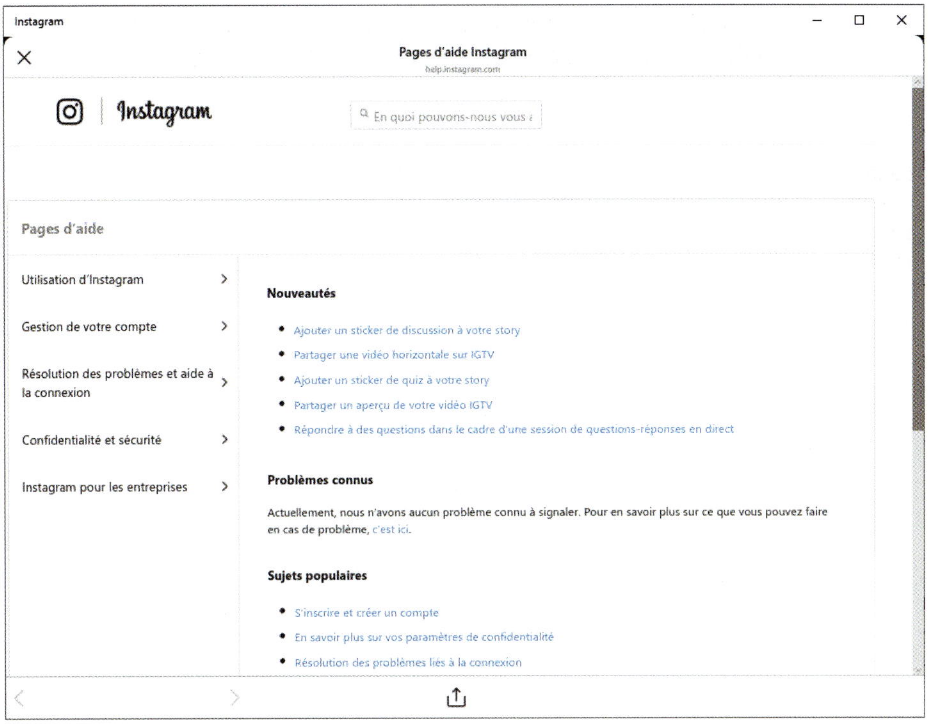

Figure 16.5

La rubrique Confidentialité et sécurité.

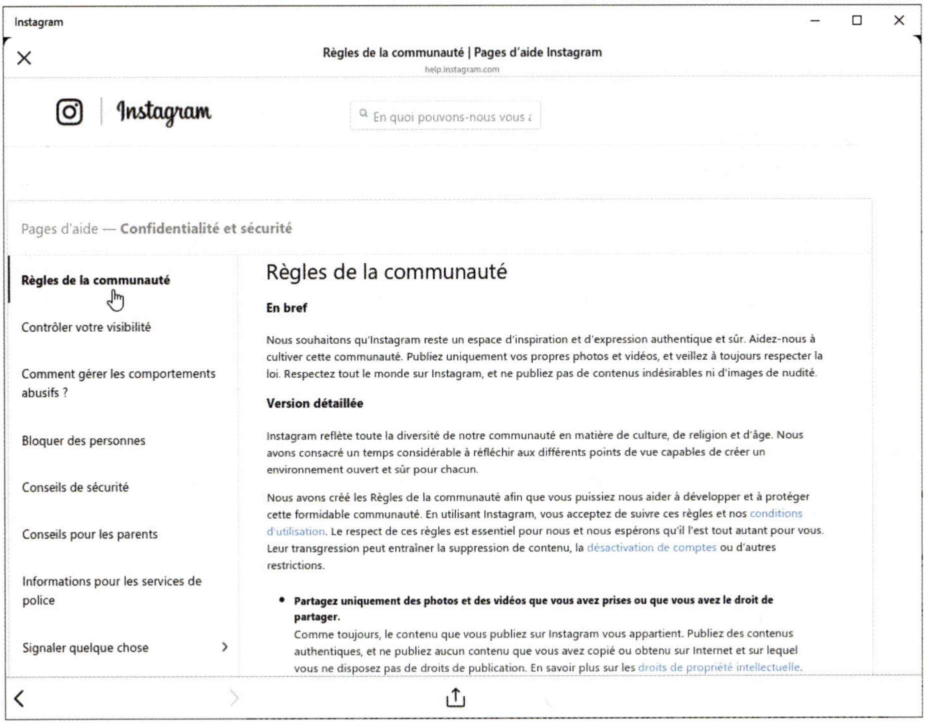

Afficher les pages Web Instagram Business

Instagram propose un site Web commercial auquel vous accéderez *via* l'adresse https://business.instagram.com, illustré sur la Figure 16.6. Ce site contient des informations sur la configuration d'un nouveau compte commercial, la promotion de vos publications, la manière d'optimiser l'utilisation de votre compte, et bien d'autres choses encore.

Si vous ne pouvez pas accéder au site Web Instagram Business, ou si vous préférez travailler avec la maison mère Facebook, connectez-vous sur www.facebook.com/business/help/976240832426180.

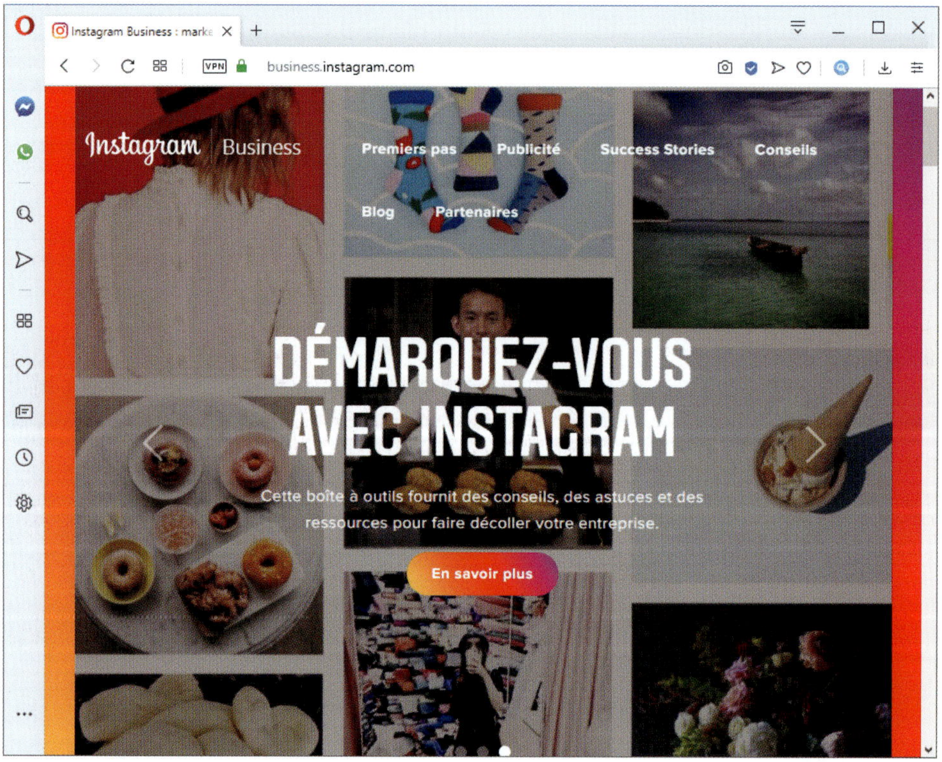

Figure 16.6 Le site Instagram Business.

Le site Web Facebook Business contient plus d'informations que le site Web Instagram Business, y compris des détails sur la publicité faite sur Instagram, les cibles commerciales, et les outils professionnels de ce média social. Vous pouvez consulter ces deux sites pour être certain de ne pas passer à côté d'informations essentielles sur une utilisation commerciale efficace d'Instagram.

Exploiter le média social

Instagram ne limite pas la communication à son espace social. Il travaille en étroite collaboration avec Facebook et son site Business (deux milliards de profils au moment où nous écrivons ces lignes).

Instagram publie aussi sur son propre compte Twitter, ce qui semble tout à fait logique puisque vous pouvez partager vos posts Instagram sur Twitter depuis l'application Instagram.

En plus, les blogs Instagram pour les utilisateurs privés et commerciaux donnent des informations sur l'utilisation de ce média social et communiquent des idées pour créer des posts.

Envoyer un message sur Facebook

Vous trouverez le profil Facebook d'Instagram Business à l'adresse www.facebook.com/instagramforbusiness, comme le montre la Figure 16.7.

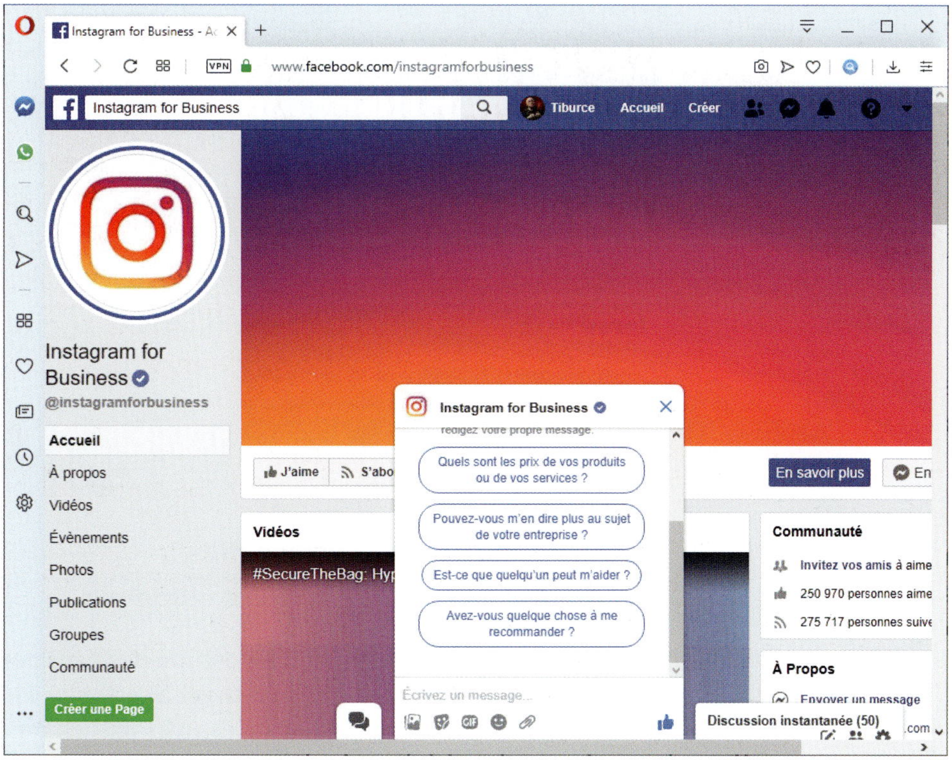

Figure 16.7 La page Facebook d'Instagram Business.

Faites défiler le contenu de cette page pour consulter les posts d'Instagram. Vous accéderez au site Instagram Business en cliquant sur un bouton En savoir plus. Au moment de la rédaction de ce livre, vous pouviez appeler le numéro de téléphone indiqué sur la page Facebook d'Instagram Business.

Tweeter et être tweeté

Vous trouverez le compte Twitter d'Instagram à https://twitter.com/instagram. Il communique les toutes dernières informations de ce média social. Vous trouverez des photos, des vidéos et des liens vers les publications qu'Instagram a jugé pouvoir vous intéresser, comme le montre la Figure 16.8.

Faites défiler le contenu de l'écran pour consulter les publications récentes. Cliquez ou tapotez sur un lien pour afficher un post Instagram ou un article lié.

Figure 16.8

Suivez Instagram sur Twitter en cliquant sur le bouton Suivre.

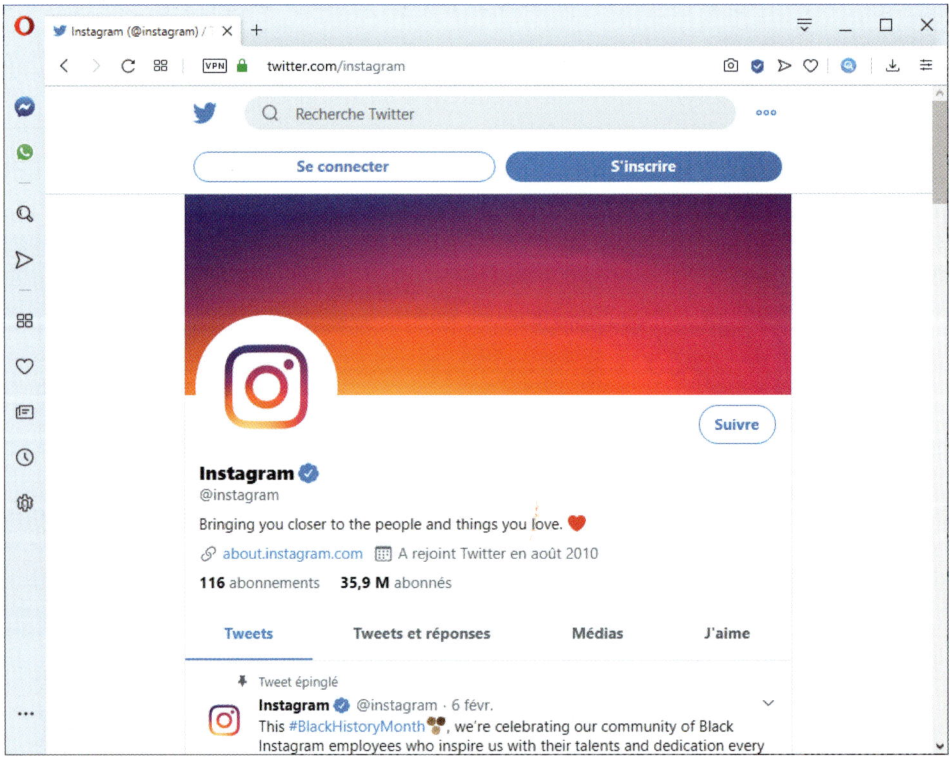

Sur la gauche de l'écran, vous pouvez cliquer ou tapoter un des liens pour obtenir de l'aide d'Instagram, lire des blogs, et envoyer un tweet à ce média social. On ne sait pas si Instagram vous répondra, mais si vous n'essayez pas, eh bien, vous ne saurez jamais.

Lire le blog Instagram

Le blog général d'Instagram est lisible à http://blog.instagram.com depuis votre navigateur Web ou une de vos applications Instagram.

Dans l'appli Windows

Voici comment accéder au blog Instagram après avoir ouvert son appli dans Windows :

1. **Cliquez sur l'icône Profil dans le coin inférieur droit.**

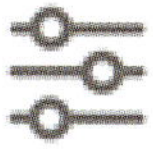

2. **Cliquez sur l'icône de réglages illustrée ci-contre.**

   L'écran Modifier le profil apparaît.

3. **Dans la section À propos de la liste affichée sur la gauche, cliquez sur Blog.**

   La page du blog Instagram apparaît sur la droite, comme sur la Figure 16.9.

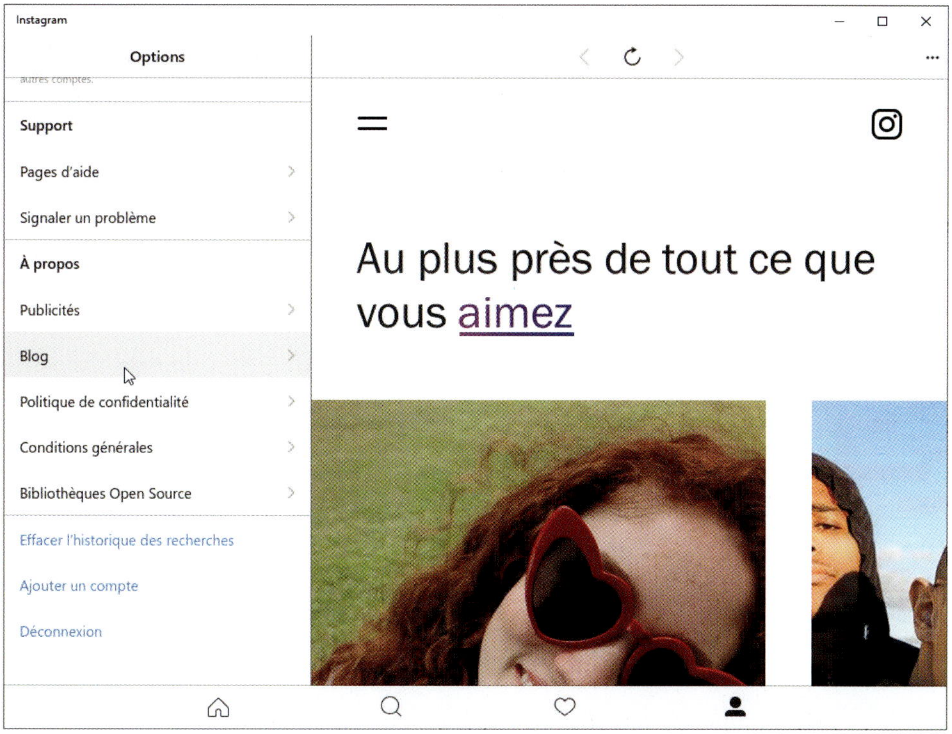

Figure 16.9 Le blog affiché dans l'application Instagram Windows.

Faites défiler verticalement l'écran pour afficher les résumés des posts du blog. Cliquez sur le titre pour afficher des informations sur ce sujet.

Visiter le blog commercial Instagram

Instagram Business a également son propre blog, mais vous ne pouvez pas y accéder depuis l'appli Instagram. Pour vous y rendre, ouvrez votre navigateur Web et rendez-vous sur la page https://business.instagram.com/blog/. Si nécessaire, cliquez sur Blog dans la barre des menus.

Le blog apparaît, comme sur la Figure 16.10. Parcourez les résumés des posts récents. Pour lire une publication, tapotez le titre du résumé, une photo, ou une description.

Figure 16.10

Le blog Instagram Business.

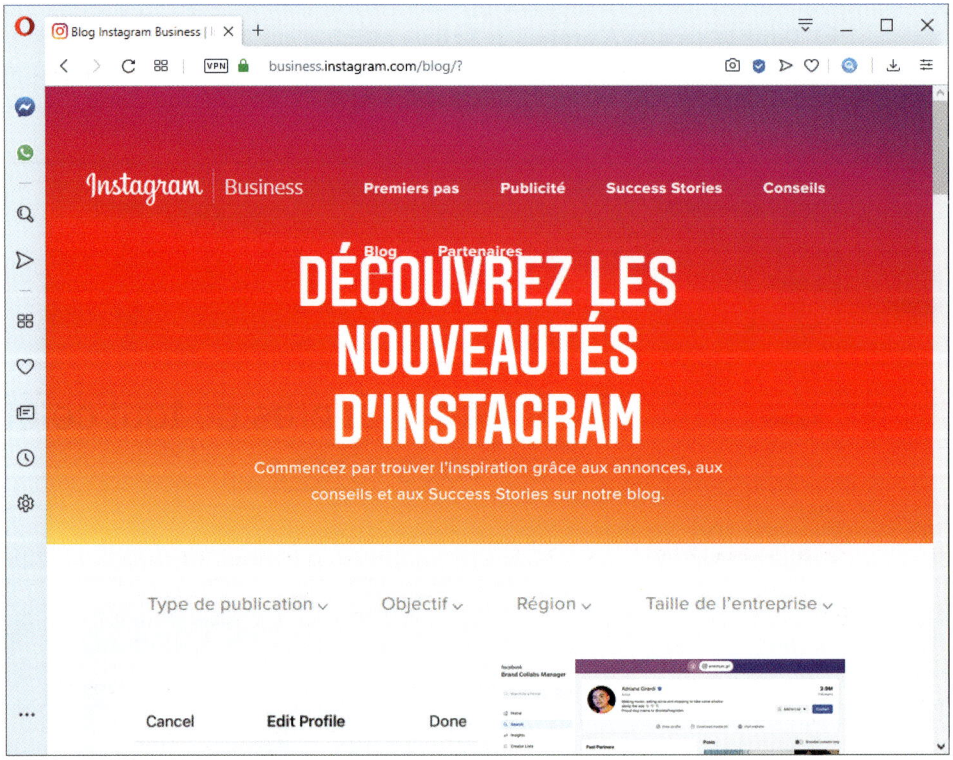

Rejoindre une communauté

Instagram facilite l'accès aux communautés et sans se limiter à Facebook et Twitter. Vous pouvez rejoindre ou démarrer un InstaMeet qui est le meilleur moyen de créer un réseau avec d'autres utilisateurs d'Instagram pour échanger des photos, tourner des vidéos, et parler d'Instagram.

Que faire si vous ne souhaitez pas démarrer un InstaMeet, mais que vous ne trouvez toujours pas de réponses à vos questions ? Visitez Reddit et Topix, deux sites Web de discussion très populaires où vous trouverez des conversations intéressantes, et où vous pourrez lancer la vôtre.

Rejoindre d'autres instagrammeurs dans un InstaMeet

Si vous souhaitez rejoindre un InstaMeet, commencez par accéder au site Web https://about.instagram.com/community. Désolé, mais vous ne pouvez pas y accéder *via* l'appli Instagram.

Pour s'abonner à un InstaMeet proche de chez vous depuis Instagram :

1. **Accédez à votre compte Instagram.**
2. **Touchez l'icône de la loupe.**
3. **Dans le champ Rechercher, saisissez #instameet suivi du nom de votre ville, comme #instameetparis.**

   Vous obtenez une liste d'InstaMeet dans votre ville comme sur la Figure 16.11.

4. **S'il vous convient, rejoignez-le en touchant S'abonner.**

Astuce

Pour lancer votre propre InstaMeet, adoptez les attitudes suivantes :

- Intégrez le hashtag #instameet à l'ensemble des tweets et photos que vous partagez au sujet de votre rassemblement InstaMeet.
- Pensez également à utiliser un tag propre à la ville (par exemple, #instameetparis), afin de suivre toutes les publications associées au rassemblement InstaMeet de votre ville sur Instagram.

» Publiez sur Instagram, Twitter ou Facebook un article qui indique votre souhait d'organiser un rassemblement dans votre ville en identifiant les utilisateurs de votre ville que vous suivez.

» Recherchez des instagrammeurs dans votre ville.

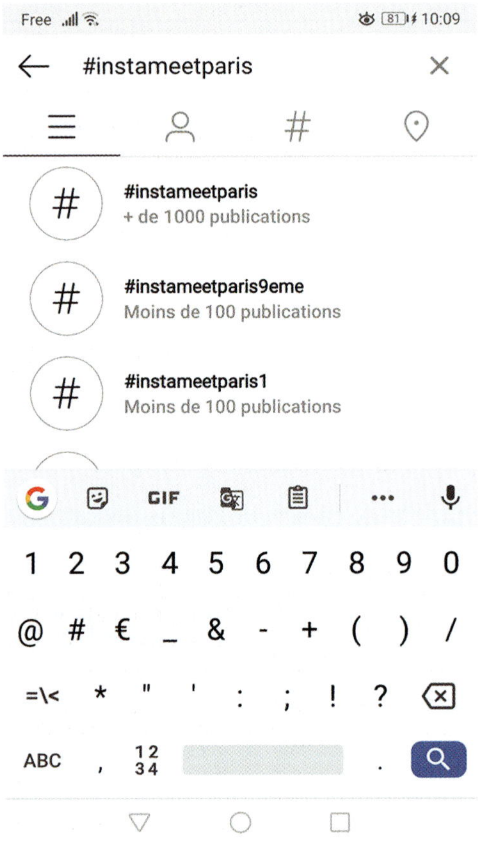

Figure 16.11 Trouvez un InstaMeet.

Visiter Reddit

Vous pouvez également rejoindre une communauté en ligne dans le but de discuter autour d'Instagram. Deux des sites Web les plus populaires en la matière sont Reddit.

Attention

La plupart des messages que vous lirez sur ces communautés en ligne ne serviront pas votre activité commerciale.

Visitez la page Instagram Reddit à l'adresse www.reddit.com/r/Instagram (voir la Figure 16.12). Faites défiler le contenu de la page pour accéder aux autres messages. Sous le titre de chaque message figure le nombre de commentaires qui ont été laissés.

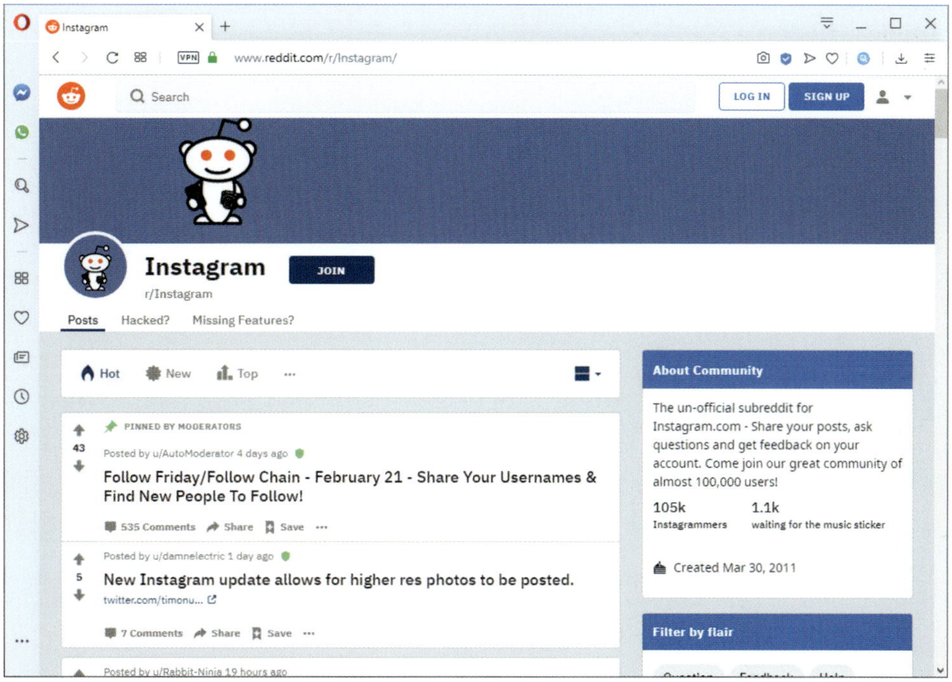

Figure 16.12 La page Reddit d'Instagram.

Vous pouvez également rechercher des messages contenant des termes spécifiques. Voici comment procéder :

1. **Dans le champ vide situé en haut de la page, tapez les termes de votre recherche.**

   Attention

   Bien que le site soit en français, les messages postés sont majoritairement en anglais. *De facto*, il est conseillé de lancer une recherche sur des termes de la langue de Shakespeare.

2. **Cliquez sur l'icône de la loupe.**

   Une liste de titres de publication apparaît sur la page. Faites défiler le contenu pour accéder à tous les posts.

   Lorsque vous trouvez une publication qui vous intéresse, cliquez sur son titre pour l'ouvrir. Vous pouvez laisser un commentaire, mais aussi partager le message sur votre compte Facebook, Twitter, ou Tumblr.

Partie 6

Les dix commandements

Dans cette partie...

- Trouver des sociétés et des utilisateurs d'Instagram créatifs.
- Observer les comptes de vos concurrents pour y piocher des idées.

DANS CE CHAPITRE...

GoPro, Yellowillow

•

Sugar & Cloth, RPM Italian

•

Veganfoodieparis, The Love Bomb Company

•

The.Book.Report, LaJollaMom

•

TSA, GeneralElectric

Chapitre 17

Dix utilisations pertinentes d'Instagram

Les conseilleurs ne sont pas les payeurs. Cependant, il est bien souvent difficile d'appliquer des principes et des techniques, surtout quand nous n'avons pas, au plus profond de nous-mêmes, un sens créatif très développé. Eh bien, sachez que si c'est votre cas, il n'y a aucune honte à s'inspirer des marques qui ont réussi sur Instagram.

Tout au long de ce livre, nous avons parlé des meilleures stratégies et pratiques. Nous allons maintenant vous montrer dix comptes Instagram qui valent leur pesant d'or.

GoPro

En tant que grosse entreprise, @GoPro a bien compris l'influence d'Instagram. Le contenu de ce compte est un savant mélange de personnes, de lieux et d'animaux. Bien que les photos et les vidéos proviennent des quatre coins du globe (oui je sais, un globe n'a pas de coins), elles restent cohérentes, liées à la marque, et partagent le même esprit d'aventure et d'enthousiasme. La Figure 17.1 montre des publications partagées sur le compte GoPro.

L'aspect le plus singulier de ce compte est que tout son contenu provient des utilisateurs, c'est-à-dire des clients GoPro qui ont un compte Instagram. GoPro ne choisit que les meilleures publications, c'est-à-dire celles qui perpétuent l'image de la marque, son style et sa personnalité.

Au-delà de l'exposition de la marque, GoPro entretient une grande interactivité avec son audience, publie des légendes amusantes, et répond aux commentaires et aux questions sur ses propres publications. Par cette technique de communication, GoPro installe une certaine reconnaissance vis-à-vis de ses clients.

Figure 17.1 GoPro partage le contenu de ses clients.

Yellowillow

Le compte Instagram @yellowillow, créé par la photographe Anne Mclsaac, a un style très séduisant grâce à la publication de photos où l'on retrouve systématiquement la couleur jaune. Ce compte est illustré sur la Figure 17.2. Elle partage des photos de sa vie personnelle et professionnelle. L'ensemble couvre des sujets divers et variés qui sont toujours traités sur le même style où la couleur jaune a systématiquement son mot à dire.

Anne utilise une stratégie de hashtags efficace, et elle insère une brève description ou une petite histoire dans son post afin de le replacer dans un certain contexte. Elle est particulièrement dévouée à son audience, en répondant aux commentaires et aux questions, ce qui établit ainsi une relation étroite avec ses followers.

Anne, en tant que telle, est reconnue comme une véritable marque, ce qui lui permet de collaborer avec d'autres sociétés pour créer des publications sponsorisées. Bien que ces posts assurent la promotion d'autres produits ou d'autres entreprises, elle ne dévie jamais de son image de marque et de sa personnalité.

Figure 17.2 Le compte @yellowillow affiche du jaune dans chaque publication.

Sugar & Cloth

Ashley Rose est une blogueuse qui utilise son compte Instagram @surgarandcloth pour développer sa marque. Ses publications Instagram sont une combinaison de son style de vie, de ses blogs, et de ses idées que chacun pourra apprécier à travers de nombreux projets. Ses images étant très colorées et vibrantes, elles ne manquent pas d'attirer l'attention des utilisateurs d'Instagram.

Elle écrit également de super légendes qui traduisent sa personnalité et son style. Un lien d'une grande authenticité se crée alors avec son audience. La Figure 17.3 donne un aperçu de ses images sur son compte @sugarandcloth.

Figure 17.3 Les couleurs vives du compte @sugarandcloth.

Au-delà du contenu de son compte Instagram, Ashley utilise très efficacement les stories. Elles restent fidèles à son image de marque et à son style, mais exposent sa vie de mère de famille, de femme, de blogueuse, et d'entrepreneur. Elle partage le côté professionnel de son existence tout en y montrant l'épanouissement de sa personnalité.

RPM Italian

RPM Italian est un restaurant à Chicago dans l'Illinois. Il expose ici sa cuisine, sa salle, et ses nouveautés *via* son compte Instagram @rpmitalian. Chaque photo est très bien mise en scène et superbement éclairée. RPM Italian montre également ses coulisses, comme fabriquer des pâtes de A à Z, montrer les chefs en cuisine, tout en composant des images qui cadrent avec le style de l'enseigne et des plats.

Le noir et blanc est la couleur dominante des photographies, mais avec des accessoires en couleurs qui ajoutent une touche très graphique. La Figure 17.4 montre comment RPM Italian diffuse son image sur Instagram.

Figure 17.4 Le compte @rpmitalian partage diverses images de son restaurant.

Le calendrier des publications est de l'ordre de deux à trois posts par semaine. Ce rythme permet de produire des images de grande qualité qui sont du plus bel effet sur son audience.

Veganfoodieparis

Ce compte Instagram témoigne de l'air du temps à une époque où la préoccupation écologique et animale devient un enjeu politique, économique et social. Veganfoodieparis excite nos papilles gustatives avec de magnifiques photos de plats (Figure 17.5), genre photographique qui est d'ailleurs en expansion et devient une véritable discipline.

Les stories font état de plats traditionnels convertis en alimentation vegan, et les photos sont accompagnées de commentaires qui expliquent la recette du plat tout en rappelant l'engagement philosophique de ce comportement alimentaire.

Figure 17.5 Le compte @veganfoodieparis soutient la cause vegan à travers des photos de plats alléchants.

The Love Bomb Company

The Love Bomb Company vend des mugs et de la verrerie décorés de phrases amusantes. Son compte Instagram @thelovebombco est une représentation directe de sa marque, de son ton, et de son style. Lorsque vous affichez ce compte – de la bio aux produits en passant par les publications – vous comprenez tout de suite le but de cette société (qu'il vous plaise ou non), comme le montre la Figure 17.6.

Cette entreprise a compris que publier ses produits peut finir par agacer le public et s'apparenter à de la vente forcée. Donc, au lieu de se limiter à une exposition d'articles, elle insère des citations écrites avec une police de caractères qui identifie bien la marque.

Elle crée un lien très authentique avec son audience en publiant le contenu des clients. Cela permet de mettre en évidence ses produits de différentes manières, de montrer de multiples styles de vie, et de souligner les points communs de ses clients.

Figure 17.6

Le compte @thelovebombco affiche clairement son style et ses produits.

The.Book.Report

Le compte Instagram @the.book.report fait un usage averti de la vidéo et des publications contenant plusieurs images. Michelle, qui a lancé ce compte Instagram, publie des critiques de livres pour enfants et se sert d'Instagram pour partager ses opinions ainsi que des photos de chacun des livres.

Elle partage une image de la couverture des livres, comme sur la Figure 17.7, ainsi qu'une série d'images ou de vidéos de présentation de l'intérieur de l'ouvrage.

Pour créer un rapport de confiance avec son audience, Michelle insère des publications sur sa famille et ses enfants, en exposant leur vie et leurs centres d'intérêt.

Figure 17.7 Le compte @the.book.report utilise une grande variété de fonctions pour ses critiques de livres.

LaJollaMom

Le compte @lajollamom est utilisé par Katie Dillon, une blogueuse sur le voyage de luxe. Son compte est rempli de magnifiques photos prises dans le monde entier. Elle fait également un fantastique travail en partageant un contenu pédagogique. Ses légendes incluent souvent des astuces, des faits amusants, ou d'autres informations très appréciées par son audience. La Figure 17.8 est un exemple d'une de ses légendes (que vous avons traduite en français) donnant des astuces de voyage.

Katie partage ses expériences personnelles de voyage en famille. Cela crée une intimité avec son audience et établit une grande confiance avec ses followers.

Les photos de son compte sont personnalisées mais d'une grande qualité, car elles sont modifiées et choisies pour obtenir les meilleures performances possibles sur Instagram. Comme dans la plupart des autres exemples de ce chapitre, Katie interagit avec ses followers en répondant personnellement à leurs commentaires et questions.

Figure 17.8 Le compte @lajollamom utilise des légendes pour informer et instruire l'audience de Katie.

TSA

La TSA – une agence qui assure la sécurité des voyageurs dans les aéroports – n'est pas un compte que vous auriez, *a priori*, envie de suivre sur Instagram. Cependant, le compte @TSA sait parfaitement utiliser Instagram, comme le montre la Figure 17.9.

En effet, une grande partie des photos montrent des chiens et des maîtres-chiens. Or cela génère du trafic car beaucoup de personnes adorent regarder des chiens sur Instagram. Ce compte partage également des photos d'objets dangereux et délirants qui ont été confisqués par les agents de la TSA. Dans ces publications, les légendes sont utilisées pour vous rappeler les objets interdits. Le contenu est donc éducatif malgré le sourire un peu crispé que provoque en nous certains objets disons… exotiques.

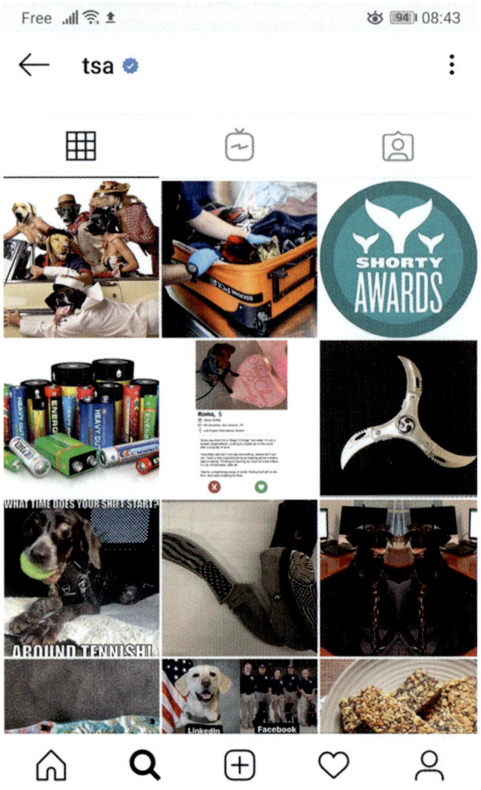

Figure 17.9 Le compte Instagram @TSA est plein d'objets interdits que certaines personnes ont tenté de faire passer.

Pour que ce compte reste jovial, @TSA traite de sujets tendance ou d'évènement pertinents, comme les éclipses solaires, ou le Star Wars Day.

GeneralElectric

Pour une société aussi importante qui se focalise sur le service rendu à la clientèle, le compte Instagram @GeneralElectric est assez surprenant. Son objectif n'est pas de drainer une large audience. Il cherche plutôt à faire connaître la marque et à relier les gens à un niveau individuel.

Ce compte Instagram contient des profils d'employés, montre les coulisses du développement de produits, dévoile les installations de la société, et communique des informations sur des secrets de fabrication. Ses publications sont informatives et éducatives, tout en restant ludiques à regarder ou à lire.

La Figure 17.10 donne un exemple de publication à la fois amusante et informative à propos d'éoliennes.

Ce compte publie des photos, des vidéos et des diaporamas efficaces pour générer plus d'interactions avec une grande partie de son audience.

Figure 17.10 Le compte @generalelectric partage un contenu divertissant et éducatif pour asseoir sa notoriété.

DANS CE CHAPITRE...

Où trouver des idées sur Instagram

Trouver le contenu qui vous plaît

Utiliser des ressources pour rester créatif

Chapitre 18

Dix sources d'inspiration

Les stratégies et les techniques d'utilisation d'Instagram pour votre activité commerciale sont souvent méthodiques. Cependant, votre contenu est la seule chose qui établira un lien avec votre audience et qui générera de l'interactivité. Les publications qui provoquent des émotions, ou qui ont un rôle éducatif, donnent généralement d'excellentes performances.

Si vous êtes un peu perdu dans le type de contenu à publier, inspirez-vous des autres comptes Instagram. Vous y trouverez des idées et la motivation nécessaire pour créer un contenu personnel, utile, et qui dénotera un style singulier. N'oubliez jamais qu'un style est souvent la somme de différents styles préexistants qui nous ont particulièrement séduits.

Dans ce chapitre, vous découvrirez dix sources d'inspiration qui développeront votre créativité.

Exploration de la page Explorer

Pour s'inspirer de ce qu'il se passe sur Instagram, rien ne vaut l'exploration de la page... Explorer.

Pour accéder à la page Explorer illustrée sur la Figure 18.1 :

- » **Sur votre appareil mobile et dans l'appli Windows, tapotez l'icône de la loupe dans la partie inférieure de l'écran.**
- » **Sur le site Web d'Instagram, cliquez sur l'icône de la boussole en haut à droite.**

Ensuite, vous cliquez sur une vignette proposée par défaut par Instagram, et vous accédez à la page Explorer de l'utilisateur qui a publié ce post. Le contenu affiché par Instagram se base sur les types de comptes auxquels vous êtes abonné et qui interagissent avec vous. Vous comprenez que cette page Explorer n'aura rien à voir avec celle d'un autre utilisateur.

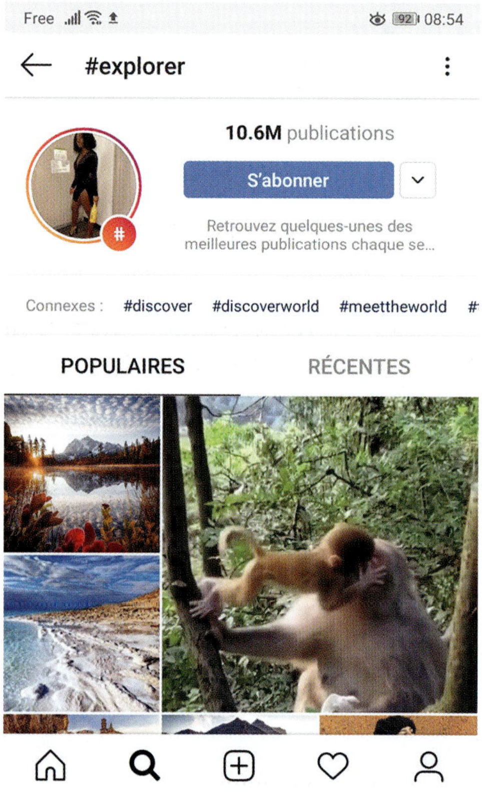

Figure 18.1 La page Explorer permet d'analyser le contenu d'une publication suggérée dans la page Rechercher.

Astuce

Pour rafraîchir le contenu de la page Rechercher (en effet, la page Explorer n'apparaît que lorsque vous avez tapoté une vignette), affichez les premières vignettes (dont les stories), puis faites rapidement glisser l'écran vers le bas comme lorsque vous feuilletez un contenu.

Cette page propose des stories (les cercles rouges) et une combinaison de photos et de vidéos susceptibles de vous intéresser. Vous basculez vers l'écran Explorer lorsque vous tapotez une de ces vignettes. Vous accéderez aussi aux légendes et aux commentaires.

Le contenu de la page Rechercher est une source d'inspiration étonnante car la plupart des publications sont l'œuvre de personnes que vous ne suivez pas forcément, mais dont le contenu rejoint celui des comptes auxquels vous êtes abonné. Cela vous permet donc de découvrir de nouveaux instagrammeurs. Ce contenu est généralement très performant (les photos et les vidéos génèrent beaucoup de trafic et d'interactions proportionnellement à leur nombre de followers), ce qui vous permet d'apprécier les posts qui génèrent des réactions positives.

Analyser les recherches de hashtags en relation avec votre marque

Les hashtags permettent de trouver du contenu qui correspond à un thème ou à une phrase spécifiques. Il n'y a aucune raison de se priver de cette ressource pour trouver de l'inspiration.

Deux techniques permettent d'effectuer des recherches par hashtag. La première consiste à tapoter n'importe quel mot-dièse d'une publication Instagram. Une galerie de vignettes contenant le hashtag vous est alors proposée par Instagram, comme le montre la Figure 18.2.

Voici la seconde méthode pour afficher des recherches lancées sur un hashtag :

1. **Sur Instagram, tapotez l'icône de la loupe.**

   La page Rechercher apparaît.

2. **Dans le champ Rechercher, tapez le hashtag sur lequel vous souhaitez lancer une recherche.**

   Par exemple, saisissez le mot-dièse **#photographie**.

3. **Tapotez l'onglet #.**

   L'écran des hashtags affiche une série de résultats en relation avec ce mot-dièse.

Figure 18.2
Publications contenant le hashtag recherché.

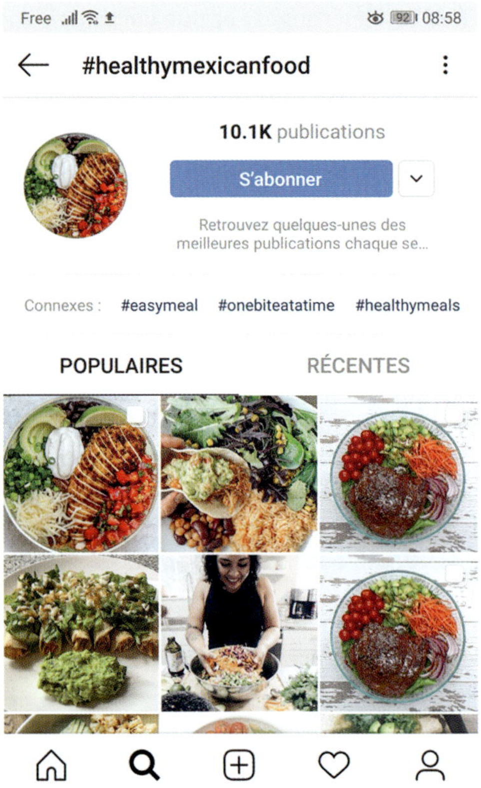

La Figure 18.3 montre les hashtags trouvés pour #photographie.

En utilisant cette fonction de recherche avec un mot-clé sur votre activité commerciale, vous trouverez d'autres mots-dièse qui dévoileront un contenu proche du vôtre et qui, *de facto*, vous donneront des idées.

4. **Tapotez un hashtag de la liste pour ouvrir la galerie correspondante.**

Rechercher ces hashtags, et notamment lorsque les sujets et les mots-clés sont en rapport avec votre activité, permet de découvrir de nouvelles publications. Comme elles sont en accord avec ce que vous envisagez de publier, elles représenteront une source d'inspiration non négligeable.

Figure 18.3 L'écran de recherche par hashtag propose des mots-dièse connexes.

Espionner la concurrence

Il n'y a rien de plus stimulant que la concurrence ! En effet, elle pousse à se renouveler et reste une source d'inspiration permanente. Pour cela, vous devez identifier vos concurrents sur Instagram afin d'analyser le contenu qu'ils publient.

Si vous ne suivez pas vos concurrents sur Instagram, recherchez-les ! Exactement comme pour les hashtags, tapotez l'icône de la loupe sur la page d'accueil, puis le champ Rechercher. Commencez à saisir le nom de l'entreprise, du secteur d'activités ou du lieu d'exercice. Ensuite, touchez l'onglet représentant une personne pour voir tous les comptes qui répondent à votre critère de recherche, comme sur la Figure 18.4. Choisissez n'importe quel nom de la liste pour afficher son profil Instagram.

Bien entendu, vous ne plagierez pas vos concurrents. Vous analyserez leur contenu, la périodicité de leurs publications, et les hashtags qu'ils utilisent afin d'orienter votre propre stratégie.

Même si les posts de vos concurrents ne sont pas performants, inspirez-vous de cet échec pour ne pas commettre la même erreur.

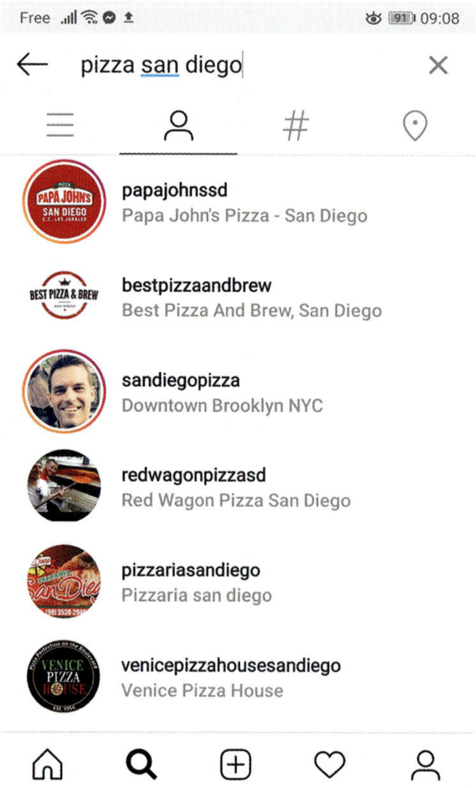

Figure 18.4 Utilisez le champ Rechercher et l'onglet Personnes pour trouver vos concurrents.

Suivre de près les activités locales

Vous trouverez également une source d'inspiration dans les commerces proches de chez vous. Leur compte Instagram peut révéler un contenu de grande qualité. Vous découvrirez aussi quelques hashtags pertinents qu'il serait avisé d'utiliser dans vos publications.

Si votre activité se prolonge dans des magasins physiques, envisagez d'indiquer ces lieux dans vos posts Instagram. Par exemple, si vous dirigez un magasin de chaussures, le fait d'inclure du contenu relatif à votre activité locale, des randonnées urbaines ou des évènements en direct permettra d'élargir votre audience. Cela renforce l'idée que vous appartenez à une communauté et rappelle aux personnes actives qu'elles ont besoin de chaussures. Subtil non ?

Consulter vos produits préférés

De nombreuses marques que vous connaissez et admirez utilisent Instagram. Il y a alors de fortes chances pour que ce que vous appréciez en elles soit publié sur leur compte. Par conséquent, consultez ces sociétés et leurs produits sur Instagram pour trouver de nouvelles sources d'inspiration.

Recherchez des marques qui créent du contenu régulièrement et dont l'expression visuelle est séduisante. Vous trouverez des techniques créatives à appliquer à votre propre production pour attirer des clients.

Essayez aussi de trouver du contenu qui propose des présentations humoristiques, éducatives, ou avec d'autres valeurs divertissantes. La Figure 18.5 donne trois exemples de produits pour lesquels leur société a créé un contenu qui répond aux attentes de leur auditoire cible.

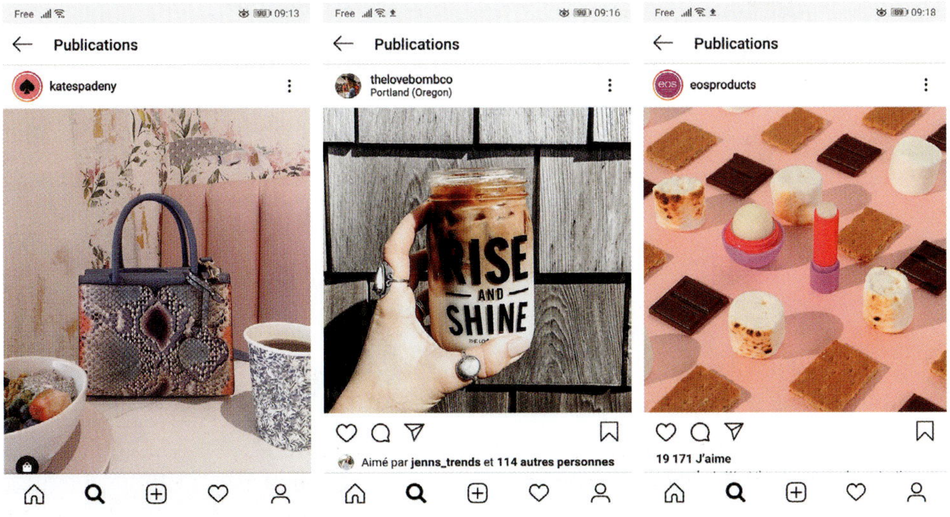

Figure 18.5 Des publications Instagram séduisantes.

Des petites entreprises locales aux grosses sociétés, il existe de nombreuses marques qui utilisent Instagram et qui peuvent ainsi vous servir de source d'inspiration pour votre contenu personnel.

Rechercher des photographes

De grands photographes publient sur Instagram. Quelle que soit la valeur de vos publications, si le contenu photographique est de mauvaise qualité, les visiteurs ne s'arrêteront pas sur votre compte. Renforcez votre expérience de l'image et trouvez de l'inspiration en suivant des photographes sur Instagram.

Les bons photographes ont un sens de la composition, de l'alignement et de l'éclairage qui donnent les meilleures images possibles. Regarder leurs travaux vous permettra de mieux penser vos propres photos.

En fonction du type d'objets que vous envisagez de présenter sur Instagram, analysez des clichés similaires réalisés par des photographes. Par exemple, la Figure 18.6 montre deux photographes qui traitent de sujets très différents, l'un s'intéressant aux personnes, l'autre aux objets et aux paysages.

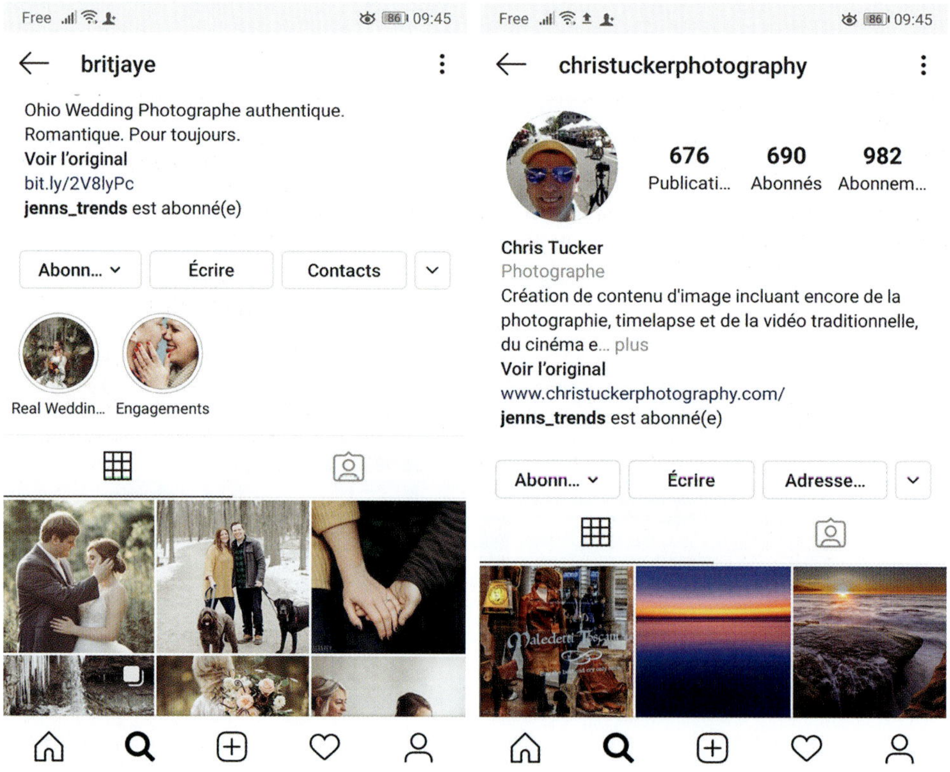

Figure 18.6 Les photographes se focalisent souvent sur un type de photographies.

S'inspirer des blogueurs

De nombreux blogueurs utilisent Instagram pour se créer une audience dans le but de lui faire découvrir leurs publications sur un blog. En général, ils y parviennent sans trop de difficultés.

Les blogueurs qui créent un beau contenu et qui obtiennent de bonnes actions et interactions sont de belles sources d'inspiration. La majorité d'entre eux publie de superbes photos dans des projets très esthétiques. Observer ces comptes ouvre de nouvelles perspectives pour produire un contenu qui permettra de développer votre clientèle.

La majorité des blogueurs ont des galeries Instagram cohérentes. Même s'ils présentent des objets ou des projets très différents, ils ont leur style. Ces publications doivent vous servir à développer un style singulier et cohérent. La Figure 18.7 montre deux exemples de cette démarche chez deux blogueuses.

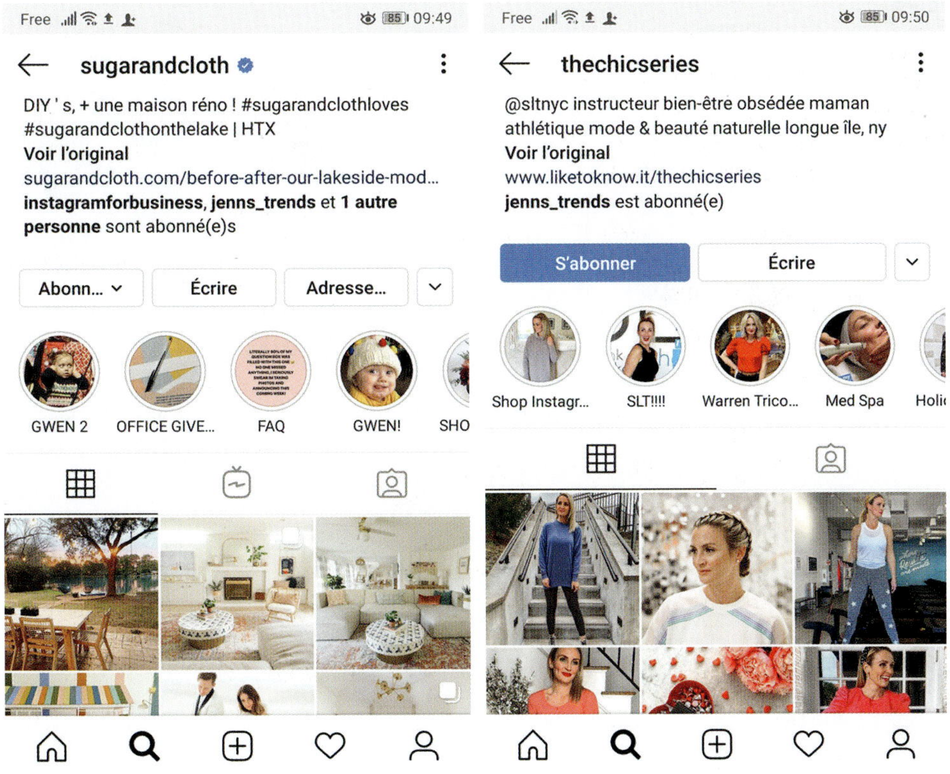

Figure 18.7 Les blogueurs créent souvent des galeries cohérentes qui séduisent visuellement leur audience.

Trouver de grandes marques créatives

De nombreuses grandes marques font preuve de créativité avec leur contenu et leurs campagnes publicitaires Instagram. Dans la mesure où elles disposent d'un gros budget et d'une équipe de communication, inspirez-vous de leur travail pour développer, à votre tour, un contenu créatif.

Consultez les comptes des grosses sociétés pour apprécier la manière dont elles incorporent des récits, des profils d'employés, des mises à jour institutionnelles ou des lancements de produits. Inspirez-vous des méthodes appliquées par ces structures pour établir un lien au niveau personnel avec votre audience.

La Figure 18.8 donne trois exemples de grosses sociétés qui créent un tel lien avec humour et efficacité.

Figure 18.8 Les grandes marques sont créatives sur Instagram.

Envisagez ces grandes marques comme des sources d'inspiration, non seulement pour établir un lien étroit avec leur audience, mais aussi pour délivrer un message puissant et précis qui a du sens.

Apprendre d'Instagram et d'experts du marketing

Pour se tenir au courant de ce qui fonctionne et ne fonctionne plus sur Instagram, nous vous conseillons de suivre les leaders de l'industrie aussi bien sur Instagram que sur d'autres réseaux sociaux.

Ces comptes publient régulièrement des informations de dernières minutes ou des politiques commerciales pour vous aider à mettre en œuvre de meilleures stratégies créatives. Comme Instagram n'effectue pas souvent des mises à jour, il semble indispensable de disposer d'une source sérieuse sur les nouveautés et les stratégies.

Les leaders de l'industrie implémentent souvent de nouvelles tactiques et fonctions. De ce fait, il est facile pour vous d'en apprécier l'utilisation et de déterminer comment les introduire dans votre propre stratégie de publication de contenu.

Voici quelques-unes des meilleures ressources Instagram en matière de nouveautés et de mises à jour :

- @jenns_trends
- @coreycwalker
- @smexaminer
- @tylerjmccall
- @suebzimmerman
- @mollymarshallmarketing

Suivre les comptes pro

Comme nous l'avons mentionné, Instagram met régulièrement à jour son application et ajoute de nouvelles fonctions. Pour mieux comprendre comme envisager Instagram comme un outil commercial, ce média social a créé le compte @instagramforbusiness, illustré sur la Figure 18.9.

Pour rester informé sur les dernières fonctionnalités et mises à jour, et pour s'inspirer d'autres entreprises qui utilisent le marketing Instagram, suivez ce compte Instagram for business.

Figure 18.9 Le compte Instagram for business.

Index

R

S